아이의 완벽한 식생활

밥상을 바꾸면 내 아이 성장이 달라진다

아이의 완벽한 식생활

박태균 지음

중앙books

PROLOGUE

엄마의 사소한 습관이 변하면
아이 밥상이 달라집니다

얼마 전 베트남 다낭에서 들은 이야기입니다. 이곳 아이들은 천둥이 치면 주방으로 달려가 밥을 챙겨 먹는다고 합니다. 평소 엄마가 밥 먹으라고 골백번 채근해도 한 귀로 흘려보내던 아이들이 하필 비 오는 날 밥을 찾는 이유는 벼락이 무서워서랍니다. 부모 말을 듣지 않으면 하늘에서 벌벼락을 준다고 한 이야기를 믿는 것입니다. 아마도 아이들에게 효를 강조하기 위해 지어낸 이야기겠지요.

이처럼 베트남이나 우리나라나 아이들이 밥을 안 먹어 엄마 속 썩이기는 마찬가지인 모양입니다. 이 책은 그런 엄마들의 답답한 속을 풀어주고자 쓴 것입니다. 14년간 식품의약 전문 기자로서 먹을거리와 관련된 기사를 쓰다 보니 많은 엄마들이 아이 먹을거리에 대한 고민을 토로해옵니다. 먹을거리에 대한 정보가 넘쳐나는 이 시대에 과연 어떤 것을 믿고 선택할지, 아이에게 무엇을 어떻게 먹여야 할지, 어떻게 하면 아이가 잘 먹고 잘 클 수 있는지 등 여러 가지가 혼란스럽다는 것입니다.

저는 이 책에서 엄마들의 그런 고민에 대한 해법을 제시하고자 했습니다. 그 해법은 크게 두 가지입니다.

첫째, 모든 영양소를 골고루 먹이는 것입니다.

제가 14년간 기사를 작성하면서 가장 자주 사용한 키워드는 '서구식 식생활', '비만', '성인병'이 아닐까 싶습니다. 사실 그동안 우리 밥상은 참 많이 변했습니다. 언제부터인가 우리는 일상적으로 육류, 동물성 지방, 카페인 음료, 인스턴트식품, 패스트푸드 등으로 대표되는 서구식 식사를 하면서 잘 먹고 있다고 생각하게 되었습니다. 그로 인해 이제 비만은 물론 소아 당뇨병, 소아 고혈압 등 과거에는 극히 드물었던 질병으로 고생하는 아이들이 늘고 있습니다. 고대 그리스의 의학자 히포크라테스는 "내가 먹는 것이 바로 나"라고 했습니다. 그의 말대로라면 '아이들이 먹는 것이 바로 아이들의 현재 상황이고 아이들의 건강'이겠지요. 우리 아이들에게 인스턴트식품과 패스트푸드 대신 양질의 단백질 식품과 신선한 채소, 과일 등을 골고루 먹여 건강한 몸을 만들어주는 것이 부모의 책무라고 생각합니다.

둘째, 올바른 식습관을 들이는 것입니다.

저는 유치원과 초등학교에 다니는 아이를 둔 부모들을 위해 이 책을 썼습니다. 이 시기는 식습관이 형성되고 개별 식품에 대한 기호도가 결정되는 중요한 때입니다. 따라서 잘못된 식습관은 반드시 바로잡아줘야 합니다. 달고 짜고 기름진 음식을 선호하는 아이, 지나친 편식이나 식욕부진을 보이는 아이, TV나 PC 게임에 빠져 불규칙한 식사를 하는 아이, 부모가 바빠서 '나 홀로 식사'를 하는 아이에게도 기회는 있습니다. 아직 늦지 않았습니다. 말귀를 알아듣는 만 6세부터 초등학교 6학년생 아이들은 식습관을 얼마든지 고칠 수 있습니다. 부모가 식품에 관한 지식과 바른 식습관 들이는 방법 등을 알고 있다면 보다 자연스럽게 아이를 이끌어줄 수 있습니다.

이 책은 부모들의 실천을 돕기 위해 아이들에게 꼭 맞는 건강 밥상을 어떻게 차려야 하는지에 대한 내용을 구체적으로 생생하게 담았습니다. 아이의 성장과 건강을 위해 꼭 필요한 7가지 영양소, 건강 밥상을 차리기 위한 장 보기와 조리법, 편식·TV 보며 먹기·아침 결식 등 나쁜 식습관 바로잡는 법, 아이에게 좋은 식품의 구체적인 영양 정보, 패스트푸드·식품첨가물·트랜스 지방 등 건강에 해가 되는 식품의 실체, 아이가 먹지 말아야 할 식품 성분, 그리고 엄마의 정성이 듬뿍 담긴 영양 만점 요리법까지 풍성하게 담았습니다.

이 책에는 '어떤 것은 먹지 말라, 어떤 것은 적극 섭취해라' 같은 구체적인 내용이 실려 있습니다. 이것을 현실에서 100% 실천하기는 어려울 것입니다. 하지만 이 책을 꼼꼼히 읽다 보면 먹을거리에 대한 나름의 기준이 생겨 아이 밥상을 차릴 때 보다 현명한 선택을 하게 될 것입니다. 또 아이들에게 좋은 식습관에 대해 설명할 때 필요한 정보를 얻을 수 있을 것입니다. 입맛이 없다고 아침을 거르는 아이라면 아침 식사가 왜 중요한지를 알려주세요. 밥 먹을 때 콩만 쏙쏙 골라내는 아이라면 콩이 왜 건강식품인지 설명해주세요. 우리 전통 음식보다 햄버거와 피자를 선호하는 아이라면 왜 한식이 최고의 슬로푸드인지 알려주세요.

이 책은 또한 유치원이나 초등학교에서 식생활 교육을 할 때 지침서 역할을 할 수 있으리라 기대합니다. 일본에서는 식생활 교육을 식육食育이라 합니다. 2005년에는 식육 기본법을 제정해 내각부를 중심으로 지방자치단체까지 식생활 교육에 심혈을 기울이고 있습니다. 식육을 지육, 덕육, 체육에 이은 네 번째 교육으로 중시하는 것입니다. 우리나라도 이를 벤치마킹해 2009년 식생활교육지원법을 제정했으나 아직 눈에 띄는 활동이 보이지 않습니다. 여러 가지 이유가 있겠지만 교육 현장에서 기준으로 삼고 참고할 만한 자료가 부족한 탓도 있을 것입니다. 아이들의 건강한 식생활법을 총망라해놓은 이 책이 도움이 되길 바랍니다.

저는 이 책을 쓰면서 가장 최신의 자료와 통계, 그리고 합당한 과학적인 근거가 있는 정보를 소개하고자 애썼습니다. 지금까지 식품과 영양을 주제로 한 여러 책을 보면서 지나치게 한쪽의 관점으로 치우치거나 과학적인 근거가 부족한 것들에 아쉬움이 들었기 때문입니다. 인용 자료가 너무 오래된 것이거나 일방적인 견해의 자료에만 의존해 구성한 경우도 있었습니다. 또 독자의 눈길을 끌기 위한 자극적이면서 객관성이 부족한 표현이 난무하는 경우도 보았습니다. 이렇게 잘못된 정보는 독자의 판단력을 흐리게 합니다. 저는 이를 경계하고자 했습니다.

아이를 사랑하는 마음은 한결같지만 일상이 바빠 제대로 먹을거리를 챙겨주지 못하는 부모들, 그래서 늘 아이에게 미안한 마음을 품고 사는 부모들에게 이 책을 권합니다. 밥상 혁명은 사소한 습관의 변화에서 시작됩니다. 이 책이 부모들의 굳어진 습관을 변화시키는 작은 계기가 되기를 바랍니다.

끝으로 이 책을 기획하고 열심히 도와준 중앙북스 손영선 님을 비롯해 조영혜 님, 박병량 님, 박납순 님, 이영은 님, 임경숙 님, 하상도 님, 서현창 님, 박혜경 님, 박선희 님, 정혜경 님, 박기환 님, 김정원 님, 임노규 님, 김경주 님, 박하연 님, 하성숙 님께 깊은 감사를 드립니다.

〈중앙일보〉 식품의약 전문 기자 박태균

CONTENTS

PROLOGUE
엄마의 사소한 습관이 변하면 아이 밥상이 달라집니다 …… 4

PART 1 내 아이를 위한 7가지 영양소

1 아이 몸과 두뇌를 움직이는 힘, 탄수화물 …… 14
2 매일매일 성장을 자극하는 단백질 …… 23
3 아이 몸의 안전 쿠션, 지방 …… 30
  플러스 영양 정보 식품구성탑으로 영양의 균형 찾기 …… 39
4 꼭 필요한 활력 에너지, 비타민 …… 40
  플러스 영양 정보 아이들에게 부족하기 쉬운 영양소 …… 48
5 골격을 튼튼하게, 칼슘과 미네랄 …… 50
  플러스 영양 정보 물, 잘 마시면 그 자체로 보약 …… 56
6 대장의 수호천사, 식이섬유 …… 58
  기자 노트 하루 13회의 방귀는 장이 건강하다는 신호 …… 64
7 면역력을 높여주는 파이토케미컬 …… 66
  플러스 영양 정보 컬러 푸드의 건강 효과 …… 71

PART 2 안심 밥상 만드는 엄마의 요리 습관

1 논란 많은 가공식품, 기준을 따져라 …… 74
2 가공식품의 영양성분표를 체크하라 …… 87
   플러스 영양 정보 영양성분표 읽는 법 …… 98
3 식중독으로부터 아이를 보호하라 …… 100
   기자 노트 식중독의 원인이 되는 5대 균 …… 107
4 맛과 영양을 높이는 식품 보관법·조리법 …… 108
   플러스 영양 정보 냉장고 식품 보관법 …… 113
5 집에서 직접 기르는 친환경 새싹채소 …… 114
   플러스 영양 정보 새싹채소 기르는 방법 …… 118
6 학교 급식도 내 아이의 밥상이다 …… 119
   기자 노트 급식의 역사 …… 127

PART 3 지금 당장 고쳐야 하는 아이의 식습관

1 아이의 편식, 유형별로 대처하라 …… 130
   기자 노트 "억지로 먹이면 오히려 역효과가 납니다" …… 143
2 TV와 게임, 아이를 뚱뚱보로 만든다 …… 145
   기자 노트 지속적인 학교 식생활 교육이 필요하다 …… 151
3 꼭꼭 씹어 먹어야 똑똑해진다 …… 152
4 손 씻기를 버릇처럼 실천하라 …… 156
5 이 닦기 습관, 어릴 때부터 길들여라 …… 160
6 아침 식사는 잠자는 두뇌를 깨운다 …… 165
7 나 홀로 식사 대신 가족 식사를 하자 …… 169
   플러스 영양 정보 유아기 밥상머리 교육법 …… 177

PART 4 아이에게 좋은 음식, 그 영양을 읽다

1 콩과 두부, 두뇌 발달을 돕는 최고의 식품 …… 180
2 통보리와 현미, 장을 튼튼하게 …… 184
  기자 노트 대변을 알면 건강이 보인다 …… 189
3 김치, 발효 과학으로 완성된 웰빙 식품 …… 191
4 청국장과 된장, 단백질의 보고 …… 196
5 마늘과 양파, 면역력을 높이는 향신료 …… 200
6 과일, 통째 먹는 비타민 …… 204
  플러스 영양 정보 아이들에게 인기 만점인 열대 과일, 영양은 어떨까? …… 210
7 유제품, 키가 쑥쑥, 뼈가 튼튼 …… 212
  기자 노트 아이의 '숨은 키 10cm'를 키워라 …… 218
8 생선, 단백질과 오메가-3 지방이 풍부 …… 220
  플러스 영양 정보 영양소의 균형을 찾아주자 …… 225
9 브레인 푸드로 똑똑하게 …… 228
10 한 그릇 음식에 담긴 골고루 먹기의 지혜 …… 232

PART 5 아이 몸을 해치는 식품의 비밀

1 허약한 풍보를 만드는 패스트푸드 …… 238
  기자 노트 '푸드 마일리지'를 아시나요? …… 250
2 달콤함 속에 숨은 식품첨가물의 정체 …… 251
  기자 노트 방송이 지어준 이름 '사고뭉치' …… 260
3 나쁜 콜레스테롤을 몰고 오는 트랜스 지방 …… 262

 **PART 6** 밥상에서 치워야 하는 위험한 성분들

1 알레르기로부터 아이를 지키는 방법 …… 270
　기자 노트 아토피성 피부염, 식품에 가장 민감하다 …… 281
2 소리 없는 성장 방해꾼, 카페인 …… 282
3 아이의 입맛을 사로잡은 소금과 설탕의 진실 …… 287
　플러스 영양 정보 나트륨 함량을 꼭 확인하자 …… 296
　기자 노트 유해성 논란 끊이지 않는 단맛, HFCS …… 298
　기자 노트 설탕이 ADHD 증상을 일으킬까? …… 299
4 비만을 부르는 고지방·고열량 식품 …… 300
5 탄 음식 경계경보 …… 304

 **PART 7** 패스트푸드 NO! 엄마 손으로 만드는 홈메이드 푸드

자색고구마두부피자 … 312
봄나물불고기미니햄버거 … 314
허브솔트감자오븐구이 … 315
사과키위주스 … 316
너트치킨핑거 … 317
토마토소스스파게티 … 318
단호박해산물그라탱 … 320
연근피클 … 321
해바라기씨고구마맛탕 … 322
표고버섯간장떡볶이 … 323

흰살생선탕수육 … 324
현미누룽지과자 … 325
제철과일빙수 … 326
자장면 … 328
멸치크로켓 … 329
두부아몬드쿠키 … 330
검은콩찐빵 … 331
수제바나나딸기잼 … 332
블루베리핫케이크 … 333
딸기아이스바 … 334

아이 몸과 두뇌를 움직이는 힘, 탄수화물

매일매일 성장을 자극하는 단백질

아이 몸의 안전 쿠션, 지방

꼭 필요한 활력 에너지, 비타민

골격을 튼튼하게, 칼슘과 미네랄

대장의 수호천사, 식이섬유

면역력을 높여주는 파이토케미컬

PART
1

내 아이를 위한
7가지 영양소

1 아이 몸과 두뇌를 움직이는 힘 탄수화물

🍚 아이들도 밥심으로 움직인다

　대개 부모들은 아이가 단백질이나 비타민 식품은 조금만 덜 먹어도 몸이 상할까 민감하게 반응하면서도 탄수화물 식품을 덜 먹는 것에는 관대하다. 오히려 탄수화물 식품은 덜 먹어야 건강에 좋다고 생각하는 부모도 많다. 탄수화물이 비만을 부른다고 알고 있기 때문이다. 하지만 비만의 원인은 심리적인 영향부터 식습관까지 다양하다. 무조건 탄수화물 섭취를 줄이면 살이 찌지 않을 것이라는 발상은 옳지 않다.

　비만을 걱정해 탄수화물 섭취를 줄이기 전에 탄수화물의 영양적인 측면을 살펴보자. 탄수화물은 한창 크는 아이의 성장 에너지가 된다는 점에서 매우 중요한 영양소이다. 탄수화물은 아이가 매일 섭취하는 영양소 가운데 가장 큰 비중을 차지한다. 탄수화물로 이루어진

하루 섭취 열량 기준

성별	나이	열량
남	6~8세	1600kcal
	9~11세	1900kcal
여	6~8세	1500kcal
	9~11세	1700kcal

자료 : 식품의약품안전청

밥이 우리의 주식이며 빵, 면 등이 간식으로 애용되기 때문이다. 한창 자라는 시기의 아이들은 매일 필요한 열량의 65%가량을 탄수화물에서 얻는다. 그런 만큼 탄수화물은 아이가 성장하고 활동하는 데 필요한 기본 연료라고 할 수 있다. 탄수화물은 1g당 4kcal의 열량을 낸다.

자동차가 연료 없이 달릴 수 없듯이 아이도 기본 연료인 탄수화물이 모자라면 활동하기 힘들다. 탄수화물은 몸을 움직이고 두뇌를 사용하는 데 가장 필수적인 '프리미엄급 연료'이다. 따라서 탄수화물이 부족하면 열량을 제대로 공급받지 못해 정상적인 활동이 불가능하다. 탄수화물의 다른 이름인 당질은 24시간 활동하는 뇌에 에너지를 공급한다. 당질이 부족하면 기억력과 사고력이 떨어지게 된다. 또 혈당이 떨어져 신경이 예민해지고 괜한 불안감이 들며 사소한 일에도 스트레스를 받는다.

탄수화물은 쌀을 비롯해 보리, 밀, 옥수수, 감자, 고구마, 채소, 과일 등 식물성 식품에 많이 들어 있다. 그런데 탄수화물 식품이라고 해서 다 같은 것이 아니다. 종류에 따라서 좋은 탄수화물 식품이 있고 나쁜 탄수화물 식품이 있다. 이를 이해하려면 조금 어렵더라도 탄수화물의 종류와 기본 단위인 단당류의 역할을 이해해야 한다.

탄수화물의 최소 단위는 단당류이다. 탄수화물은 수많은 단당류가 사슬처럼 연결되어 있는 형태를 띠는데, 이러한 단당류의 결합 방식에 따라 단당류, 이당류, 올리고당류, 다당류로 나누어진다.

단당류는 더 이상 분해되지 않으며 포도당, 과당, 갈락토오스가 단당류에 속한다. 단당류는 식품의 맛을 결정하기도 하며, 몸에 흡수되면 곧바로 신진대사를 통해 활동 에너지로 쓰인다. 이당류는 단당류 2개가 짝을 이룬 것이다. 자당포도당+과당, 유당포도당+갈락토오스, 맥아당포도당+포도당이 있다. 올리고당류는 단당류 3~10개로 구성된다. 대두, 완두콩, 렌즈콩 등 콩류에 많이 들어있다. 올리고당은 최근 다양한 건강 효능을 지닌 것으로 밝혀져 설탕이나 과당 섭취를 꺼리는 사람에게 인기가 높다. 예를 들어 프락토올리고당은 장내에 서식하는 유익균인 비피도 박테리아를 활성시키는데 각종 가공식품에

탄수화물의 종류

구분		종류	특징	함유 식품
단순당	단당류	포도당	• 우리 몸의 가장 기초적인 에너지원	포도 · 바나나 등 과일, 벌꿀
		과당	• 강한 단맛 • 주로 과일에 함유	포도 · 배 등 과일, 벌꿀
		갈락토오스	• 단독으로 존재하지 못하고 포도당과 결합해 유당이라는 이당류 형태로 존재	우유
	이당류	자당 (포도당+과당)	• 단맛을 내며 흡수율이 빨라 피로 해소를 도움	사탕수수와 사탕무, 설탕
		유당 (포도당+갈락토오스)	• 장내 유용한 세균이 왕성하게 활동하도록 하는 정장 작용 • 칼슘 흡수를 도움	동물의 젖, 우유와 유제품
		맥아당 (포도당+포도당)	• 보리에서 맥아가 발아할 때 생성되는 물질 • 흡수율이 빨라 피로 해소를 도움	엿기름, 사탕
복합당	올리고당류	프락토올리고당 라피노오스 스타키오스	• 식품으로 존재하는 올리고당은 적음 • 비피더스 증식 효과	대두, 완두콩, 렌즈콩
	다당류	전분	• 식물이 성장하면서 포도당이 중첩적으로 결합해 형성되는 탄수화물	현미, 통밀, 보리, 옥수수, 콩, 감자
		글리코겐	• 동물의 저장용 탄수화물	쇠간 등 동물의 간
		식이섬유	• 장의 연동운동을 도움	현미, 보리, 고구마, 콩

첨가되어 단맛을 낸다. 다당류는 단당류가 10개 이상 연결되어 있는 형태이다. 따라서 가수분해될 때 많은 수의 단당류로 쪼개지며 전분, 글리코겐, 식이섬유가 다당류에 속한다.

단당류와 이당류를 '단순 당'이라 하고, 이보다 많은 수의 단당류가 결합된 형태를 '복합 당'이라 한다. 단순 당보다는 복합 당 식품으로 탄수화물을 섭취하는 것이 건강에 좋다. 단순 당은 꿀, 과일 등 천연 식품에도 존재하지만 백미, 흰 밀가루, 백설탕 등 정제 과정을 거친 식품과 사탕, 과자, 케이크, 초콜릿, 탄산음료 등 가공식품에도 많이 들어 있다. 대부분 아이들이 좋아하는 식품이다. 이러한 단순 당은 혈당을 급격히 올리고, 지나치게 많이 섭취할 경우 비만과 영양 불균형을 초래한다.

반면 복합 당은 체내에서 흡수되는 시간이 오래 걸리기 때문에 체중 조절에 효과적이며, 혈당을 급격히 올리지 않으므로 당뇨를 예방한다. 또 복합 당 식품인 잡곡, 고구마, 야채, 과일 등은 각종 영양소와 식이섬유가 풍부해 영양의 균형을 맞춰주고 장운동을 활성화시킨다. 따라서 탄수화물은 단순 당보다 복합 당 위주로 섭취하는 것이 좋다.

🍵 탄수화물의 선악을 가르는 세 가지 기준

그렇다면 단순 당과 복합 당이 우리 몸속에서 구체적으로 어떻게 작용하기 때문에 이런 결론이 나오는 것일까? 이제부터 좋은 탄수화물과 나쁜 탄수화물을 구분하는 기준을 살펴보자. 다음의 세 가지가 탄수화물을 선과 악으로 나눈다.

1 혈당을 안정시키는가?

좋은 탄수화물의 첫 번째 기준은 체내 혈당을 안정적으로 유지시키느냐이다. 탄수화물이 장에서 소화되면 포도당으로 분해되어 흡수되고, 포도당은 혈관을 타고 몸속을 돌아다니며 에너지를 제공한다. 설탕이나 과당처럼 크기가 작은 단순 당은 우리 몸에서 더 빨리, 더 쉽게 소화, 흡수된다. 사탕이나 초콜릿을 먹으면 금세 힘이 나는 것은 이 때문이다.

설탕을 먹어 혈중 포도당 농도, 즉 혈당이 빠르게 올라가면 갑자기 높아진 혈당을 재빨리 떨어뜨리기 위해 췌장에서 인슐린이 다량 분비된다. 인슐린이 과다 분비되면 설탕을 먹은 지 얼마 안 되어 혈당이 급격히 떨어진다. 그러면 배가 고파져 뇌는 '포도당 음식을 더 보충하라'고 신호를 보낸다. 이처럼 단순 당을 장기간 자주 섭취하면 결국에는 신체가 인슐린의 명령을 거부하게 된다. 이를 '인슐린 저항성'이라 하는데, 당뇨병이 발병하기 전 단계에 이런 현상이 나타난다.

인슐린 저항성은 최근 우리나라 아이들에게도 증가하고 있다. 미국 캘리포니아 대학교 영양·내과학과 주디스 스턴 교수는 '단순 당은 열량만 높고 영양소는 없는 텅 빈 열량 식품으로 충치, 비만을 일으키는 골칫덩이'라고 표현했다.

단순 당과 달리 복합 당은 체내에서 소화, 분해, 흡수되는 데 상대적으로 시간이 오래 걸린다. 혈당이 천천히 올라가는 것이다. 따라서 인슐린이 안정적으로 분비되어 혈압이 비교적 일정하게 유지되며, 배가 금세 꺼지지도 않는다. 그만큼 혈당과 인슐린 분비를 관리하는 췌장의 부담이 줄어든다. 따라서 단순 당은 나쁜 탄수화물, 복합 당은 좋은 탄수화물이라 할 수 있다.

2 당 지수가 낮은가?

당 지수GI(glycemic index)는 좋은 탄수화물을 구분하는 두 번째 기준이다. 당 지수는 포도당_{당 지수 100}을 기준으로 어떤 식품이 혈당을 얼마나 빨리, 많이 올리느냐를 나타낸 수치이다. 감자의 당 지수는 85이며 사과는 38이다. 감자가 사과보다 혈당을 더 빠르게 올린다는 의미이다. 당 지수가 낮은 것이 좋은 탄수화물이다.

같은 종류의 탄수화물이라도 식품에 어떤 형태로 저장되어 있느냐에 따라 소화, 흡수되는 속도가 다르다. 과일의 천연 과당과 가공식품에 함유된 정제 과당을 비교하면, 과일의 과당은 세포 안에 갇혀 있으므로 소화에 상당한 시간이 걸린다. 이와 달리 정제 과당은 혈액에 바로 흡수되고 그만큼 혈당을 급격히 올린다.

식품별 당 지수

구분	식품	1회 섭취량	당 지수(GI)
곡류·파스타	현미	1컵	55
	백미	1컵	72
	스파게티	1컵	41
채소류	익힌 당근	1컵	49
	옥수수	1컵	55
	구운 감자	1컵	85
유제품	우유	1컵	27
	탈지유	1컵	32
	저지방 요구르트	1컵	33
	아이스크림	1컵	61
빵류	베이글	작은 것 1개	72
	통밀빵	작은 것 1개	69
	흰 빵	작은 것 1개	70
과일류	사과	중간 것 1개	38
	바나나	중간 것 1개	55
	오렌지	중간 것 1개	44
음료	사과주스	1컵	40
	오렌지주스	1컵	46
	게토레이	1컵	78
	콜라	1컵	63
과자류	포테이토칩	30g	54
	바닐라웨하스	5개	77
	초콜릿	30g	49

자료: 『생활 속의 영양학』(라이프사이언스)

복합 당인 전분의 소화, 흡수 속도도 식품의 종류에 따라 다르다. 감자의 전분은 느슨한 구조로 저장되어 있기 때문에 금세 소화된다. 그래서 감자의 탄수화물은 대부분 복합 당이지만 당 지수가 높다. 반면 콩이나 현미, 통밀에 들어 있는 전분은 단단한 구조로 저장되어 있어 소화, 흡수하는 데 시간이 많이 걸린다.

당 지수가 높은 식품을 먹으면 혈당이 급하게 올랐다가 다시 빠른 속도로 떨어져 금세 공복감을 느낀다.

3 당 부하가 낮은가?

당 부하GL(glycemic load)도 좋은 탄수화물과 나쁜 탄수화물을 나누는 잣대이다. 당 부하는 평소 해당 식품을 얼마나 많이 먹느냐를 반영해 당 지수의 약점을 보완한 것이다. 당 부하가 낮은 식품이 건강에 이롭다.

당 지수68이면 0.68로 환산에 해당 식품 1회분의 탄수화물 양을 곱한 값이 당 부하다. 당 지수가 높더라도 1회 섭취량 중 탄수화물 양이 적으면 당 부하는 낮아진다. 예를 들어 당근은 비타민, 미네랄 등 몸에 좋은 성분이 풍부한 채소지만 당 지수92가 생각보다 높다. 그러나 당근은 한꺼번에 많이 먹는 채소가 아니므로 당 부하5는 낮다. 여기서 당근은 안심하고 먹어도 된다는 결론이 나온다.

🥗 자연에 가까운 탄수화물을 먹이자

그렇다면 아이에게 탄수화물을 얼마나 먹여야 할까? 공식적으로 정해진 탄수화물 권장량은 없다. 7~12세 초등학생의 경우 평균 276.5g을 섭취하고 있다는 점을 참고하자. 보통 어른이 먹는 쌀밥 한 공기210g에 들어 있는 탄수화물 양은 68.6g이다.

　탄수화물을 장기간 지나치게 많이 섭취하면 아이가 비만이 될 가능성이 높다. 과다 섭취한 탄수화물은 대부분 몸속에서 포도당으로 바뀌어 에너지원이 되고, 여분의 포도당이 지방으로 바뀌어 살이 찌게 되는 것이다. 또한 높아진 혈당에 인슐린이 제대로 대처하지 못하면 당뇨병이 생길 수도 있다.

　반대로 탄수화물을 너무 적게 섭취하면 케톤증에 걸릴 수 있다. 케톤증에 걸리면 식욕 저하, 다뇨증, 갈증 등의 증상이 나타나며 제때 치료하지 않으면 두뇌 발달이 늦어진다. 하지만 쌀밥 위주의 식생활을 하는 우리나라 아이들이 케톤증에 걸릴 가능성은 극히 희박하다.

　아이에게 어떤 탄수화물 식품을 어떻게 먹여야 좋을까? 정답은 '자연 그대로의 식품', '자연에 가까운 식품'을 먹이는 것이다.

1 딸기 주스보다 딸기를, 사과 잼보다 사과를 먹여라

　식품은 가공할수록 단순 당이 증가하므로 최대한 가공하지 않은 자연식품을 먹이는 것이 좋다. 딸기 주스보다는 딸기를, 사과 잼보다는 사과를 먹인다. 딸기 주스나 사과 잼은 과일의 당분만 농축되어 있고 몸에 이로운 식이섬유와 비타민 C는 거의 제거된 것이다.

2 단순 당을 멀리하라

　아이가 간식을 찾을 때는 사탕이나 일반 과자 대신 과일이나 곡물 과자를 준다. 과일의 신맛을 싫어할 때는 설탕 대신 떠먹는 요구르트를 얹어준다. 탄산음료나 과일 음료를 찾더라도 가능한 한 물을 마시게 하고, 가공하지 않은 자연식품이 몸에 이롭다는 것을 알려준다.

아이들이 즐겨 먹는 것 중에는 설탕이 숨어 있는 것이 많다. 그중에는 단맛이 거의 없어서 엄마들도 설탕 맛을 느끼지 못하는 제품도 많다. 따라서 미각에만 의존하기보다 제품 라벨을 꼼꼼히 읽은 뒤 구매를 결정하는 것이 좋다.

3 감자튀김이나 포테이토칩은 No!

패스트푸드점에서 파는 감자튀김과 포테이토칩은 아이들에게 인기 만점인 탄수화물 식품이지만 영양상으로는 낙제점이다. 감자는 껍질에 비타민, 미네랄, 식이섬유 등 몸에 좋은 영양소가 몰려 있지만 감자튀김은 껍질을 완전히 제거하고 조리하며, 감자의 전분과 기름의 트랜스 지방 등이 결합된 '문제투성이'의 식품이다. 포테이토칩도 마찬가지이다.

2 매일매일 성장을 자극하는 단백질

🍀 **단백질은 아이의 몸을 만든다**

집을 지을 때는 기초공사가 매우 중요하다. 기초공사를 잘해야 집이 튼튼하고 오래간다. 어린 시절의 영양 섭취는 집을 짓는 과정의 기초공사와 같다. 기둥부터 시작해 벽돌과 지붕 등에 좋은 건축자재가 필요한 것처럼 아이에게는 탄수화물, 단백질, 지방, 비타민, 미네랄 등 5대 영양소가 필수적이다. 그중에서도 단연 단백질은 기본 자양분이다. 탄수화물이 기초를 쌓는 주춧돌이라면 단백질은 뼈대를 구성하는 벽돌이다.

단백질이라는 뜻의 영어 단어 'protein'은 '첫 번째'를 뜻하는 그리스어 'proteios'에서 유래했다. 제1의 영양소라는 의미이다. 5대 영양소 중 하나인 단백질은 대단한 일꾼이다. 아이들의 살과 피, 근육을 만들어준다. 아이 몸을 구성하는 물질 가운데 물 다음으로 비중이 높은 것이 단백질이다. 또한 단백질은 각종 생화학 반응의 촉매 작용을 하는 효소, 온갖 생리 활동을 조절하는 호르몬, 외부 병원균에 대항하는 항체 등 면역 물질의 주성분이다.

아이가 섭취한 단백질은 몸속에서 아미노산으로 잘게 분해된다. 아미노산은 근육, 피부, 머리카락 등 새로 자라나는 부위에서 '새로운 단백질을 만들라'는 신호를 지속적으로 받아 이를 수행한다. 아이가 단백질 음식을 섭취하면 성장이 계속 자극되는 것이다. 이렇게 섭취한 단백질의 90%는 아이가 태어나서 어른으로 성장할 때까지 몸을 유지하는 데 쓰인다.

사람의 몸은 지방이나 탄수화물은 적절히 저장하지만 단백질은 저장하지 못한다. 따라서 단백질을 매일 꾸준히 섭취해야만 잘 자랄 수 있다. 하지만 무조건 단백질 식품을 많이 먹는다고 해서 키가 크거나 튼튼해지는 것은 아니다.

간혹 고단백이라면 무조건 좋다고 생각해서 아이에게 과잉 섭취시키는 경우가 있는데 이는 오히려 해가 될 수 있다. 과다 섭취한 단백질은 신장에서 요소로 바뀌고 이런 상태가 장기간 지속되면 신장에 상당한 부담이 가해진다.

완전 단백질 vs 불완전 단백질

탄수화물과 지방은 탄소, 수소, 산소의 3가지 원소로 구성되어 있다. 단백질은 여기에 질소가 추가된다. 단백질 음식이 상하면 악취가 나고, 방귀를 뀌었을 때 냄새가 지독한 것은 이 질소 성분 때문이다.

단백질의 기본 단위는 아미노산이며 대략 20여 종의 아미노산이 다양한 결합을 통해 체내에서 특정 단백질을 만든다. 아미노산은 생명을 유지하고 건강한 삶을 유지하는 데 필수적인 물질이다. 아미노산이 2개 이상 결합한 것을 '펩티드peptide'라고 하는데, 2개 결합한 것을 '디펩티드dipeptide', 3개 결합한 것을 '트리펩티드tripeptide'라고 한다. 또 아미노산 12~20개가 결합한 것을 '올리고펩티드oligopeptide'라고 한다.

아미노산은 필수아미노산과 비필수아미노산으로 나뉜다. 필수아미노산은 우리 몸에서 합성되지 않거나 합성되더라도 양이 적어 반드시 음식을 통해 섭취해야 하는 아미노산이다. 비필수아미노산은 음식을 통해 섭취하지 않아도 체내에서 자연적으로 합성되는 아미노산을 말한다. 일반적으로 필수아미노산은 아이의 성장에 필수적이고, 비필수아미노산은 젊음과 건강을 유지하는 데 필요한 것으로 알려져 있다.

- **필수아미노산** 페닐알라닌, 트립토판, 발린, 루이신, 이소루이신, 메티오닌, 트레오닌, 라이신, 아르기닌, 히스티딘 등
- **비필수아미노산** 글리신, 알라닌, 아스파라긴산, 티로신 등

성장기 어린이가 잘 자라게 하려면 신체 조직을 형성하는 필수아미노산을 적절히 공급해주어야 한다. 그렇다면 어떤 식품을 먹여야 할까?

단백질 식품을 잘 선택하려면 완전 단백질과 불완전 단백질에 대한 지식이 필요하다. 완전 단백질은 필수아미노산을 모두 함유한 단백질이며 불완전 단백질은 필수아미노산이 한 가지 이상 부족한 단백질이다. '아미노산이 20여 가지나 되는데 한두 가지 부족하다고 별문제 있겠어?'라고 생각하기 쉽지만 이는 큰 오산이다. 필수아미노산이 한 가지라도 부족하면 몸에서 단백질 합성이 원활하게 이루어지지 않아 성장에 문제가 생긴다.

고기, 생선 등 동물성 식품에는 모든 아미노산이 골고루 들어 있어 양질의 단백질 식품이라 할 수 있다. 반면 쌀, 콩 등 식물성 식품에 함유된 단백질은 대개 한 가지 이상의 필수아미노산이 빠져 있다. 쌀 단백질에는 라이신이, 콩 단백질에는 메티오닌이 빠져 있는 것이다. 그러므로 이런 경우에는 두 가지 이상의 식물성 단백질을 섞어 먹는 것이 효과적이다. 라이신이 부족한 쌀에 라이신이 풍부한 콩을 넣어 콩밥을 지으면 완전하게 단백질을 섭취할 수 있다.

아미노산을 서로 보완해주는 음식 궁합

다음과 같이 두 가지 식품을 함께 먹으면 단백질 섭취 면에서 약점을 보완할 수 있다.

- 쌀밥 + 된장찌개 쌀에 부족한 라이신이 된장에 풍부하다.
- 콩국수 + 참깨 콩에 부족한 메티오닌이 참깨에 다량 함유되어 있다.
- 시리얼 + 우유 곡류 시리얼에 부족한 라이신이 우유에 듬뿍 들어 있다.

제대로 성장하려면 고기를 먹어야 한다

고기, 달걀, 우유 등 동물성 식품은 몸에 좋지 않다고 생각하는 엄마들이 많다. 그래서 밥상에 고기 올리는 것을 꺼리기도 한다. 하지만 성장기 아이에게는 살과 근육의 성장을 위해 반드시 동물성 식품을 먹여야 한다. 몸에 나쁜 것은 동물성 지방이지 동물성 단백질이 아니다. 아이들은 단백질의 최소 3분의 2를 동물성 단백질로 섭취해야 한다. 그 이유는 다음과 같다.

첫째, 동물성 단백질은 필수아미노산이 골고루 들어 있는 완전 단백질이다. 식물성 단백질로만 이루어진 식사로는 필수아미노산을 모두 섭취하기 힘들다.

둘째, 동물성 단백질은 식물성 단백질에 비해 소화, 흡수가 잘된다. 고기, 생선, 달걀, 우유 등에 든 단백질의 체내 흡수율은 95% 이상이다.

셋째, 동물성 단백질이 부족하면 피부와 점막이 약해지고 폐나 위 점막에서 면역 물질이 충분히 생성되지 못한다. 단백질 섭취가 부족한 어린이가 호흡기나 소화기 질병에 더 잘 걸리는 것도 이 때문이다.

몸이 무럭무럭 자라는 아이들은 체중 1kg당 단백질 요구량이 성인에 비해 많다. 하지만 우리나라 아이들의 단백질 섭취량은 대부분 과잉 상태로 절반 가까운 아이들이 단백질 권장량의 125% 이상을 섭취한다. 초등학교 저학년은 하루에 단백질 40g, 고학년은 56g가량을 섭취하는 것이 적당하다. 초등학교 고학년으로 올라갈수록 성장 속도가 빠르므로 단백질 섭취량도 함께 늘려야 한다. 그렇다면 양질의 단백질 식품으로는 어떤 것이 있을까?

쇠고기, 돼지고기, 닭고기 등 육류

필수아미노산이 골고루 들어 있으면서 체내 흡수율이 95% 이상인 육류는 훌륭한 단백질 공급원이다. 하지만 지방, 특히 혈관에 해로운 포화 지방이 많다는 것이 문제다. 따라서 아이들이 포화 지방을 되도록 덜 섭취하도록 하려면 쇠고기, 돼지고기는 구입할 때부터 기름이 적은 부위를 선택한다. 삼겹살, 베이컨 등 지방이 많은 부위나 고기를 이용한 가공식품은 멀리하는 게 좋다. 고기를 먹을 때는 지방 부위는 떼어내고 살코기만 먹도록 한다. 닭고기는 지방이 몰려 있는 껍질 부분을 벗겨낸 뒤 조리한다. 육류는 튀기거나 볶는 것보다 굽거나 찌거나 조리는 방법이 좋다. 간혹 튀기거나 볶는 경우에는 버터, 마가린, 돈지 등 동물성 기름 대신 콩기름, 들기름, 포도씨유 등 식물성 기름을 이용한다.

새우, 게, 연어, 고등어, 정어리, 대구, 참치 등 해산물

해산물은 쇠고기, 돼지고기와 달리 혈관에 해로운 포화 지방이 적다. 그리고 두뇌와 시력 발달을 돕는 DHA, EPA 등 오메가-3 지방_{불포화 지방의 일종}이 많다. 새우와 게는 콜레스테롤이 많다는 이유로 꺼리는 사람이 많지만 크게 걱정할 필요는 없다. 새우와 게에 함유된 콜레스테롤은 몸에 잘 흡수되지 않기 때문이다. 게다가 새우에는 뼈와 이를 튼튼하게 해주는 칼슘이 풍부하다. 흰 살 생선인 대구, 조기 등은 등 푸른 생선과 달리 맛이 강하지 않아 생선 비린내를 싫어하는 아이도 거부감 없이 잘 먹는다.

저지방 우유, 저지방 요구르트, 저지방 치즈 등 저지방 유제품

우유의 단백질은 아이들이 잘 흡수시킨다. 게다가 우유에는 뼈 건강을 돕는 칼슘이 풍부하다. 아이들에게는 저지방·고단백·고칼슘 유제품을 먹이는 것이 좋다.

콩, 두유, 두부, 된장국, 메밀, 호두, 아몬드 등 식물성 단백질

아이의 성장에 필요한 필수아미노산이 결핍되지 않도록 하려면 평소에 통곡물, 견과류, 채소 등 식물성 단백질을 다양하게 먹이는 것이 좋다. 그래야 콩에 부족한 필수아미노산을 견과류에서 얻고, 견과류에 부족한 필수아미노산을 콩에서 얻을 수 있다. 콩밥을 먹으면 메티오닌이 부족한 콩의 약점과 라이신이 결핍된 쌀의 약점이 상쇄된다. 보리와 쌀은 둘 다 라이신이 부족하다. 따라서 보리밥보다는 콩밥이 단백질의 질이 높다.

3 아이 몸의 안전 쿠션 지방

🍵 지방도 아이 성장에 꼭 필요한 영양소

　기름진 음식은 입맛을 당긴다. 특히 아이들은 치킨이나 튀김 등 고소한 맛의 유혹을 뿌리치기 힘들다. 이런 아이들한테 '지방은 안 돼!'라며 무조건 금지하는 것은 바람직하지 않다. 지방 역시 우리 몸에 꼭 필요한 5대 영양소 가운데 하나이기 때문이다. 지방 중에는 몸에 좋은 것과 나쁜 것이 있고, 그중 몸에 좋은 지방은 아이의 성장에 반드시 필요하다.

　우리 몸속 지방, 즉 체지방은 고효율의 에너지 저장고이다. 사람을 포함한 모든 동물은 사용하고 남은 여분의 에너지를 지방 형태로 저장한다. 만약 우리 몸이 탄수화물이나 단백질 형태로 에너지를 저장한다면 1g당 고작 4kcal를 저장하는 데 그쳐 효율이 떨어진다. 하지만 지방으로 보관하면 1g당 9kcal를 저장할 수 있다.

　체지방은 몸의 열을 보전하는 역할도 한다. 몸 안에서 담요나 방풍벽이 되어주는 것이다. 또 체지방의 절반은 내부 장기를 둘러싸고 있어 간, 위, 폐 등 주요 장기를 보호한다. 우리 몸 안의 지방은 비타민 A · D · E · K 등 지용성 비타민의 흡수를 도와 신체 곳곳으로 운반해준다.

음식을 통해 섭취하는 지방은 고유의 향미가 있어 식욕을 돋워준다. 아이들이 고기, 튀김 등 기름진 음식에 매료되는 것도 이 때문이다. 또 지방은 위에 머무는 시간이 길어 속을 든든하게 채워준다.

아이들은 반드시 적당량의 지방을 섭취해야 한다. 에너지 요구량은 성인 못지않게 높은데 음식을 한 번에 섭취할 수 있는 양은 적기 때문이다. 지방은 1g당 9kcal를 내므로 소량만 먹어도 하루에 필요한 에너지를 쉽게 얻을 수 있다.

지방은 4가지로 분류할 수 있다. 크게 포화 지방과 불포화 지방으로 나뉘며, 불포화 지방은 다시 단일 불포화 지방, 다중 불포화 지방, 트랜스 지방 3가지로 나뉜다. 이 중 건강에 이로운 것은 단일 불포화 지방과 다중 불포화 지방이다. 따라서 아이에게 불포화 지방 위주로 먹이는 것이 좋다. 불포화 지방은 등 푸른 생선, 견과류, 식물성 기름 등에 많이 들어 있다. 반면 콜레스테롤이 많이 든 동물성 지방포화 지방 식품이나 트랜스 지방이 많이 함유된 마가린, 쇼트닝은 되도록 먹이지 않는 것이 좋다.

혈관 건강에 해로운 포화 지방

포화 지방은 실온에서 고체 상태인 지방으로, 혈관에 콜레스테롤이 쌓이게 해 동맥경화, 뇌졸중, 심장병 등 혈관 질환을 일으킬 수 있다. 이런 질환은 어른들이 잘 걸리며 아이들에게 직접적으로 나타나는 경우는 드물다. 그러나 보통 40대 이후에나 발병하는 혈관 질환이 어릴 때부터 서서히 진행된다는 것이 문제다. 어릴 때부터 포화 지방과 콜레스테롤이 함유된 식품을 과다 섭취하면 혈관 내에 지방과 콜레스테롤이 서서히 축적된다. 이것이 나중에 성인병으로 이어지는 것이다.

아이에게 되도록 먹이지 말아야 할 포화 지방 식품은 쇠기름우지, 돼지기름돈지, 닭 껍질, 버터 등이다. 식물성 식품은 보통 불포화 지방의 비율이 높지만 예외도 있다. 과자, 라면, 초콜릿, 커피 크림 등에 든 팜유와 코코넛유는 식물성 기름이지만 포화 지방 덩어리이다. 이 둘의 포화 지방 비율은 돼지기름과 비슷하거나 그 이상이다. 팜유와 코코넛유는 돼지기름처럼 실온에서 고체 상태로 존재한다.

콜레스테롤 축적을 막아주는 불포화 지방

불포화 지방은 실온에서 액체 상태인 지방으로 콜레스테롤의 축적을 막

지중해 사람들과 에스키모의 건강 비결은 불포화 지방

불포화 지방이 건강에 이롭다는 것은 지중해 사람들의 식생활에서 잘 드러난다. 그들은 전체 열량의 약 40%(한국인은 약 20%)를 지방으로 섭취할 정도로 유난히 지방 섭취가 높은 식생활을 즐긴다. 그런데도 평균 수명이 일본인 다음으로 높다. 심장병 발생률은 다른 서구인의 절반 이하이다. 왜일까? 이들의 건강 비결은 바로 전체 지방의 72%를 올리브유와 생선 기름 등 불포화 지방으로 섭취하는 데 있다.

불포화 지방이 건강에 좋다는 사실을 처음 밝혀낸 사람은 덴마크의 다이아베르그 박사이다. 그는 1970년대 초 그린란드의 병원에서 10년간의 환자(에스키모) 기록을 조사했는데 심장마비로 숨진 사람이 한 명도 없었다. 얼어붙은 땅에 사는 에스키모는 채소, 과일, 곡류를 거의 먹지 못하기 때문에 이런 결과는 놀라운 것이었다.

흥미로운 사실은 에스키모는 등 푸른 생선, 물범, 고래 고기 등 지방이 많은 식품을 주로 먹는다는 점이었다. 연구 끝에 다이아베르그 박사는 오메가-3 지방 등 불포화 지방이 풍부한 해양 생물을 즐겨 먹는 식생활이 이들의 혈관을 깨끗하게 유지시켜주었다고 발표했다. 그는 "불포화 지방을 많이 섭취하는 것이 심장 약을 복용하는 것보다 심장병 예방에 더 유익하다"고 말했다.

아 혈관을 건강하게 지켜준다. 불포화 지방은 몸에서 합성되는 단일 불포화 지방오메가-9 지방과 반드시 음식으로 섭취해야 하는 다중 불포화 지방오메가-3 지방과 오메가-6 지방으로 나뉜다.

단일 불포화 지방은 식품 중에서는 올리브유, 유채꽃 기름, 땅콩기름 등에 많이 들어 있다. 다중 불포화 지방은 오메가-3 지방과 오메가-6 지방이 대표적인데, 모두 몸에서 합성되지 않아 전량 식품을 통해 보충해야 한다.

특히 음식으로 섭취할 때 가장 신경 써야 하는 것이 오메가-3 지방이다. 오메가-6 지방은 사람들이 이미 충분히 섭취하고 있는 데 반해 오메가-3 지방은 여러 가지 지방 중 가장 적게 섭취하기 때문이다. 오메가-3 지방은 '오메가'라는 단어가 붙은 지방 가운데 건강에 가장 이로운 지방이다. 혈중 콜레스테롤 수치를 낮추고 혈전과 동맥경화를 예방하는 등 혈관을 보호한다. 최근에는 치매·암 예방에도 도움을 준다는 연구 결과가 나왔다. 우리 귀에 익숙한 EPA, DHA가 오메가-3 지방에 속한다. 오메가-3 지방의 섭취를 늘리려면 고등어, 참치 등 푸른 생선을 많이 먹어야 한다. 식용유 중에는 들기름, 아마씨유, 콩기름, 카놀라유에 오메가-3 지방이 많이 들어 있다.

영양학자들은 단일 불포화 지방과 다중 불포화 지방, 그리고 포화 지방의

> **들기름의 오메가-3 지방, 신선할 때 먹어야 최고의 효능**
> 들기름은 갓 짜낸 신선한 것일 때 효능이 가장 높다. 반면 오래 보관한 것은 오히려 건강에 해롭다. 들기름이 산패하면 냄새가 나고 맛과 빛깔이 변할 뿐만 아니라 오메가-3 지방의 비율이 급격히 줄어들기 때문이다. 따라서 들기름은 소량씩 구입하고, 빛과 열이 닿으면 산패하므로 빛이 들지 않는 서늘한 곳에 둔다.

지방의 종류와 특징

종류			특징	함유 식품
포화 지방	포화 지방		• 혈관에 콜레스테롤이 쌓이게 해 혈관 질환 유발	• 쇠기름, 돼지기름, 닭 껍질, 버터 • 과자, 라면, 초콜릿, 커피 크림 등에 든 팜유, 코코넛유
불포화 지방	단일 불포화 지방	오메가-9 지방	• 혈중 콜레스테롤 수치를 낮춤	• 올리브유, 해바라기씨유
	다중 불포화 지방	오메가-6 지방	• 혈중 콜레스테롤 수치를 낮춤 • 지나치게 많이 섭취하면 혈관을 청소하는 HDL 콜레스테롤 수치까지 낮춤	• 옥수수유, 면실유
		오메가-3 지방 (EPA, DHA)	• 혈중 콜레스테롤 수치를 낮추고 혈전과 동맥경화를 예방 • 산화되기 쉬우므로 빨리 먹는 것이 좋음	• 참치, 방어, 고등어, 정어리 • 들기름, 아마씨유
	트랜스 지방		• 혈관 건강에 유해	• 케이크, 도넛, 치킨, 마가린, 피자, 팝콘, 튀김, 페이스트리, 햄버거, 파이, 쿠키

이상적인 섭취 비율은 1:1:1이라고 강조한다. 즉 불포화 지방을 포화 지방의 2배가량 섭취해야 한다는 것이다.

콜레스테롤, 천사와 악마의 두 얼굴

그런데 여기서 잠깐 콜레스테롤 이야기를 해보자. 사람들은 보통 콜레스테롤을 건강의 적으로만 여긴다. 콜레스테롤 하면 거의 노이로제 수준이다. 그럴 만도 한 것이 콜레스테롤이 혈관 벽에 쌓여 혈관이 좁아지면 동맥경화, 심장병, 뇌졸중, 돌연사 등의 발생률이 높아지기 때문이다. 콜레스테롤은 고혈압, 지방간을 유발하거나 악화시키기도 한다. 그러나 콜레스테롤도 좋은 것과 나쁜 것이 있으며 콜레스테롤의 역할은 의외로 많다.

우리 몸이 피로를 이기고 신체 기능을 원활하게 유지하도록 하는 각종 호르몬의 기본 재료가 콜레스테롤이다. 콜레스테롤은 세포의 성장·재생과 정신 건강을 위해서도 반드시 필요하다. 뼈를 튼튼하게 해주기도 하는데, 이는 콜레스테롤이 뼈 건강을 돕는 비타민 D의 원료 물질이기 때문이다. 피부의 콜레스테롤이 자외선을 받으면 비타민 D로 바뀐다. 비타민 D는 체내에서 칼슘 흡수를 도와 골다공증, 골절을 예방한다. 콜레스테롤 자체가 유해 산소를 없애는 항산화제로도 작용한다.

따라서 혈중 콜레스테롤 수치를 무한정 낮추기만 하면 절대 안 된다. 콜레스테롤 수치가 너무 낮으면 피로감, 무력감에 시달리게 되며 각종 질병에 걸리기도 쉽다. 사망 위험률이 더 높아진다는 연구 결과도 있으며, 심지어 자살률이 높아진다는 논문도 있다. 콜레스테롤 수치가 과도하게 낮아지면 '행복 물질'로 알려진 세로토닌신경전달물질의 분비에 이상이 생겨 자살 충동을 느낀다는 것이다.

고콜레스테롤 식품을 즐겨 먹는다고 해서 혈중 콜레스테롤 수치가 바로 올라가는 것도 아니다. 여러 연구를 통해 고콜레스테롤 식품의 섭취와 혈중 콜레스테롤 수치는 상관성이 그리 높지 않은 것으로 밝혀졌다.

아이들이 즐겨 먹는 달걀, 오징어, 새우 등은 콜레스테롤이 다량 함유된 고콜레스테롤 식품이지만, 이런 식이성 콜레스테롤을 섭취한다고 해서 모든 사람에게서 혈중 콜레스테롤 수치가 올라가는 것은 아니다. 식이성 콜레스테롤에 민감하게 반응하는 사람은 전체 인구의 3분의 1가량이다. 나머지

3분의 2는 식품에 함유된 콜레스테롤 함량에 너무 예민할 필요가 없다. 혈중 콜레스테롤 수치의 증가에 고콜레스테롤 식품보다 훨씬 더 깊게 연루된 것이 포화 지방 식품과 트랜스 지방 식품이다. 그러나 평소 혈중 콜레스테롤 수치가 지나치게 높은 사람은 고콜레스테롤 식품을 되도록 적게 먹는 것이 바람직하다.

이제 몸 안의 콜레스테롤, 즉 혈중 콜레스테롤에 대해 살펴보자. 우리 몸에서 사용하는 전체 콜레스테롤 가운데 3분의 2는 간 등 체내에서 만들어진다. 음식으로 섭취한 콜레스테롤 양이 너무 많으면 우리 몸이 알아서 콜레스테롤 생산량을 줄인다. 반대로 음식으로 섭취한 콜레스테롤 양이 지나치게 적으면 콜레스테롤 생산량을 늘린다. 동물성 식품을 전혀 먹지 않는 채식주의자라도 혈중 콜레스테롤 수치를 일정하게 유지하는 것은 이 때문이다.

몸 안의 콜레스테롤이 어떤 운반 단백질_{지단백}과 결합되느냐에 따라 '천사' 콜레스테롤과 '악당' 콜레스테롤로 나뉜다. 몸 안에서 콜레스테롤이 각

어린이 건강을 위한 지방 섭취법
- 동물성 지방 섭취를 되도록 줄인다.
- 쇠고기, 돼지고기, 닭고기는 기름이나 껍질을 제거하고 살코기 위주로 먹는다.
- 저지방 우유를 마신다.
- 조리할 때 식용유 사용을 최대한 줄인다.
- 기름에 튀기거나 볶거나 굽는 요리보다 삶거나 찌는 요리를 택한다.
- 코코넛유(커피 크림, 초콜릿, 비스킷 등)와 팜유(라면)에는 건강에 해로운 포화 지방이 많이 들어 있다는 사실을 기억한다.
- 외식 메뉴로 비빔밥, 한식, 김밥, 초밥, 국수, 생선구이, 매운탕 등을 선택한다. 곰탕, 설렁탕, 곱창전골, 부대찌개, 중국 음식, 뷔페식, 피자, 햄버거, 프라이드치킨 등은 되도록 피한다.

조직으로 이동하려면 운반 단백질이 필요하다. 운반 단백질은 HDL고밀도 지단백과 LDL저밀도 지단백 두 가지가 있다. 이 중 HDL은 콜레스테롤을 혈액에서 간으로, LDL은 간에서 혈액으로 운반한다.

LDL이 간에 보관된 콜레스테롤을 혈액으로 이동시키면 동맥 혈관 벽에 콜레스테롤이 쌓이게 된다. 따라서 혈관에 점차 플라크찌꺼기가 형성되어 피의 흐름을 방해한다. 이것이 동맥경화이다. LDL과 결합된 LDL 콜레스테롤을 나쁜 콜레스테롤이라 하는 것은 이 때문이다. 반대로 HDL은 혈액에 떠돌아다니는 콜레스테롤을 간으로 운반해 혈류에서 제거한다. 즉 LDL은 혈관을 막고 HDL은 막힌 혈관을 뚫는 역할을 한다.

예전에는 어린이의 혈중 콜레스테롤 수치가 높은 경우는 극히 드물었다. 하지만 식생활 변화로 비만아가 증가하면서 콜레스테롤 관리가 필요한 아이가 많아졌다. 혈중 총 콜레스테롤 수치가 220 이상, LDL 콜레스테롤 수치가 130 이상이거나 HDL 콜레스테롤 수치가 40 이하이면 이를 정상 범위로 되돌리기 위해 운동이나 식단 조절이 필요하다.

식품의약품안전청이하 식약청과 미국 심장협회는 하루 콜레스테롤 섭취 허용량을 300mg 이하로 규정하고 있다. 300mg이면 달걀 한 개 반에 들어 있는 콜레스테롤 양이다. 혈중 콜레스테롤 수치가 정상 범위 이상이라면 고콜레스테롤 식품 섭취를 어느 정도 제한해야 한다. 달걀노른자 섭취는 주 2회 이하로 줄이고 오징어, 메추리알, 생선 알, 내장, 햄은 가끔씩 소량만 즐긴다. DHA, EPA 등 오메가-3 지방은 일정량 섭취한다. 쌀, 콩에 많이 든 식물성 스테롤, 차전자피, 귀리 기울, 통밀, 보리, 현미 등 식이섬유가 풍부한 거친 식품은 혈중 콜레스테롤 수치를 낮추는 데 효과적이다.

육류, 육가공품 등 동물성 식품의 섭취를 줄이는 것도 방법이다. 이런 식품엔 LDL 콜레스테롤 수치를 높이는 포화 지방이 다량 들어 있다. 고기를 조리할 때는 식물성 기름을 이용한다.

콜레스테롤 과잉의 진정한 해결사는 운동이다. 특히 걷기, 계단 오르기, 조깅, 자전거 타기, 수영 등 유산소 운동이 효과 만점이다. 하루 30분씩 매주 4회 이상 운동하면 한 달 안에 혈중 콜레스테롤 수치를 크게 낮출 수 있다.

아이들은 고소하고 풍부한 지방의 맛에 쉽게 매혹된다. 그래서 지방이 함유된 식품을 자꾸 찾게 되는데 건강을 위해서는 적당히 제한하는 게 옳다.

포화 지방, 트랜스 지방은 물론이고 혈관에 유익한 불포화 지방이라 하더라도 과잉 섭취는 금물이다. 특히 비만아라면 모든 지방의 섭취량을 적절히 제한해야 한다. 불포화 지방도 1g당 9kcal의 고열량을 내기 때문이다. 웰빙 지방으로 통하는 오메가-3 지방도 지나치면 모자람만 못하다. 과다 섭취하면 혈중 콜레스테롤 수치와 혈당을 높이고 출혈을 일으킬 수 있다. 한때 동맥경화 예방 성분으로 서양에서 폭발적인 인기를 누렸던 리놀레산오메가-6 지방의 일종의 몰락도 교훈으로 삼을 필요가 있다. 리놀레산을 과다 섭취하면 비만, 알레르기, 혈전을 일으킬 수 있다는 사실이 밝혀지면서 리놀레산의 신화가 허무하게 무너진 것이다.

지방은 의식하지 못하는 사이에 과잉 섭취할 수 있다. 버터, 비계, 식용유 등 눈에 보이는 지방도 있지만 파이 껍질 속의 쇼트닝, 아보카도 기름 등 '숨어 있는' 지방이 너무 많기 때문이다. 보통 사람들은 눈에 띄는 지방과 눈에 띄지 않는 지방을 6대 4의 비율로 섭취한다는 점을 기억하자.

플러스 영양 정보

식품구성탑으로 영양의 균형 찾기

아이들에게 영양 교육을 시킬 때 유용한 도구가 바로 '식품구성탑'이다. 피라미드처럼 생긴 5층 탑에 우리가 흔히 먹는 식품군을 영양소별로 구분해놓은 것이다. 하루에 섭취해야 하는 식품의 양에 따라 층이 나누어진다. 맨 아래층에 가장 많이 섭취해야 하는 식품군이 놓여 있고, 그 위에 다음으로 많이 섭취해야 하는 식품군이 순서대로 놓여 있다. 식품구성탑은 하루 식사를 통해 많이 먹어야 하는 식품과 적게 먹어야 하는 식품을 알려준다. 이는 남녀노소 모두에게 적용된다. 아이를 위한 식단을 짤 때 이 탑을 참고하면 영양의 균형을 맞추는 데 도움이 될 것이다.

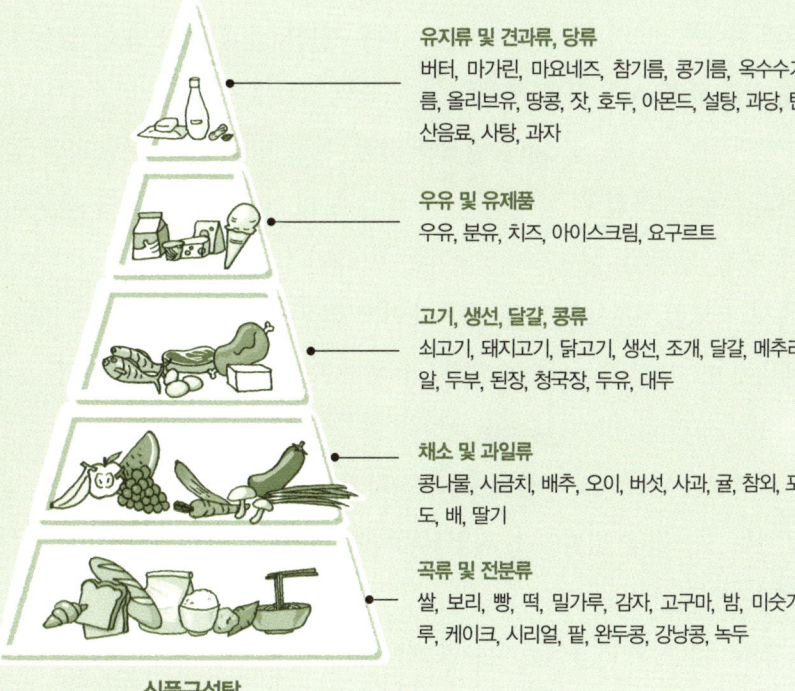

유지류 및 견과류, 당류
버터, 마가린, 마요네즈, 참기름, 콩기름, 옥수수기름, 올리브유, 땅콩, 잣, 호두, 아몬드, 설탕, 과당, 탄산음료, 사탕, 과자

우유 및 유제품
우유, 분유, 치즈, 아이스크림, 요구르트

고기, 생선, 달걀, 콩류
쇠고기, 돼지고기, 닭고기, 생선, 조개, 달걀, 메추리알, 두부, 된장, 청국장, 두유, 대두

채소 및 과일류
콩나물, 시금치, 배추, 오이, 버섯, 사과, 귤, 참외, 포도, 배, 딸기

곡류 및 전분류
쌀, 보리, 빵, 떡, 밀가루, 감자, 고구마, 밤, 미숫가루, 케이크, 시리얼, 팥, 완두콩, 강낭콩, 녹두

식품구성탑

4 꼭 필요한 활력 에너지 비타민

🥗 비타민은 몸의 기능을 정상적으로 가동시킨다

비타민은 아이가 정상적으로 성장, 발육할 수 있도록 돕는 영양소이다. 우리 몸에서 비타민의 기능과 역할은 매우 광범위하다. 시력 보호, 성장 발육, 활력 유지, 상처 치유, 혈액 응고 등 몸의 기능 유지와 활성화를 위해 비타민은 필수적이다. 소량이 필요하지만 어느 하나라도 결핍되면 안 된다. 채소, 과일을 싫어하는 아이는 대개 비타민 A·C가 부족하기 쉽고 우유를 싫어하는 아이는 비타민 B_2가 결핍되기 쉽다. 밖에서 뛰노는 시간이 적은 아이라면 비타민 D가 부족해질 수 있다. 체내에 비타민이 부족하면 야맹증비타민 A, 괴혈병비타민 C, 학습 능력 저하비타민 B군 등 다양한 증상이 나타난다.

비타민은 비타민 보충제영양제를 복용하기보다 균형 잡힌 식사를 통해 섭취하는 것이 좋은 방법이다. 자연식품으로 비타민을 보충하면 어떤 점에서 건강에 이로울까?

첫째, 채소, 과일 등에는 비타민 외에 미네랄, 파이토케미컬식물성 생리 활성 물질, 식이섬유, 항산화 성분 등 몸에 좋은 물질이 다양하게 들어 있다.

둘째, 자연식품에 든 다양한 영양소는 체내에서 서로 결합해 시너지 효과를 발휘한다. 천연 식품인 토마토를 먹는 것과 토마토의 웰빙 성분으로 알려진 라이코펜만을 추출해 만든 영양제건강기능식품를 먹는 것은 크게 다르다. 토마토를 먹으면 라이코펜 외에도 비타민 C, 미네랄 등 다양한 성분이 서로 어울려 건강에 이롭게 작용한다. 알약에 든 라이코펜이 토마토를 먹는 것과 똑같을 수는 없는 것이다.

셋째, 자연식품에 든 비타민이 체내에서 흡수가 더 잘된다.

넷째, 자연식품을 통해 비타민을 섭취하면 몸에 독성이나 부작용을 일으킬 만큼 과잉 섭취하지 않게 된다. 건강 기능 식품 제조사들은 특정 비타민, 미네랄, 오메가-3 지방 등을 고용량으로 섭취하면 건강에 이롭다고 광고한다. 그러나 이런 성분들은 어느 정도 필요하지만 고용량을 섭취한다고 반드시 좋은 것은 아니다. 예를 들어 아이가 자라는 데 적정량의 아연이 필요하지만 아연을 고용량으로 섭취하면 면역 기능 이상 등 문제가 생긴다.

아이의 식습관이 괜찮다면 굳이 비타민 보충제나 종합 영양제를 먹일 필요가 없다. 그러나 편식이 심하거나 집 밖에서 거의 음식을 먹지 못하거나, 빈혈 등 만성 질환이 있다면 보충제 복용을 고려할 필요가 있다.

다만 비타민 보충제를 구입할 때는 다음 사항을 유의해야 한다.

첫째, 단일 비타민제보다는 종합 비타민제 또는 종합 영양제비타민·미네랄제가 좋다. 12가지 비타민이 전부 포함된 것이 이상적이다. 종합 영양제를 복용하면 특정 영양소만 과잉 섭취할 가능성이 줄어들고 여러 영양소의 상호 작용으로 복용 효과를 높일 수 있다.

둘째, 비타민의 하루 섭취 권장량을 지켜야 한다. 권장량은 대체로 우리 몸이 실제 요구하는 양보다 많다. 게다가 매끼 먹는 음식을 통해서도 비타민을 섭취하기 때문에 권장량 이상을 섭취하지 않도록 유의한다.

셋째, 유효기간을 확인한다. 비타민 보충제에도 유효기간이 있는데 이를 무심히 넘기는 경우가 의외로 많다. 비타민 보충제의 유효기간은 보통 2~3년으로, 이를 반드시 확인하고 복용하도록 한다.

눈과 피부 건강을 지켜주는 비타민 A

우리의 눈과 피부 건강을 지켜주는 비타민 A는 처음으로 발견된 비타민이라고 해서 알파벳 첫 글자인 A가 붙었다. 비타민 A가 부족하면 눈과 피부가 건조하고 거칠어지는데, 이는 비타민 A가 피부와 점막의 건강을 지켜주고 면역력을 강화하는 역할을 하기 때문이다. 비타민 A가 많이 결핍되면 소화기가 손상되어 설사를 자주 하기도 한다.

비타민 A는 철분 흡수와 발육을 도와준다. 따라서 성장기 아이에게 비타민 A가 결핍되면 골격 이상, 성장 지연이 생길 수 있다.

제1차 세계대전 당시 비타민 A 결핍과 관련된 일화가 있다. 네덜란드는 무기를 구입할 재정을 마련하려고 우유에서 지방을 추출해 만든 버터를 영국에 수출했다. 그리고 버터를 만들고 남은 우유인 탈지유를 자국 아이들에게 공급하기 시작했다. 그런데 얼마 뒤 아이들에게 야맹증 등 눈 질환이 늘어났다. 나중에 그 이유가 밝혀졌는데, 우유에 풍부한 지용성 비타민인 비타민 A가 결핍된 탈지유를 먹은 탓이었다.

비타민 A는 레티놀과 카로티노이드, 2가지 형태로 존재한다. 레티놀은 동물성 식품에 존재하는 비타민 A로 몸 안에 들어오면 바로 제 역할을 한다. 레티놀이 풍부한 식품은 생선의 간유, 육류와 어패류의 간, 버터, 달걀, 연어 등이다. 식물성 식품에 들어 있는 카로티노이드는 노란색, 오렌지색, 녹색, 적색을 띠며 식탁을 화려하게 장식한다. 당근, 귤, 감, 고구마, 시금치 등 녹황색 채소에 많이 들어 있다.

카로티노이드의 종류는 600여 가지에 달한다. 가장 대표적인 것이 베타카로틴이며 라이코펜토마토에 풍부, 루테인메밀에 풍부도 카로티노이드의 일종이다. 베타카로틴은 당근, 양배추, 귤 등 노란색 식품에 풍부하다. 당근, 귤 등을 많이 먹으면 얼굴이나 손의 피부색이 노래지는 것은 베타카로틴이 피부에 쌓인 결과이다. 피부색이 노랗게 변하더라도 건강에 해롭지 않고 일시적인 현상이므로 걱정할 필요는 없다.

베타카로틴은 비타민 C·E와 함께 3대 항산화 비타민으로 통한다. 체내에서 유해 산소활성산소를 없애주기 때문이다. 하지만 지용성 비타민이라 잉여분이 체내에 쌓이면 독성이 나타나므로 과잉 섭취하면 안 된다. 장기간 과다 섭취하면 식욕부진, 탈모, 뾰루지, 박피, 두통, 설사, 피로감, 간 기능 장애 같은 증상이 나타날 수 있다. 특히 칠성장어의 간에는 비타민 A가 엄청나게 들어 있어 과잉증을 유발하기 쉽다.

레티놀과 카로티노이드는 몸 안에 쉽게 축적되므로 매일 섭취할 필요는 없다.

🍃 매일 섭취해야 하는 활력 에너지, 비타민 B군·C

비타민 B군과 비타민 C는 물에 녹는 수용성 비타민이므로 과량 섭취해도 소변으로 빠져나간다. 체외 배출이 빠른 것은 수용성 비타민의 장점이자 단점이다. 장점은 지용성 비타민처럼 몸 안에 축적되어 부작용을 일으킬 우려가 적다는 것이고, 단점은 특히 비타민 C의 경우 섭취 후 2~3시간이면 몸 밖으로 빠져나갈 만큼 대사가 빨라서 세 끼 식사를 통해 매일 보충해야 한다는 것이다.

비타민 B군은 8가지 수용성 비타민의 집합체이자 훌륭한 '피로 해소제'이다. 만약 아이가 유난히 쉽게 피로해한다면 '생명의 전류'인 에너지가 부족하고 몸속 노폐물이 원활하게 배출되지 않기 때문일 수 있다. 비타민 B군은 탄수화물, 단백질, 지방 등 우리가 섭취한 영양소를 에너지로 바꾸는 역할을 하며, 노폐물을 몸 밖으로 내보내는 일을 돕는다. 또 숙면에 도움을 주고 멀미 예방에도 좋다. 여행을 떠나기 전날 밤과 당일 아침에 비타민 B군을 복용하면 멀미약이 따로 필요 없다. 멀미약에는 대부분 비타민 B_6가 들어 있다. 병원에서도 구토, 메스꺼움을 호소하는 환자에게 비타민 B_6를 처방한다. 비타민 B군과 생강을 함께 먹으면 멀미 해소 효과가 배가된다. 천연 멀미약인 생강은 뇌가 아닌 장에 작용하므로 약국에서 사 먹는 멀미약처럼 졸음을 유발하지 않는다.

아이들은 비타민 B군을 권장량보다 적게 먹는 경우가 많다. 특히 비타민 B_6가 결핍되기 쉽다. 비타민 B군은 고기, 달걀, 콩, 우유 등 단백질이 풍부한 식품에 많이 들어 있다. 또 효모, 건포도, 멜론에도 많이 들어 있고 통밀, 호밀, 보리 등 거친 식품에도 풍부하다. 체내 지방과 단백질 대사에 관여하는 비타민 B_6는 닭고기, 생선, 간, 달걀, 도정하지 않은 곡류, 두부, 콩 등에 많이 함유되어 있다.

비타민 B군은 8종이 서로 결합해 조화를 이루는 성분이라 하나라도 부족하면 쉽게 피로해진다. 8가지를 함께 섭취하는 것이 최선이므로 복합 보충제를 복용하는 것도 괜찮은 방법이다. 물론 보충제보다는 다양한 자연식품을 통해 비타민 B군을 섭취하는 것이 더 바람직하다.

우리 몸은 점점 나이를 먹으면서 서서히 산화된다. 강철이 세월의 풍화를 이기지 못하고 비바람에 녹이 스는 것과 같은 이치이다. 우리 몸속 세포에 산화를 일으키는 것은 유해 산소이며 이는 노화와 각종 성인병의 주범이다.

유해 산소를 없애주는 3대 항산화 비타민, 즉 베타카로틴(체내에서 비타민 A로 변환), 비타민 C, 비타민 E 중 가장 유용한 것은 비타민 C이다. 유해 산소 제거를 위해 베타카로틴이나 비타민 E만 복용하는 것은 효과가 떨어진다. 비타

비타민의 종류와 특징

종류	특징	함유 식품	결핍 증상
비타민 A	• 눈과 피부를 건강하게 지켜줌 • 철분 흡수를 도움	• 생선의 간유, 육류·어패류의 간, 버터, 달걀, 연어 • 당근, 귤, 감, 고구마, 시금치	• 야맹증, 골격 이상, 설사, 성장 지연
비타민 B군	• 피로 해소 • 몸속 노폐물 배출 • 멀미 예방 효과	• 고기, 달걀, 콩 • 효모, 건포도, 멜론 • 통밀, 호밀, 보리	• 학습 능력 저하
비타민 C	• 몸속 유해 산소를 없애는 항산화 작용 • 피로 해소	• 토마토, 멜론, 피망, 포도, 귤, 브로콜리, 감자	• 괴혈병
비타민 D	• 햇빛을 받으면 몸 안에서 생성 • 뼈와 이를 강화 • 칼슘의 체내 흡수를 도움	• 연어, 고등어 등 등 푸른 생선 • 비타민 D 강화 우유, 주스, 시리얼 • 목이, 표고 등 버섯류	• 뼈가 약해져 골절되기 쉬움

민 E의 경우 처음에는 항산화 작용을 하지만 나중에는 유해 산소로 변할 수 있다. 비타민 C는 이렇게 유해 산소로 변한 비타민 E를 다시 항산화 비타민으로 되돌리는 역할을 한다. 따라서 유해 산소를 없애기 위해 비타민 E나 베타카로틴을 섭취할 때는 반드시 비타민 C를 함께 섭취해야 한다. 비타민 C는 과일과 채소에 풍부하게 들어 있다.

아이가 땀띠나 가려움증으로 고생할 때도 비타민 C가 풍부한 식품을 먹이면 효과적이다. 또 아이가 땡볕에서 오랫동안 놀았다면 비타민 C를 먹이도록 한다. 비타민 C가 자외선을 받은 피부에 생긴 유해 산소를 없애주기 때문이다. 비타민 C는 피로 해소에도 유익하다.

햇볕 아래서 뛰놀아야 풍부해지는 비타민 D

비타민 D는 일명 '선샤인 비타민'이라고 한다. 여느 비타민과 달리 햇볕을 받으면 몸 안에서 생성되기 때문이다. 뼈와 이를 튼튼하게 하고 비타민 K와 함께 뼈의 주성분인 칼슘의 체내 흡수를 돕는다. 따라서 '칼슘+비타민 D+비타민 K'는 아이의 뼈 건강을 위한 최고의 레시피이다.

칼슘은 우리나라 사람들에게 가장 결핍되기 쉬운 영양소이다. 그런데 비타민 D가 부족하면 뼈에서 칼슘이 빠져나가 골다공증을 유발하는 등 뼈가 부실해진다. 요즘 아이들에게 골절이 잦은 것은 햇볕 아래서 뛰놀지 않는 탓도 크다. 대부분의 자연식품에는 비타민 D가 전혀 없거나 극소량만 함유되어 있다. 햇볕 대신 식품을 통해 비타민 D를 섭취하려면 정어리, 연어, 고등어 같은 등 푸른 생선이나 비타민 D 강화 우유, 주스, 시리얼 등을 즐겨 먹도록 한다. 식물성 식품 중에서는 목이, 표고 등 버섯에 비타민 D가 들어 있다. 표고버섯에 든 에르고스테롤은 햇볕을 받으면 비타민 D로 변한다.

미국 소아과학회는 출생 후 청소년기까지 비타민 D를 보충해야 한다고 권고한다. 햇볕을 쬐기 싫어하는 아이라면 비타민 D가 더욱 부족할 수 있다. 따라서 5세 이하의 어린이에게는 구루병_{골사병} 예방을 위해 비타민 D를 적당량 섭취시켜야 한다. 비타민 D는 지용성 비타민이므로 과잉 섭취하면 체내에 쌓이며, 장기간 과다 섭취하면 갈증, 눈의 통증, 가려움증 등을 유발한다는 점도 기억해두자.

플러스 영양 정보

아이들에게 부족하기 쉬운 영양소

'과유불급' 이라는 말이 있다. '넘치는 것은 모자람만 못하다' 라는 뜻이다. 요즘 아이들의 식생활을 묘사하는 데 딱 맞는 표현인 듯하다. 우리는 지금 어른 아이 할 것 없이 영양 과잉 시대에 살고 있다. 더 심각한 문제는 그럼에도 불구하고 결핍되는 영양소가 많아지고 있다는 점이다.

칼슘, 칼륨 등의 미네랄과 비타민 B₂(리보플라빈), 비타민 D를 비롯한 비타민, DHA와 EPA 등 오메가-3 지방과 식이섬유는 아이들에게 가장 부족하기 쉬운 영양소이다. 이것들은 하나같이 건강 유지에 필수적인 영양소이다.

1 칼슘

칼슘 보충에는 우유, 유제품 만한 것이 없다. 우유 한 팩(칼슘 함량 약 200mg)이면 하루 칼슘 권장량의 약 30%를 채울 수 있다. 우유, 유제품에 든 칼슘은 식물성 식품에 함유된 칼슘에 비해 체내 흡수율이 훨씬 높다. 우유를 싫어하는 아이라면 멸치·뱅어포 등 뼈째 먹는 생선과 미역 등 해조류, 시금치·케일 등 짙은 녹색 채소를 먹이면 된다. 또 비타민 D는 칼슘의 체내 흡수를 돕는 작용을 하므로 말린 버섯, 달걀, 고등어 같은 비타민 D 함유 식품과 같이 먹이는 것이 좋다.

2 칼륨

7~12세의 아이들은 하루 평균 칼륨을 2~3g 섭취한다. 권장량의 53.5%를 섭취하는 셈이다. 칼륨은 과일, 채소에 풍부하며 나트륨과 상반되는 작용을 한다. 나트륨이 혈압을 높이고 수분을 몸 안에 담아둔다면 칼륨은 혈압을 낮추고 수분을 몸 밖으로 배출한다. 칼륨이 나트륨의 해(혈압 상승)를 상쇄해주는 것이다. 호박, 수박, 바나나, 다시마, 콩, 토란, 고구마 등이 칼륨이 풍부한 식품이다.

3 비타민 D

한국인의 몸 안에는 비타민 D가 적다. 비타민 D는 햇빛을 받으면 체내에서 생성되기 때문에 가장 손쉬운 비타민 D 보충법은 '인간 해바라기'가 되는 것이다. 자외선을 지나치게 받지 않는 선에서 반드시 햇빛을 쬐어야 한다. 밖에 나가는 것을 싫어하는 아이에겐 등 푸른 생선, 비타민 D 강화 우유를 먹여 비타민 D가 결핍되지 않도록 한다.

4 식이섬유

한국인의 하루 식이섬유 섭취량은 식약청의 권장량인 25g에 못 미친다. 거친 음식을 싫어하고 패스트푸드를 좋아하는 아이들의 경우 식이섬유 섭취량이 더욱 적을 것으로 예상된다. 수용성 식이섬유는 콜레스테롤 수치를 낮추고 불용성 식이섬유는 변비 예방에 효과적이다. 수용성 식이섬유는 과일, 콩, 귀리, 보리, 해조류에 풍부하다. 불용성 식이섬유는 도정이 덜 된 현미, 통밀, 보리 등 전곡이나 콩, 채소 줄기, 과일 껍질에 많다.

5 오메가-3 지방

불포화 지방의 일종인 오메가-3 지방(DHA, EPA)은 포화 지방, 트랜스 지방과는 달리 혈관에 이로운 지방이다. 또한 염증을 치유하고 면역력을 높여준다. 하루 섭취 권장량은 1~6g이며 정어리, 고등어, 꽁치, 연어, 삼치, 청어 등 등 푸른 생선과 들기름, 아마씨유, 호두 등에 많다.

5 골격을 튼튼하게 칼슘과 미네랄

🥗 유독 권장량을 밑도는 영양소, 칼슘

한국인이 매일 섭취하는 영양소 중 가장 부족한 것이 칼슘이다. 우리나라 아이들은 대체로 영양 과잉이지만 유독 칼슘만은 권장량을 크게 밑돈다. 7~12세 아이들의 하루 칼슘 섭취량은 473.9mg에 불과하다. 이는 이 또래 아이들의 칼슘 권장량의 60.2%다. 13~19세 청소년의 경우는 더욱 심각하다. 하루에 칼슘을 평균 445.1mg 섭취하는데 이는 권장량의 46.6% 수준이다. 2008년 국민건강영양조사

칼슘은 뼈를 구성하고 뼈 건강을 유지해준다. 뼈에서 칼슘이 부족하면 골밀도와 골질량이 감소한다. 특히 한창 자라는 아이가 칼슘을 적게 섭취하면 골격과 치아의 석회화가 충분히 이뤄지지 않아 성장이 늦어질 수 있다. 또 성인이 되어 골다공증에 걸리기 쉽다.

칼슘은 우리 몸속에 존재하는 미네랄의 2분의 1을 차지할 만큼 비중이 크다. 칼슘이 체중의 1.5~2.2%를 차지한다. 뼈는 거대한 칼슘 저장고이다. 그래서 뼈를 흔히 '칼슘 은행'이라고 부르는 것이다. 칼슘은 뼈에 저장만

되는 것이 아니라 이동이 매우 활발하다. 뼈와 혈액 사이에서 끊임없이 칼슘의 왕래가 이뤄지는 것이다. 하지만 치아_{칼슘이 주성분}에서는 칼슘 이동이 일어나지 않는다. 골절된 뼈는 시간이 흐르면 붙지만 부러진 이는 붙지 않는 것은 이 때문이다.

뼈는 한번 만들어지면 콘크리트처럼 평생 유지되는 것이 아니다. 수없이 칼슘이 유입되면서 새로운 뼈 조직을 형성한다. 아이의 뼈는 8년에 한 번씩 완전히 새로운 뼈로 교체되는 셈이다. 따라서 칼슘이 풍부한 식품을 즐겨 먹어야 건강한 뼈를 유지할 수 있다.

칼슘은 아이의 몸에서 매일 7%나 빠져나간다. 이 손실분은 매끼 식사를 통해 보충해주어야 한다. 우유 등 칼슘 공급 식품을 잘 먹지 않으면 당연히 칼슘이 부족해진다. 그러면 우리 몸은 비상 시스템을 작동시킨다. 뼈에 든 칼슘을 빼내어 사용하는 것이다. 이런 상황이 오래 지속되면 뼈에서 점점 칼슘이 고갈된다. 결국 뼈가 약해져 골다공증에 걸리거나 쉽게 골절상을 입게 된다.

부족한 칼슘을 보충하는 데에는 우유나 유제품이 최고이다. 우유 한 잔만 마셔도 하루 권장량의 약 30%를 채울 수 있다. 우유를 싫어한다면 요구르트라도 하루에 한 병 이상 마시도록 한다. 칼슘 보충제를 먹일 수도 있지만 되도록 천연 식품에서 칼슘을 섭취하는 것이 좋다. 멸치·뱅어포 등 뼈째 먹는 생선, 미역·다시마 등 해조류, 산나물·시금치 등 짙은 녹색 채소도 칼슘이 풍부한 식품이다. 다만 해산물이나 식물성 식품에 든 칼슘은 우유나 유제품에 든 칼슘보다 체내 흡수율이 떨어지는 것이 약점이다. 칼슘 보충제의 경우 하루 1000mg 이상 섭취하는 것은 금물이다. 출혈, 뼈의 연화 등 칼슘 과잉 증상이 생길 수 있기 때문이다.

식품으로 섭취한 칼슘의 체내 흡수율은 10~40%에 불과하다. 아이의 칼슘 흡수율은 그래도 성인보다 높은 편이다. 칼슘은 장에서 흡수되는데 인이나 수산, 식이섬유 등이 칼슘의 흡수를 방해한다.

칼슘의 체내 흡수율을 높이려면 무엇보다 가공식품, 인스턴트식품의 섭취를 줄여야 한다. 가공식품에 든 인이 칼슘 흡수를 방해하기 때문이다. 요즘 아이들이 부모 세대에 비해 체격은 커졌지만 체력이 떨어지고 골절이 더 잦은 것은 인을 과도하게 섭취하는 탓이라고 말하는 전문가도 있다. 인은 아이들이 좋아하는 탄산음료, 인스턴트식품에 많이 들어 있다. 이런 식품을 즐겨 먹는 아이는 자연스레 인 섭취량이 늘어나 칼슘과 인의 균형이 깨지고, 이에 따라 뼈의 칼슘이 혈액으로 옮겨가 덩치만 큰 약골이 된다.

또한 수산이 많이 든 시금치, 무청, 근대 등과 피트산이 많이 든 밀 기울, 밀, 콩 등도 칼슘 흡수를 방해하는 식품이다. 시금치는 칼슘이 풍부하기도 하면서 칼슘 흡수를 방해하는 성분을 동시에 지니고 있다. 먹어야 하나 말아야 하나 고민이 될 것이다. 그러나 시금치는 먹는 편이 칼슘 섭취를 위해서 좀 더 도움이 된다.

식이섬유를 과다 섭취하거나 장내에 지방이 다량 존재해도 칼슘 흡수율이 떨어진다. 칼슘이 식이섬유, 지방과 결합해 몸 밖으로 배출되기 때문이다. 차의 떫은맛 성분인 타닌이나 운동 부족, 스트레스 등도 칼슘 흡수를 방해하는 요인이다.

반대로 칼슘 흡수를 돕는 성분도 있다. 칼슘 흡수율을 높이는 비타민 D

는 햇빛을 받으면 피부에서 생성된다. 따라서 아이를 밖에서 충분히 뛰놀게 하는 것도 필요하다. 또 우유, 유제품에 함유된 탄수화물인 유당도 칼슘의 체내 흡수를 돕는다. 우유와 유제품을 '칼슘의 왕'이라고 부르는 이유는 칼슘 함량은 물론 흡수율까지 높기 때문이다.

우리 몸이 한 번에 흡수하는 칼슘의 양은 최대 500mg가량이다. 따라서 아침 식사 때 우유나 칼슘 강화 오렌지 주스를 여러 잔 마시고 하루 칼슘 요구량을 충족시켰다고 여긴다면 오산이다. 칼슘은 끼니때마다 보충해야 한다.

🍵 미네랄은 몸의 생리 활동을 촉진한다

탄수화물, 단백질, 지방, 비타민이 유기질이라면 칼슘을 포함한 미네랄은 무기질이다. 미네랄은 우리 몸의 항상성몸을 최적의 상태로 지키려는 성질을 유지하는 데 없어서는 안 되는 중요한 성분이다. 체내에서 각종 생리 현상을 조절한다. 칼슘처럼 골격과 치아 등 체 조직 형성에 관여하기도 하고, 대사 작용을 조절하고 세포 활동을 촉진하는 효소나 호르몬의 중요한 영양 성분이 되기도 한다.

미네랄은 하루 100mg 이상 섭취해야 하는 다량 미네랄과 소량으로도 다양한 생리 활동을 돕는 소량 미네랄로 나눌 수 있다. 다량 미네랄은 칼슘, 인, 마그네슘, 나트륨, 염소, 칼륨 등 6가지이다.

탄수화물, 지방, 단백질은 장에서 95% 이상 흡수되는 반면 미네랄은 소량만 흡수된다. 미네랄의 장내 흡수율은 다양한 요인에 의해 결정된다. 예를 들어 비타민 C는 철분 흡수를 촉진한다. 우유의 유당은 칼슘 흡수의 촉진제이다. 반대로 시금치에 많이 든 수산은 칼슘 흡수를 방해한다. 식이섬유와 피트산은 거의 모든 미네랄의 흡수를 방해하는 훼방꾼이다.

특히 주의해야 할 미네랄, 철분과 아연

철분은 각 세포와 조직에 산소를 운반하는 헤모글로빈혈색소과 마이오글로빈의 구성 성분이다. 따라서 철분이 결핍되면 혈액에 산소가 부족해져 빈혈을 일으켜 숨이 차거나 어지러운 증상이 나타난다.

철분과 산소의 관계를 쇠의 부식 과정으로 이해하면 쉽다. 쇠가 녹슬었다는 것은 철분이 산소와 만나 산화된 결과이다. 그만큼 철분은 산소와 결합하는 능력이 뛰어나다. 철분이 우리 몸에서 산소를 운반하는 역할을 하는 것은 이런 특성 때문이다.

철분은 적색육, 간, 콩팥, 생선, 닭고기 등에 많이 들어 있으며 콩, 전곡, 철분 강화 시리얼 등에도 함유되어 있다. 육류, 생선에 든 철분을 헴철이라 하는데 헴철은 혈액 중의 헤모글로빈이나 근육 내의 마이오글로빈과 결합된 상태의 철분이다. 헴철의 체내 흡수율은 약 40%로 비헴철의 10% 내외보다 훨씬 높다. 비헴철은 채소, 곡류 등 식물성 식품과 우유, 달걀에 함유되어 있으며 헤모글로빈이나 마이오글로빈과 결합하지 않은 상태이다.

철분을 무조건 많이 섭취한다고 좋은 것은 아니다. 철분제를 섭취하면 소화가 잘 안 되고 속이 불편해진다는 사람이 많다. 이는 철분이 한편으로 다른 미네랄의 흡수를 방해하기 때문이다. 우리 아이들은 철분을 권장량의 89.9%를 섭취하고 있다.2007~2009년 식약청 조사

아연도 매우 중요한 영양 성분이다. 아연이 결핍되면 피부와 모발이 거칠

어지고 조금만 부딪쳐도 혹이 생기고 상처 회복이 늦어지며, 손톱에 흰 반점이 생기기도 한다.

전문가들은 아연 자체의 섭취량보다 구리와 아연의 섭취 비율이 더 중요하다고 강조한다. 우리가 흔히 먹는 음식에는 구리가 다량 들어 있어 구리가 결핍될 가능성은 거의 없다. 하지만 구리 대비 아연의 섭취율이 낮으면 피로가 밀려오고 비염, 아토피성 피부염 등 알레르기성 질환이 잘 생기는 것으로 알려져 있다.

아연이 가장 풍부한 식품은 생굴이며 영양 강화 시리얼과 전곡, 육류, 내장육, 유제품, 콩류, 초콜릿 등에도 아연이 함유되어 있다.

플러스 영양 정보

물, 잘 마시면 그 자체로 보약

물은 5대 영양소에는 포함되지 않지만 일부 학자들은 물을 포함시켜 6대 영양소로 구분하기도 한다. 아이는 체중의 70% 가까이가 물로 구성되어 있다. 만약 체중이 30kg이라면 21kg가량이 물인 셈이다. 성인이 되면 이 비율이 60%로 낮아지고 노년에는 50%까지 줄어든다. 나이가 들면서 몸속에서 수분이 빠져나가는 것이다. 나무가 오래되면 마른 고목이 되듯이 말이다.

비만을 예방하고 영양 공급을 돕는다
건강하게 오래 살려면 물을 하루에 8잔 이상 마시는 것이 좋다. 아이들도 마찬가지다. 물을 충분히 마셔야 체내 수분 비율을 오래 유지할 수 있다. 물은 비만 예방에도 좋다. 아이들은 갈증을 배고픔으로 착각하기도 하므로 물을 많이 마시게 하면 간식을 찾는 횟수를 줄일 수 있다.
또한 물을 충분히 마시면 혈액의 부피가 늘어난다. 혈액은 각 조직에 산소와 영양을 공급하고 근육에 쌓인 노폐물을 제거한다. 따라서 물을 자주 마시면 각 조직과 근육에 산소와 영양 공급이 활발해진다.
하루에 섭취해야 할 이상적인 수분의 양은 2.4~3ℓ이다. 세 끼 음식에 약 1ℓ의 수분이 들어 있으므로 물을 포함한 음료를 통해 하루에 1.4~2ℓ는 따로 보충해야 한다. 심한 운동을 하거나 땀을 많이 흘린 날에는 이보다 더 많은 수분 공급이 필요하다.
아이들은 대개 목이 말라야 물을 찾는다. 그런데 우리 몸은 예상외로 갈증에 매우 둔감하다. 갈증을 느낄 때면 몸은 이미 탈수 상태이기 십상이다. 몸 안에 수분이 충분한지 여부는 갈증보다 소변 색이나 소변 빈도로 알 수 있다. 소변 색이 진한 노란색이라면 '수분을 섭취하라'는 명령으로 받아들여야 한다. 평소보다 소변 횟수가 적은 것도 수분이 부족하다는 신호이다.
목이 마르다고 해서 물을 한 번에 벌컥벌컥 급하게 마시는 것은 좋지 않다. 한 시간마다 한 컵(200ml)가량 마시는 것이 적당하다. 한 컵의 물도 3분에 걸쳐 천천히 마시는 것이 이상적이다. 아이가 잠자리에 들기 2시간 전에 물을 한 컵 정도 마시게 하는 것도 좋다. 이때는 위가 깨어 있어 수분을 원활하게 흡수한다. 그러나 잠들기 바로 직전에 물을 마시는 것은 피해야 한다. 수면 중에는 위가 휴식 모드로 들어가기 때문이다.
식사 중에도 되도록 물을 마시지 않는 것이 좋다. 소화액이 묽어져 소화를 방해하기 때문이다. 식사를 하고 한 시간 후 냉수를 마시면 장운동을 촉진해 변비 예방에 효과적이다.

물은 가장 값싼 음료이자 최고의 음료
아이들이 좋아하는 탄산음료 등 카페인 음료는 갈증 해소에 전혀 도움이 안 된다. 오히려 갈증을 촉발할 수 있다. 이는 카페인의 이뇨 작용 때문인데, 카페인 음료를 많이 마시면 체내 수분이 소변으로 빠져나간다. 탄산음료는 톡 쏘는 맛이 유혹적이지만 예상외로 체내 흡수가 느려 갈증 해소를 위해 마시는 경우 사실 '답답한' 음료이다.
물은 가장 값싼 음료이며 어떤 음식, 어떤 약과도 잘 어울린다. 약은 따뜻한 물로 복용할 때 약효가 최고로 발휘된다. 한약도 온수와 함께 먹으면 효과가 상승한다.

6 대장의 수호천사 식이섬유

🍵 우리 몸속 최고의 노폐물 청소부

　아이에게 찐 감자 대신 감자튀김, 사과 대신 사과 주스를 먹이는 엄마들이 있다. 하지만 찐 감자와 감자튀김, 사과와 사과 주스는 영양학적으로 엄청나게 다르다. 가장 두드러진 차이는 식이섬유다.

　과일과 채소는 통째로 먹는 것이 가장 좋다. '통째로'라는 것은 최대한 가공 과정을 줄인 것을 의미한다. 영양학적으로 가장 좋은 것은 날것으로 먹는 것이고, 감자처럼 날것으로 먹기 어려운 자연식품은 삶거나 찌거나 데쳐서 먹는 것이 좋다.

　감자에는 식이섬유, 비타민, 미네랄이 풍부하다. 하지만 보통 버리는 감자의 껍질에 대부분의 영양소가 집중되어 있다. 때문에 껍질 벗긴 감자를 채소로 보지 않는 학자도 많다. 껍질 벗긴 감자는 전분 덩어리에 불과하다는 것이다. 아이들이 즐겨 먹는 감자튀김이나 포테이토칩은 식이섬유가 거의 존재하지 않는다. 과일 주스나 채소 주스에도 비타민, 미네랄은 있지만 식이섬유는 거의 없다.

예부터 우리 선조들은 건강을 위해서는 쾌면, 쾌식, 쾌변, 이 3가지를 지켜야 한다고 보았다. 이중 쾌변은 쾌식과 연관성이 크다. 쾌변을 위해서는 쾌식을 해야 하고 식이섬유를 먹어야 한다.

우리나라 국민 1만 2000여 명을 대상으로 조사한 결과 1인당 하루 평균 19.8g의 식이섬유를 섭취하는 것으로 나타났다.2006년 국민건강영양조사 이는 식약청이 정한 하루 권장량인 25g에 못 미치는 양이다. 아이들의 식이섬유 섭취량은 이보다도 적을 것으로 예상된다. 이는 패스트푸드와 육류 위주의 서구식 식생활 탓이다. 김치, 나물 등으로 이루어진 우리의 전통적인 식단이 뒤로 밀리면서 아이들의 식이섬유 섭취량은 계속 줄고 있다. 요즘 어린이 비만이 증가하는 것도 이와 관련이 있다.

식이섬유는 소화효소로는 분해되지 않는 다당류로 장내에 그대로 남는다. 식이섬유는 위장을 통과할 때 마치 스펀지가 물을 빨아들이듯 체내에 쌓인 발암물질이나 고혈압·동맥경화의 원인이 되는 콜레스테롤을 흡수해 몸 밖으로 내보낸다. 또 당분탄수화물 흡수를 지연시켜 혈당 관리를 돕고 혈중 콜레스테롤 수치를 떨어뜨린다. 대장에서는 유해한 세균을 억제하고 유익한 세균을 증식시킨다.

대장은 소화기관 중에서 가장 끝에 위치한 장기이다. 노폐물을 처리하는 장소이므로 평소 섭취하는 음식에 따라 대장의 건강 상태가 좌우된다. 육류와 동물성 지방을 많이 섭취하면 대변이 장에 머무는 시간이 길어지고, 따라서 노폐물이나 발암물질이 대장에 오래 머물게 된다. 이때 대장에 덕지덕지 붙은 노폐물을 깨끗하게 제거하고 여러 발암물질이 대장 점막과 접촉하는 시간을 줄여주는 것이 바로 식이섬유이다. 식이섬유는 또 대장에서 자기

무게의 40배나 되는 물을 흡수해 변비 예방을 돕는다. 식이섬유를 '대장의 수호천사'라고 하는 것이 이 때문이다.

식이섬유가 풍부한 식품으로는 현미, 고구마, 버섯, 브로콜리, 토마토, 당근 등이 있다. 이들 식이섬유 식품을 조리할 때는 삶거나 찌는 방법이 좋다. 기름에 튀기거나 볶는 조리법은 독성 물질을 생성해 대장에 해롭다. 식이섬유를 섭취할 때 물을 함께 마시면 더욱 효과적이다.

과일, 채소만 많이 먹으면 식이섬유를 충분히 보충할 수 있다고 생각하기 쉬운데 이것만으로는 2% 부족하다. 현미, 통밀, 호밀, 보리 등 전곡과 두부, 해조류, 버섯 등 다양한 식품에서 식이섬유를 보충하는 것이 효과적이다.

'소박한 밥상'엔 식이섬유가 풍부하다

미국의 자연주의자 헬렌 니어링이 쓴 『소박한 밥상』이라는 책이 있다. 이 책은 식생활에 담긴 의미와 철학을 알려주는 일종의 인생 지침서라 할 수 있다. 이 책에는 헬렌이 남편 스콧 니어링과 함께 도시를 떠나 버몬트 주의 한 낡은 농가로 이주한 뒤 50년 이상을 의술의 도움 없이 건강하고 아름답게 삶을 이어간 이야기가 실려 있다. 스콧 니어링은 『아름다운 삶, 사랑 그리고 마무리』의 저자로 100세 되던 해에 음식을 서서히 끊음으로써 생을 마감한 것으로 유명하다.

헬렌의 '소박한 밥상'은 채식이었다. 92세 때인 1995년 자동차 사고로 숨지기 전까지 그녀는 철저한 채식주의자였다. 그녀는 인간을 잡식 동물이 아닌 채식 동물로 보았다. 사람의 위에서 나오는 소화액의 산도酸度가 육식

동물의 10분의 1에도 못 미치며, 사람의 장은 육식 동물보다 세 배나 길어 육식을 하면 2~3일간 반부패된 음식을 장에 담고 살게 된다는 것을 그 근거로 내세웠다.

헬렌의 소박한 밥상은 거친 음식으로 차린 밥상이다. 거친 음식은 방귀를 자주 뀌게 만드는 음식이다. 여러 번 도정해 영양소가 깎여 나간 부드러운 음식, 입안에서 살살 녹는 음식이 아니다. 오염되지 않은 자연환경에서 재배한 채소와 산나물, 도정하지 않은 현미·밀·보리·잡곡 등이 그녀가 말한 소박한 음식이다.

현미, 통밀 가루 등 거친 음식은 식이섬유가 풍부해 장 건강에 좋다. 또 오래 씹게 되므로 소화기관에 부담이 없다. 꼭꼭 씹어 먹으면 뇌가 자극을 받아 기억력, 집중력이 좋아진다. 이는 잡곡과 나물 위주의 식생활을 했던 우리 조상들이 살찌지 않고 건강하게 살았던 비결이기도 하다. 부드러운 쌀밥에 비해 거친 잡곡밥은 더 세게 오래 씹어야 하므로 골격과 치아 발달을 돕고 위장병을 예방한다. 밥을 급히 먹는 습관도 고칠 수 있다.

가공을 거치지 않은 자연 상태에 가까운 곡물을 전곡통곡이라고 한다. 현미, 보리, 밀, 메밀, 귀리, 호밀 등이 대표적인 전곡이다. 곱게 정제된 곡물보

대장 건강을 위한 식생활

- 채소, 과일, 전곡 등 식이섬유가 풍부한 식품을 평소에 즐겨 먹는다.
- 육류를 섭취할 경우 채소와 함께 먹는다.
- 물을 충분히 마신다.
- 샐러드에 콩, 완두콩을 곁들여 먹는다.
- 적정량의 칼슘과 엽산을 섭취한다.
- 요구르트 등 유산균 음료를 즐겨 마신다.
- 고등어, 꽁치 등 등 푸른 생선을 즐겨 먹는다.
- 식사 뒤 과일을 후식으로 먹는다.

다 거칠지만 영양소가 살아 있는 전곡을 먹는 것이 건강에 훨씬 유리하다.

백미, 밀가루 등 도정한 곡물과는 달리 전곡에는 비타민, 미네랄, 식이섬유 등 소중한 영양소가 고스란히 남아 있다. 특히 항산화 물질 등 생리 활성 물질의 70~80%는 알곡을 싸고 있는 껍질 부위에 몰려 있다. 전곡은 특히 심장병, 뇌졸중, 고혈압, 동맥경화 등 혈관 질환 예방에 효과적인 것으로 알려져 있다. 전곡을 섭취하지 않는다고 해서 지금 당장 아이가 심장병이나 고혈압에 걸리는 일은 없겠지만 전곡 섭취가 어릴 때부터 습관화되면 성인이 되어 건강에 큰 도움이 된다.

최근 연구 결과에 따르면 전곡을 즐겨 먹으면 심장병, 뇌졸중 등 혈관 질환은 물론 2형 당뇨병, 고혈압, 비만, 대장암, 위암 등의 발병률도 크게 줄어든다고 한다. 이를 근거로 최근 미국 식품의약국FDA은 한 번에 약 30g씩 하루 세 번 전곡을 먹거나, 전체 곡물 섭취의 절반을 전곡으로 섭취하라고 권장했다. 귀리 반 컵, 빵 한 조각, 시리얼 한 컵이면 각각 30g이다.

3만 4000명을 대상으로 9년간 실시한 미국의 '아이오와 여성 건강 연구'에서 전곡이 심장병 발병률을 낮춘다는 사실이 입증되기도 했다. 전곡을 하루 한 끼 이상 먹는 여성은 가끔 먹거나 일절 먹지 않는 여성에 비해 심장병 사망률이 14~19%나 낮았다. 또 미국에서 전곡을 하루 2.7끼 이상 섭취한 사람간호사 대상은 이보다 훨씬 덜 먹는 사람에 비해 뇌졸중 위험이 50%나 감소했다. 이는 전곡의 식이섬유가 혈중 콜레스테롤 수치와 혈압을 낮추기 때문이다.

흔히 탄수화물 하면 '살찌는 영양소'로 여긴다. 그러나 전곡은 예외이다. 전곡을 지나치게 과다 섭취하지 않는 한 체중이 늘지 않는다. 사실 전곡은 식감이 거칠어서 과식하기도 힘든 곡류이다. 살찌게 하는 탄수화물은 쿠키, 빵, 도넛, 케이크, 설탕 등 달고 정제된 탄수화물이다. 전곡은 또 장에 음식 찌꺼기나 유해 물질이 오래 남아 있는 것을 막아 변비를 예방한다.

채소, 과일보다 식이섬유가 풍부한 전곡

전곡을 통해 얻는 식이섬유는 채소, 과일을 통해 얻는 것보다 많다. 식이섬유는 아이들에게 부족해지기 쉬운데, 전곡을 적절히 먹으면 장운동을 촉진하고 콜레스테롤과 혈당 수치를 적당하게 유지시켜준다. 하지만 전곡은 소화가 잘 안 되고 방귀를 만들며 맛이 다소 떨어지는 것이 단점이다. 소화력이 약한 아이에게는 주의해서 먹여야 한다.

한동안 미국에서 전곡임을 광고하는 식품이 유행처럼 확산되자 미국 식품의약국은 'whole grain' 표시 제품의 기준을 '가공하지 않은 보리, 옥수수, 쌀, 밀을 포함하는 곡물과 열매'로 제한했다. 곡물의 껍질을 벗기지 않았거나 땅에 심었을 때 싹을 틔울 수 있는 상태의 곡물을 전곡으로 인정한 것이다.

우리나라에는 아직 전곡에 대한 기준이 없다. 정부가 전곡 섭취를 특별히 권장하는 분위기도 아니다. 아이들이 즐겨 먹는 일부 시리얼의 라벨에 '전곡'이라고 표시되어 있으나 전곡에 대한 기준이 없으므로 그것이 정말 전곡인지는 알 수 없다. 흰 밀가루에 소량의 통밀을 섞은 빵을 '통밀빵'으로 판매하는 경우가 많다. 잡곡빵이라고 선전하는 빵도 잡곡이 10%도 안 들어간 경우가 허다하다. 엄마들은 이런 상술에 넘어가서는 안 된다.

하루 13회의 방귀는 장이 건강하다는 신호

우리는 방귀를 잘 뀌는 민족이다. 한국인이 즐겨 먹는 콩, 채소, 과일 등이 가스를 잘 만드는 식품이기 때문이다. 이들 식품이 몸에서 가스를 잘 생성하는 이유는 소장에 이런 식품을 분해하는 효소가 적거나 없어서이다.

채소 외에도 방귀를 잘 만드는 식품이 있으니, 바로 우유다. 우유는 그야말로 가스 생산 공장이다. 특히 유당을 분해하지 못하거나 유당 분해 능력이 떨어지는 사람이 우유를 마셨을 때는 그 사람 자체가 '가스탄'이 되기 쉽다. 반면 유산균이 든 요구르트를 먹으면 가스가 덜 만들어진다.

방귀의 횟수와 냄새, 소리의 정도로 건강을 측정할 수 있을까? 방귀는 하루 평균 13회 정도 뀌는 것이 적당하다. 25회까지는 정상적인 선으로 본다. 26회 이상 방귀를 뀐다고 해도 일시적이거나 다른 증상이 동반되지 않는다면 크게 걱정할 필요가 없다. 단 잦은 방귀와 함께 복통, 식욕부진, 체중 감소, 불규칙한 배변 등이 동시에 나타나면 대장 질환이나 영양 흡수 장애의 신호일 수 있으므로 주의할 필요가 있다.

아이의 방귀 냄새가 고약하다고 해서 대장에 질병이 있다고 보기도 어렵다. 방귀에는 음식을 삼킬 때 들어온 공기가 일부 포함되기도 하지만, 방귀는 대부분 대장 속의 음식물이 대장 내 세균에 의해 발효될 때 발생하는 가스이다. 가스의 대부분은 수소와 이산화탄소로 구성되며 이것은 탄수화물에서 나온 성분이다. 보리, 밀 등 탄수화물이 많이 든 음식은 소장에서 잘 분해되지 않은 채 대장으로 넘어온다. 탄수화물이 대장으로 넘어오면 대장에서 다량의 수소와 이산화탄소가 생성되지만 이 가스는 그다지 냄새가 나지 않는다.

대포 방귀보다 도둑 방귀가 냄새가 고약하다

방귀에서 냄새가 나는 경우는 대장에서 만들어지는 가스의 1%에 해당하는 유황이 함유된 가스(황화수소, 메탄가스, 암모니아, 지방) 때문이다. 유황 성분은 브로콜리, 양배추, 견과류에 많이 들어 있고 빵, 맥주의 첨가물로도 들어간다. 또 메티오닌, 시스테인 등 아미노산에도 많이 들어 있다. 단백질 음식을 섭취한 뒤에 방귀 냄새가 심한 것은 이 때문이다. 소리가 나지 않는

'도둑 방귀'는 유황 성분이 소량씩 나오는 경우이다. 수소, 이산화탄소가 대량으로 나오는 '대포 방귀'보다 냄새가 고약한 경우가 많다.

방귀 소리는 대장에 쌓인 가스가 한꺼번에 배출될 때 항문 주위가 떨리면서 나는 소리이다. 아이가 특정한 질환이 없으면서 방귀 소리가 큰 것은 장이 건강하다는 의미이다. 그러나 방귀의 배출로가 일부 막혀 큰 소리가 나는 치질 환자는 예외이다.

아이의 방귀를 줄이려면 식사할 때 쩝쩝거리거나 국물을 벌컥벌컥 마시지 않게 한다. 소리 나는 방귀를 줄이기 위해서는 채소 등 식이섬유가 풍부한 식품이나 보리 등 탄수화물 식품을 덜 먹는 것이 효과적이지만 아이들에게 굳이 이런 유익한 음식을 못 먹게 할 필요는 없다. 그보다 방귀를 뀌는 것은 장이 건강하다는 의미임을 알려주는 것이 좋다. 냄새 나는 방귀를 줄이려면 육류 섭취를 줄이거나 요구르트 등 유산균이 풍부한 식품을 먹으면 된다. 그러면 장내의 나쁜 세균이 감소하고 정상 세균이 증가해 효과를 볼 수 있다.

7 면역력을 높여주는 파이토케미컬

🥣 과일의 껍질까지 먹어야 신체 저항력이 강해진다

과일, 채소 등 식물은 고유의 색을 지닌다. 왜일까? 식물의 색깔은 자외선으로부터 자신을 보호하고 세균, 바이러스, 곰팡이 등과 싸우는 무기이다. 식물의 색깔은 햇볕을 쬔 날이 많을수록 더 짙어지고 일교차가 클수록 더 선명해진다. 또 식물은 주변의 자연 조건이 가혹할 때 색을 내는 화학물질을 더 많이 만들어낸다. 이것이 바로 파이토케미컬 phytochemicals, 식물성 생리 활성 물질이다.

아이들의 건강 유지에 필요한 5대 영양소는 단백질, 탄수화물, 지방, 비타민, 미네랄이다. 물을 6대 영양소로 포함하기도 한다. 여기에 덧붙여 식이섬유와 파이토케미컬까지 섭취해야 완벽한 식사가 된다.

채소와 과일 등 식물성 식품에는 파이토케미컬과 식이섬유가 모두 존재한다. 파이토케미컬은 식물을 뜻하는 '파이토phyto'와 화학물질을 뜻하는 '케미컬chemical'의 합성어이다. 즉 식물 속의 모든 화학물질을 아우르는 용어이다. 지금까지 약 2만 5000가지나 발견되었으며 그중 잘 알려진 것은 아이소플라본, 라이코펜, 카테킨, 캡사이신, 진저론, 퀘세틴, 파이토스테롤, 알리신 정도이다. 카페인커피·차 등에 함유, 테오브로민카카오 씨·코코아에 함유, 이노제로 사용, 테오필린찻잎에 함유, 기관지 확장·천식 치료제로 사용도 파이토케미컬에 속한다.

파이토케미컬은 세포를 녹슬게 하는 유해 산소활성산소를 없애는 항산화 성분으로, 세포의 산화를 막아 노화를 지연시키고 우리 몸의 면역력을 높여준다. 따라서 파이토케미컬을 적절히 섭취하면 최적의 건강 상태를 유지할 수 있다.

파이토케미컬은 크게 담황색 계통의 색소인 플라보노이드와 황색이나 붉은색을 띠는 색소인 카로티노이드로 양대 산맥을 이룬다. 플라보노이드와 카로티노이드는 한 가지 성분이 아니라 수많은 물질의 집합체이다. 지금까지 밝혀진 플라보노이드는 5000여 종, 카로티노이드는 600여 종에 달한다.

플라보노이드는 주로 식물의 잎과 껍질, 뿌리, 씨 등에 함유되어 있으며, 오렌지·레몬·자몽·키위 등 감귤류와 포도, 브로콜리, 녹차, 적포도주 등에 풍부하다. 녹차의 건강 성분인 카테킨, 콩에 함유된 식물성 에스트로겐여성호르몬인 아이소플라본, 포도·딸기 등 과일의 검붉은 색 껍질 성분인 안토시아닌도 플라보노이드의 일종이다.

카로티노이드는 주로 식물의 꽃, 열매, 잎에 들어 있다. 몸 안에서 비타민 A로 변환되는 베타카로틴, 토마토·수박 등에 많이 든 라이코펜, 고추의 매운맛 성분인 캡사이신, 미역이나 녹색 채소에 함유된 푸코크산틴 등이 카로티노이드에 속한다.

여러 가지 파이토케미컬 가운데 최근 주목받고 있는 것이 루틴과 루테인이다. 플라보노이드의 일종인 루틴은 모세혈관을 강화하고 혈압을 낮춰주는 성분으로 유명하다. 루틴은 메밀에 많이 함유되어 있는데, 겉껍질에 가까울수록 많이 들어 있다. 양파, 사과, 차, 적포도주, 감자, 아스파라거스, 버찌, 감귤류, 팥 등에도 루틴이 포함되어 있다. 루틴은 수용성이라 물에 녹아 나온다. 따라서 여름에 시원하게 메밀국수를 먹을 때는 국물까지 마시는 것이 좋다.

카로티노이드에 속하는 루테인은 눈 건강에 이로운 항산화 성분이다. 자외선에 의해 눈 주변에 쌓이는 유해 산소를 제거하며 시력도 개선해준다. 시금치, 순무 잎, 브로콜리, 상추 등 녹황색 채소와 망고, 파파야, 오렌지, 키위, 복숭아, 늙은 호박, 콩, 고추 등에 들어 있다.

과일의 파이토케미컬은 속살보다 햇빛을 많이 받은 껍질에 풍부하다. 따라서 과일은 껍질째 먹는 것이 좋다. 사과 껍질에는 퀘세틴이라는 항산화 성분이 많이 들어 있어 유해 산소를 없애준다. 비타민 C도 껍질 바로 밑의 과육 부분에 몰려 있다.

블루베리, 포도, 딸기, 자두 등 검붉은 색을 띠는 과일 껍질에는 안토시아닌이라는 항산화 성분이 많이 들어 있다. 안토시아닌은 천연 항산화 물질인 토코페롤(비타민 E)보다 강력한 항산화 작용을 한다. 포도의 유명한 항산화 성분인 레스베라트롤도 껍질과 씨에 많다. 육식과 흡연을 즐기는 프랑스인에게 심혈관 질환이 적은 이유는(프렌치 패러독스라고 함) 포도 씨와 포도 껍질을 발효시켜 만든 적포도주를 많이 마시기 때문이다. 또 배 껍질에는 각종 폴리페놀, 감 껍질에는 카로티노이드가 풍부하게 들어 있다. 과일은 제철에 나온 신선한 것이 좋으며, 색상이 선명하고 화려한 것이 파이토케미컬 함량이 높다.

다양한 색깔의 과일과 채소를 섞어 먹이자

아이에게 파이토케미컬을 많이 먹이는 방법은 아주 간단하다. 채소와 과일을 식단에 자주 올리는 것이다. 채소와 과일의 가짓수가 늘어나면 자연히 다양한 파이토케미컬을 섭취하게 되고, 섭취한 다양한 성분이 시너지 효과를 일으켜 몸이 튼튼해진다. 이때는 최대한 여러 가지 채소와 과일을 섞어 먹이는 것이 좋다. 다른 영양소와 마찬가지로 파이토케미컬 역시 골고루 먹어야 그 효능을 십분 발휘한다. 각종 비타민, 미네랄, 파이토케미컬을 골고루 균형 있게 섭취하면 시너지 효과를 얻을 수 있다. 여러 연구에서 베타카로틴을 비롯한 다양한 비타민과 파이토케미컬이 함유된 당근을 사람과 실험동물에게 먹이자 항산화 효과 등 다양한 건강 효과가 나타났다. 그러나 베타카로틴만 단독으로 먹인 연구에서는 효과가 없거나 오히려 역효과를 내기도 했다.

또 다양한 파이토케미컬 성분을 함께 섭취하면 해당 성분의 체내 흡수율이 높아진다. 카레의 노란색 색소 성분인 커큐민_{항산화 성분}이 좋은 예다. 커큐민 자체는 체내 흡수율이 매우 낮지만, 동물 실험에서 후추 성분인 피페린과 함께 먹으면 커큐민의 흡수율이 크게 높아지는 것으로 밝혀졌다. 과일이나 채소를 구입할 때 비슷한 색깔보다 서로 다른 색깔을 선택하면 자연스럽게 파이토케미컬을 골고루 섭취할 수 있다.

미국 정부는 다양한 색깔의 채소와 과일을 섞어 먹는 게 건강에 이롭다는 것을 널리 알리고 국민들이 이를 실천하도록 하기 위해 1991년부터 '파이브 어 데이_{Five-a-day for Better Health}' 캠페인을 벌이고 있다. 하루에 채소와 과일을 다섯 번 이상 섭취해 암과 각종 성인병을 예방하자는 운동이다. 사과 반

쪽이나 과일·채소 주스 한 잔 정도를 한 번 섭취량으로 간주한다. 이 캠페인은 성공적으로 진행되고 있다. 처음에는 미국인의 8%만이 하루 다섯 번 이상 채소와 과일을 먹었지만 지금은 36%가 실천하고 있다.

대부분의 채소와 과일은 생으로 먹어야 파이토케미컬이 잘 흡수된다. 그러나 토마토에 함유된 라이코펜은 예외이다. 라이코펜은 열을 가하면 식물의 세포벽에서 더 쉽게 빠져나오므로 조리한 토마토를 먹을 때 라이코펜을 더 많이 섭취할 수 있다.

파이토케미컬의 항산화 효과를 높이려면 걷기, 자전거 타기, 수영 등 무리하지 않는 유산소 운동을 함께 하는 것이 좋다. 저강도의 운동을 하면 체내에서 SOD~Super Oxide Dismutase~, 카탈레이스 등 항산화 효소가 더 많이 생성되기 때문이다.

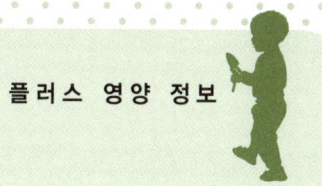

플러스 영양 정보

컬러 푸드의 건강 효과

붉은색

껍질의 붉은 색소(라이코펜과 안토시아닌)는 몸에 쌓인 유해 산소를 제거한다.
- **토마토** 항암 성분인 라이코펜이 함유되어 있다.
- **고추** 캡사이신이 들어 있어 다이어트에 효과적이다.
- **사과** 비타민 C가 풍부하다. 변비 예방에 좋다.

노란색

식욕을 돋우고 소화 기능을 촉진한다. 베타카로틴 등 카로티노이드가 풍부하다.
- **단호박** 가을에 입맛을 되살려준다. 베타카로틴과 비타민 C가 풍부하다.
- **고구마** 식이섬유가 풍부하다. 변비를 예방한다.
- **감자** 비타민 C가 풍부하다. 면역력을 높여준다.
- **옥수수** 비타민 E가 풍부하다. 위와 신장에 좋다.

녹색

식물의 살아 있는 생명력을 느낄 수 있다. 녹색의 엽록소를 '푸른 혈액'이라고 부른다. 간 기능에 이롭고 정신 건강에 유익하다.
- **시금치** 비타민 A가 풍부해 피부 미용에 좋다. 빈혈 예방에 효과적이다.
- **브로콜리** 비타민 C와 비타민 A가 풍부하다.
- **오이** 혈압을 알맞게 조절해준다.

검은색

웰빙 열풍으로 떠오른 컬러 푸드. 안토시아닌 색소가 함유되어 있다.
- **검은콩** 여성의 갱년기 증상을 완화한다.
- **흑미** 미네랄이 일반 쌀보다 많이 들어 있다.
- **검은깨** 혈관에 유익한 불포화 지방이 함유되어 있다.

- 논란 많은 가공식품, 기준을 따져라

- 가공식품의 영양성분표를 체크하라

- 식중독으로부터 아이를 보호하라

- 맛과 영양을 높이는 식품 보관법 · 조리법

- 집에서 직접 기르는 친환경 새싹채소

- 학교 급식도 내 아이의 밥상이다

PART 2

안심 밥상 만드는
엄마의 요리 습관

1 논란 많은 가공식품 기준을 따져라

🥣 유통기한 vs 제조 연월일 vs 품질 유지 기한

항상 여러 가지 논란이 끊이지 않는 가공식품이지만 현실적으로 가공식품을 전혀 이용하지 않기란 불가능하다. 그렇다면 대안은 알고 고르자는 것이다. 가공식품을 선택할 때 가장 중요한 기준은 안전이다. 아이가 먹는 것이니만큼 믿고 먹을 수 있는 제품을 선택해야 한다. 그러기 위해서는 유통기한, 제조 연월일, 품질 유지 기한이 무엇이고 어떻게 다른지, 다양한 식품 인증 마크가 의미하는 것은 무엇인지 미리 알아두어야 한다. 또한 한창 논란이 되고 있는 GMO와 방사선 조사 식품에 대해서도 사전 지식을 쌓고 나름의 선택 기준을 정해놓아야 한다.

일반적으로 식품을 구입할 때 가장 먼저 확인하는 것이 유통기한sell by date, 식품을 판매할 수 있는 최종일이다. 유통기한은 판매자에게는 판매가 허용되는 기간이자 소비자에게는 식품 섭취 가능 기간을 고지하는 방법이다. 설탕, 소금, 주류 등 일부 품목을 제외한 대부분의 식품에는 유통기한 표기를 법적으로 의무화하고 있다.

2000년 이전에는 정부식약청가 유통기한을 정했는데 요즘엔 제조사가 자율적으로 정하도록 하고 있다. 자사 제품의 유통기한을 직접 정하는 대신 그에 따르는 책임도 엄격히 지키라는 뜻이다.

유통기한은 식품 라벨에 표기된 보관 기준온도, 습도 등을 지킨다는 전제 하에서만 의미가 있다. 따라서 냉동·냉장 식품을 제대로 보관하지 않으면 유통기한이 남아 있어도 상할 수 있다. 가령 우유팩에 '유통기한 2010년 8월 15일까지, 냉장 보관'이라고 표기되어 있다면 반드시 냉장고에 보관한 상태에서 2010년 8월 15일까지만 유통·섭취하라는 것이다. 유통기한이 지난 제품을 유통·판매하는 것은 물론이고 진열·보관만 해도 불법이다. 유통기한을 어기면 행정 처분 등 법적 처벌을 받게 된다.

식품을 구입할 때는 유통기한이 넉넉히 남은 것을 고른다. 그런데 구입한 식품이 유통기한이 지난 경우에는 버려야 할지, 그냥 먹어도 되는지 고민스러울 때가 많다. 라벨에 표기된 보관 방법을 잘 지켰고 아직 개봉하지 않았다면 유통기한이 하루나 이틀 정도 지난 것은 먹어도 별 지장이 없다. 특히 냉동 보관 식품은 유통기한이 보름이나 한 달가량 지나도 괜찮은 경우가 많은데, 그렇다고 너무 안심해서도 안 된다. 냉동식품이라도 방심하지 말고 유통기한 내에 먹는 습관을 들이는 것이 식중독으로부터 몸을 보호하는 방법이다.

식품 제조사나 수입업체는 유통기한을 정할 때 약간 시간적 여유를 두는 것이 일반적이다. 예를 들어 자사 제품이 10일가량 신선도가 유지된다면 유통기한을 보통 7일 이내로 정한다. 그러나 일단 개봉한 식품이라면 유통기한이 지난 것은 주저 없이 버리도록 한다.

유통기한 표시 대상은 식품 제조·가공·영업 신고를 하고 생산하는 모든 식품이 해당된다. 그러나 아이스크림, 빙과류, 설탕, 식용 얼음, 껌, 재제 소금, 가공 소금, 주류탁주, 약주 제외는 유통기한 표시를 생략할 수 있다.

유통기한 대신 제조 연월일을 표시하는 제품도 있다. 또 제조 연월일 대신 제조 연월만 표시하는 식품도 있다. 도시락, 김밥, 햄버거, 샌드위치 등 상하기 쉬운 식품과 설탕, 소금 등 장기 보관 식품은 유통기한 대신 제조 연월일을 표시하게 되어 있다. 유통기한과 제조 연월일을 함께 표시하는 식품도 더러 있다.

엄마들이 유통기한과 헷갈려하는 것이 품질 유지 기한 best before date, 식품이 최상의 품질을 유지할 수 있는 최종일이다. 우리나라에서 품질 유지 기한 표시 제도는 2007년에 도입되었다. 품질 유지 기한은 식품 특성에 맞게 적절한 보존 방법으로 보관할 경우 해당 식품 고유의 품질이 유지될 수 있는 기한을 가리킨다. 기한 내에 섭취하면 최상의 상태로 먹을

식품 포장지 속 눈여겨봐야 할 표기

- **업소명과 소재지** 해당 식품에 대한 문의, 반품 등을 할 때 유용하다.
- **제조 연월일** 제품이 최종 공정을 마친 시점을 말한다. 포장을 제외한 더 이상의 제조나 가공이 필요 없는 시점이다. 제조 연월일을 반드시 표시해야 하는 식품은 도시락, 설탕, 소금, 빙과류, 주류 등이다. 그 외 식품에는 제조 연월일 대신 유통기한을 표시한다.
- **유통기한** 소비자에게 판매가 허용되는 기한을 말한다. 설탕, 아이스크림, 빙과류, 식용 얼음, 소포장 껌, 소금 등을 제외한 식품에는 유통기한을 반드시 표시해야 한다. 즉석 섭취 식품인 도시락, 김밥, 햄버거, 샌드위치는 식품 위생 사고가 잦으므로 유통기한은 물론이고 제조 일과 제조 시간을 모두 표시하도록 하고 있다.
- **원재료명과 함량** 알레르기를 일으키는 특정 식품이나 성분이 함유되어 있는지 확인할 수 있다.
- **원산지** 국내산인지 외국산인지 확인하는 데 필요하다.

수 있다는 의미이다. 품질 유지 기한은 장기간 보관해도 부패할 우려가 적은 식품에 주로 표기한다. 장류, 김치류, 젓갈류, 절임 식품 등은 유통기한 대신 품질 유지 기한을 표시해도 된다. 유통기한과 달리 품질 유지 기한은 날짜가 지났더라도 유통, 판매가 가능하다. 품질 유지 기한도 식품회사가 자율적으로 정하게 되어 있다.

일본에서는 품질 유지 기한 대신 상미기한賞味期間, 좋은 맛을 내는 기간을 표기한다. 이것은 부패할 염려는 없으면서 그 제품이 지닌 고유의 맛을 느낄 수 있는 기한을 말한다. 상미기한을 넘기면 먹을 수는 있지만 맛이 조금 떨어진다는 의미이다. 일본 소비자들은 잎차같이 신선도와 향을 즐기는 식품을 살 때 상미기한을 중요한 기준으로 삼는다.

국내에서 시판되는 수입 식품에는 소비 기한expiration date or use by date, 식품을 소비할 수 있는 최종일, 품질 유지 기한, 유통기한 등이 표시되어 있다.

🍵 '천연', '친환경' 문구보다 식품 인증 마크를 확인하라

맞벌이 주부 김정아 씨는 장 보기에 깐깐하다. 어린 아들이 아토피에 걸릴까 봐 대개 친환경 제품을 산다. 고기 한 근, 달걀 하나를 사도 어떤 제품인지 꼼꼼히 살피고 고른다. 그런데 식품에 붙어 있는 각종 인증 마크를 볼 때마다 궁금하다. 무슨 의미인지, 얼마나 믿을 만한지 의구심이 드는 것이다. 김정아 씨처럼 각종 식품 인증 마크에 대해 궁금해하는 엄마들을 위해 각각이 뜻하는 바를 소개한다.

HACCP | 식품 안전과 관련된 인증 마크나 표시는 매우 다양하다. 요즘에는

HACCP해썹, 식품위해요소중점관리기준 마크를 흔히 볼 수 있다. HACCP 마크가 붙은 두부나 간장 등은 위생성, 안전성이 상대적으로 높은 제품이라고 봐도 무방하다. HACCP 마크는 식품 안전을 위협하는 요소를 제조 공정에서 미리 찾아내 제거하는 시스템을 거쳤다는 것을 나타내기 때문이다. HACCP 마크는 식약청가공식품의 경우이나 국립수의과학검역원축산 식품의 경우이 인증하도록 되어 있다.

건강 기능 식품 | 역동적인 두 사람의 모습을 하트 모양으로 형상화한 건강 기능 식품 마크도 알아둘 필요가 있다. 간이 임상 연구를 통해 식약청으로부터 효과와 안전성을 인정받은 홍삼, 종합 비타민, 클로렐라 등 건강 기능 식품에 이 마크를 부여하지만 약품과는 구별된다. 건강 기능 식품은 광고를 하기 전에 허위·과대 광고에 해당하는지 사전 심의를 받게 되어 있으므로 '광고 사전 심의필' 표시도 확인하는 것이 좋다.

GMP | 건강 기능 식품에 식약청의 GMP우수건강기능식품제조기준 인증 마크가 함께 붙어 있다면 작업장의 구조, 설비는 물론 원료의 구입부터 생산, 포장, 출하에 이르기까지 전 공정에서 일정한 기준을 통과했다는 의미이다.

GAP | 농림수산식품부 산하 국립농산물품질관리원이 인증하는 GAP우수농산물

관리제도 마크는 농축산물을 대상으로 하는 인증으로 GMP와 비슷하다. 생산부터 수확 후 포장 단계까지 농약, 중금속, 미생물 등의 위해 요소를 종합적으로 관리하기 때문에 문제가 발생했을 때 이력을 추적할 수 있다.

친환경 농산물 | 친환경 농산물 마크를 단 식품은 다시 유기 농산물, 전환기 유기 농산물, 무농약 농산물, 저농약 농산물로 분류된다. 유기 농산물은 3년 이상 농약이나 화학비료를 사용하지 않은 땅에서 재배한 것을 나타내고, 전환기 유기 농산물은 1년 이상 농약과 화학비료를 사용하지 않은 땅에서 재배한 것, 무농약 농

산물은 농약을 사용하지 않은 땅에서 재배한 것, 저농약 농산물은 농약을 기존의 절반만 사용한 땅에서 재배한 것을 나타낸다.

그러나 유기 농산물 마크가 표시된 제품에 농약이나 화학비료 성분이 전혀 없다고 단정할 수는 없다. 토양 중의 농약, 화학비료 성분은 3년이 지나도 완전히 제거되지 않으며 주변 농지로부터 오염될 가능성도 있다.

그리고 소비자들은 식품 포장지의 '천연', '자연', '무공해', '저공해', '내추럴' 같은 화려한 문구에 현혹되지 말아야 한다. 인증 마크 대신 표기한 이런 문구는 상술에 따른 과장·허위 광고일 가능성이 크다.

유기농 가공식품 | 유기농 가공식품 표시도 있다. 유기농 원료가 95% 이상인 경우 '유기농'이란 표시를 할 수 있고, 제품 앞면주 표시 면에 '유기농 ○○ 사용'이라고 표기할 수 있다. 유기농 원료가 70% 이상 95% 미만일 때에는 제품 앞면을 제외한 다른 면에 '유기농 ○○ 사용'이라고 표시한다.

식품 인증 마크뿐만 아니라 가족의 건강을 위해 영양성분표에 표시된 당·나트륨·지방·포화 지방·트랜스 지방·콜레스테롤 함량, 그리고 원산지 표시를 확인하는 것도 필요하다. 국산은 안전하고 외국산은 무조건 안전하지 않다는 단순 이분법은 비합리적이다. 다만 외국산은 원거리 수송 중에 부패 방지를 위해 화학약품을 사용했거나 영양소가 파괴되었을 가능성은 있다. 그리고 만약 호주산 소를 국내에 반입해 6개월 이상 사육한 뒤 도축했다면 '국내산 고기'로 표시한다는 점도 알아두자. 대신 괄호 안에 '호주산'이라고 함께 표기하도록 되어 있다.

방사선 조사 식품이란?

원자력은 흔히 전력 생산과 엑스선 검사 등 의료 기술에 이용한다. 이 외에 식품에도 살균을 위해 이용하는데 방사선 조사 식품이 바로 그것이다. 방사선 조사 기술은 세계보건기구WHO와 국제식량농업기구FAO, 미국 식품의약국FDA도 그 안전성을 인정하고 있다. 그러나 '방사선'이라는 용어가 부정적인 이미지가 강해 국내에서는 안전성 논란이 일고 있다.

2008년 국내 첫 우주인 이소연 박사에게 제공한 우주 식품 4종김치, 라면, 생식바, 수정과은 방사선을 쬔 식품이었다. 1960년대에 미국에서도 우주인용 식품에 방사선을 쬐기 시작했다. 면역력이 약해 감염 위험이 큰 환자가 먹는 멸균식에도 방사선을 쬐는 것이 허용되었다. 우주 공간과 병원에서는 무균 상태를 유지해야 하기 때문이다.

식품에 방사선을 쬐면 세균, 곰팡이 등 유해 미생물이나 해충을 없애고 발아를 억제하는 효과가 있다. 예로 건조 향신료에 방사선을 쬐면 향신료에 든 유해 세균이나 곰팡이가 사멸된다. 그만큼 더 오래 유통시킬 수 있다. 또 감자에 방사선을 쬐면 싹이 나지 않는다.

한국원자력연구원은 방사선 조사를 하면 식중독 발생률이 크게 낮아진다고 주장한다. 미국에서는 2004년부터 학교 급식에 방사선을 쬔 고기를 제공하기 시작했다. 그 결과로, 2005년 미국 질병통제센터 자료에 따르면 미네소타 주에서는 식중독에 걸린 학생 수가 2003년 300명대에서 2004년 100명 이하로 줄었다고 한다.

한편 식중독 균 등 식품 유해 세균을 없애는 방법은 크게 4가지다. 첫째, 가장 손쉬운 방법으로 열을 가해 세균을 죽이는 가열 처리법이다. 그러나 김치, 채소, 과일, 생고기, 생선회 등 가열이 불가능한 식품은 가열 처리할 수 없다. 둘째, 메틸 브로마이드, 에틸렌 옥사이드 등 화학약품을 이용한 훈증제 살포법이다. 이 방법은 유해 세균을 죽일 수는 있지만 훈증제의 독성이 식품에 잔류할 수 있다는 문제가 따른다. 또 훈증제 성분이 환경에 노출되면 대기를 오염시킬 수 있다. 셋째, 염소나 이산화황 등 소독 성분이 든 물에 담갔다 꺼내는 침지법이다. 이 역시 염소 등 소독 성분이 식품에 잔류하게 된다. 넷째, 식품이나 식재료에 10kGy킬로글레이, 방사선 세기 단위 이하의 방사선을 쬐는 방사선 조사법이다. 방사선을 쬐면 세균, 곰팡이 등 유해 균이 죽는다. 이때 식품 자체의 온도는 거의 올라가지 않는다. 그래서 방사선 살균법을 '냉온살균'이라고 한다. 방사선을 이용하면 포장 상태에서도 살균이 가능하다.

방사선 조사 식품의 안전성에 대해선 논란이 있다. 하지만 1992년 제네바 회의에서 세계보건기구, 국제식량농업기구, 국제원자력기구, 세계소비자연맹이 식품에 방사선을 쬐어도 건강에 유해한 성분이 발생하지 않는다고 발표했다. 한국원자력연구원은 '방사선을 쬔 식품의 안전성에 대해서 자신 있다'는 입장이다.

한국원자력연구원은 방사선 조사 식품에 대해 소비자가 다음의 3가지 오해를 하고 있다고 말한다.

- ● 방사선 조사 식품은 방사능 물질에 오염되어 있다

  전혀 방사능 오염 식품이 아니다.

- ● 방사선을 쬐는 도중 영양소가 대량 파괴되고 해로운 독소가 생긴다

  비타민 등 영양소가 일부 파괴되는 것은 맞지만 식품을 가열 살균할 때도 영양소가 파괴되는 것은 마찬가지이다. 또 방사선을 쬔다고 해서 해로운 독소가 생성되지 않는다.

- ● 부패한 식품에 방사선을 쬐면 식용으로 바꿀 수 있다

  세상 어디에도 한번 상한 음식을 되돌리는 기술은 없다.

그러나 일부 소비자단체는 방사선 조사 식품의 안전성에 의문을 제기한다. 방사선을 쬔 식품을 장기간 섭취했을 때의 안전성이 입증되지 않았고 유아, 어린이에게 미치는 영향이 연구되지 않았으며, 동물 실험에선 종양 증가, 생식 결함, 신장 손상 등이 보고되었다고 주장한다.

이에 대해 방사선 조사를 지지하는 학자들은 어린이에게 미치는 영향에 대한 연구는 윤리상 연구 자체가 불가능하고, 동물 실험에선 새끼의 건강에 어떤 영향도 미치지 않았다고 반박한다. 또 방사선 조사 식품의 섭취가 암을 일으키거나 신장을 망가뜨릴 수 있다면 세계보건기구, 미국 식품의약국 등이 허용했겠느냐고 반문한다.

안전성 논란 외에도 방사선 조사법의 약점은 있다. 첫째, 지방이 많은 동물성 식품에 방사선을 쬐면 지방 산패가 일어나 특유의 냄새가 날 수 있다. 둘째, 채소에 고선량의 방사선을 쬐면 채소의 질감이 물러질 수 있다. 셋째, 방사선을 쬐는 도중 빛에 반응해 비타민 등의 영양소와 색소가 변형, 파괴될 수 있다. 넷째, 10kGy 정도의 방사선 조사로는 노로바이러스 등 식중독을 일으키는 바이러스는 죽지 않는다. 그럼에도 미국, 유럽연합 등이 방사선 조사를 허용한 것은 식품의 유해 균을 없애는 것이 더 중요하다고 보기 때문이다.

우리나라에선 방사선 조사 식품이라고 하면 부정적인 반응을 보이는 사람들이 많다. 식약청이 2006년 경북대학교 식품영양학과에 의뢰해 소비자 504명을 대상으로 방사선 조사 식품에 대한 인식도를 조사했다. 그 결과 매우 우려한다 26%, 조금 우려한다 32% 등 소비자 10명 중 6명 정도가 우려를 나타냈다.

우리나라 사람들이 방사선 조사 식품에 대해 거부감을 갖는 것은 방사선이란 용어에 대한 부정적인 인식 탓이 크다. 그러나 방사선 조사 식품과 방사능 오염 식품은 전혀 다르다. 방사능 오염 식품은 원전 사고나 핵 실험 과정에서 발생한 방사능 물질에 오염된 식품을 말한다. 이런 식품에는 당연히 방사능이 잔류하지만, 방사선 조사 식품에는 방사능이 존재하지 않는다. 빛의 형태로 식품을 살균한 후 모두 사라져버리기 때문이다. 식약청과 한국원자력연구원 등 관계 당국은 이런 소비자의 오해를 불식시킬 만한 대체 용어를 찾고 있다. 미국에선 '냉멸균 식품cool sterilized food', 유럽에선 '클린 푸드clean food'라는 용어를 대안으로 제시하고 있다.

모든 방사선 조사 식품에는 국제 공통 로고Radura를 부착하도록 되어 있다. 식약청은 최종 제품에 방사선을 쬔 경우에만 방사선 조사 식품임을 표시하도록 했다. 그러나 2010년부터 방사선을 쬔 원료가 들어간 모든 제품에 방사선 조사 식품 표시를 하도록 규정을 강화했다. 예를 들어 마늘에 방사선을 쬐었다면 그 마늘을 사용한 김치의 포장지에도 방사선 조사 식품 표시를 해야 한다.

🍵 안전성 논란이 끊이지 않는 GMO 식품

GMOgenetically modified organism, GM 식품는 유전자 변형 식품, 유전자 재조합 식품, 유전자 조작 식품이라고도 한다. GMO의 유용성을 높이 평가하는 생산·수입업체는 '유전자 재조합 식품'이라 부르고, 부정적인 측면에 주목하는 소비자단체는 '유전자 조작 식품'이라고 부른다. 긍정적이지도 부정적이지도 않은 용어가 '유전자 변형 식품'인 듯하다.

GMO는 전통적인 육종 기술에 의존하지 않고 생명공학 기술로 탄생시킨

식품이다. 과거에는 미래의 식량난을 해결해줄 녹색 혁명의 주역으로 기대를 모았지만 요즘엔 안전성 논란을 일으키고 있다. GMO 가운데 가장 먼저 상품화된 식품은 토마토이다. 1994년 미국의 칼젠사는 오래 보관해도 잘 물러지지 않는 토마토를 출시했다. 그 후 옥수수, 감자, 콩, 면화, 카놀라 등 다양한 GMO 식품이 속속 등장했다.

GMO의 가장 큰 논란거리는 안전성이다. GMO 제조업체들은 안전하다고 주장한다. GM 콩과 일반 콩이 안전성에서 다를 바 없다는 것이다. 반면 소비자단체에서는 인간이 GMO를 수십 년 이상 먹어본 경험이 없으므로 안전성을 담보할 수 없다고 반박한다.

GMO의 안전성과 관련해 자주 거론되는 사건이 둘 있다. 1998년 영국의 푸스타이 박사는 브라질너트 유전자를 넣은 GM 콩을 먹은 실험동물이 알레르기를 일으켰다고 발표했다. 이 발표에 의문을 제기하는 학자들은 '문제의 GM 콩은 상업용이 아니라 실험용으로 개발한 콩'이라며 '연구 결과에 특별한 의미를 둘 수 없다'고 반박했다. 브라질너트 유전자를 삽입한 GM 콩은 중도에 개발이 중단되었다.

또 하나 인도의 GM 면화 밭에서 방목하던 가축이 떼죽음당한 사례도 빈번히 거론 된다. GMO를 반대하는 소비자단체들은 GM 면화가 가축을 죽음으로 몰고 갔다고 주장했다. 이에 대해 GMO를 찬성하는 학자들은 가축의 죽음은 면화의 고시폴이라는 독성물질 탓이며 GM 면화와는 무관하다고 맞섰다.

GMO가 인간에게 유해하다는 명백하고 결정적인 증거는 아직 없다. 하지만 인간이 몇 세대에 걸쳐 장기간 섭취해본 경험이 없기 때문에 안전성을 단정할 수 없는 것도 사실이다. 따라서 GMO 논란은 앞으로도 상당 기간 지속될 것으로 예상된다.

이에 대한 대안으로 나온 것이 안전성 평가와 GMO 표시제이다. 우리나라를 비롯해 전 세계 국가가 GMO를 시판·허가하기 전에 안전성 평가를 받도록 의무화하고 있다. 안전성 평가 결과 적합 판정을 받은 GMO만 판매할 수 있다. GMO 표시제는 소비자의 알 권리를 보장하기 위한 제도이다. GMO가 안전상 문제가 있다는 증거는 아직 없지만 그래도 꺼림칙해하는 소비자에게 GMO가 아닌 일반 식품을 살 권리를 보상해준다는 취지이다.

맨눈으로 GMO와 일반 식품을 구별할 수는 없다. GMO가 안전하지 않다고 여긴다면 GMO로 표시된 식품을 사지 않으면 된다. 이는 소비자의 선택에 달려 있다. 우리나라는 콩과 옥수수, 그리고 콩·옥수수 가공식품 팝콘, 콘플레이크, 두부, 된장, 콩가루 등이 GMO 표시 대상이다.

지금까지 콩기름, 옥수수기름은 GMO 원료를 사용했어도 GMO 표시를 하지 않았다. GMO는 단백질 유전자를 변형시킨 식품이므로 100%가 지방인 콩기름, 옥수수기름에는 GMO 단백질 성분이 존재하지 않는다는 이유에서다. 그러나 앞으로는 콩기름, 옥수수기름, 전분당 등도 GMO 원료를 사용했다면 GMO 표시를 하도록 의무화하고 있다.

2 가공식품의 영양성분표를 체크하라

🍵 식품 라벨의 영양 성분을 읽는 법

가공식품의 포장지에는 열량, 탄수화물, 단백질, 지방, 나트륨, 트랜스 지방, 당, 포화 지방, 콜레스테롤 등 9가지 영양 정보가 표시되어 있다. 이는 가족의 건강을 지키기 위해서 아주 소중한 정보이다.

먹을거리와 건강에 대한 관심은 높아지고 있지만 정작 중요한 식품 영양 성분표는 눈여겨보지 않는 경우가 많다. 하지만 영양 정보에 '까막눈'이거나 영양 정보를 외면하는 것은 웰빙 생활을 포기하는 것이나 다름없다.

혹시 우리 가족이 먹는 식품이 몸에 해로운 것은 아닌지 걱정된다면 무엇보다 식품 라벨에 표기된 영양 성분을 확인해야 한다. 아이가 비만일 경우에는 열량과 지방 함량을 살펴봐야 한다. 가족 중에 심장병, 뇌졸중 등 혈관 질환자가 있다면 지방·포화 지방·콜레스테롤 함량을 반드시 확인해야 한다. 당뇨병 환자가 있다면 탄수화물 함량, 고혈압 환자가 있다면 나트륨 함량을 확인하고 제품을 구입하도록 한다.

식품을 살 때 영양 성분을 모두 이해하고 일일이 확인하는 것이 쉬운 일은 아니다. 게다가 대부분의 식품은 판매에 불리한 것지방, 나트륨, 콜레스테롤, 설탕 등은 되도록 감추고 유리한 것비타민, 미네랄, 단백질 등은 전면에 내세운다. 따라서 소비자가 꼼꼼히 살펴볼 필요가 있다. 그중 특히 유의해야 할 몇 가지를 소개한다.

1 열량 – 체중 조절이 필요하다면 꼭 확인한다

1일 섭취 열량은 성인 남성 2400~2600kcal, 성인 여성 1900~2100kcal가 적당하다. 또 6~8세 남아는 1600kcal, 여아는 1500kcal, 9~11세 남아는 1900kcal, 여아는 1700kcal가 적당하다. 최근에는 아이들의 권장 열량을 이보다 100kcal씩 상향 조정하려는 움직임이 있다. 이보다 많이 섭취하거나 활동량이 적으면 몸에 지방이 축적되어 살이 찐다. 때문에 체중 조절이 필요한 아이라면 열량을 잘 체크해 먹여야 한다.

라이트 콜라 등 일부 탄산음료에는 '제로 칼로리'라고 표시되어 있지만 이는 열량이 전혀 없다는 뜻이 아니다. 열량은 5kcal 단위로 표시하게 되어 있으므로 5kcal 미만이면 0으로 표시하는 것이다. 또 식품 100ml당 열량이 4kcal 미만이면 '무칼로리무열량' 식품이라고 표시할 수 있다.

가공식품 포장지에 '저칼로리저열량'라고 표시된 식품은 100g당 40kcal 미만 또는 100ml당 20kcal 미만인 식품을 가리킨다. '저칼로리 식품'이라고 해서 안심하고 과다 섭취하는 것은 곤란하다. 예를 들어 100ml당 15kcal의 열량을 내는 저칼로리 음료 500ml 한 병을 모두 마시면 75kcal의 열량을 얻는다. 반면 100ml당 30kcal의 열량을 내는 일반 음료 200ml 한 잔을 마시면 이보다 적은 60kcal를 섭취하는 데 그친다.

- **0kcal** 곧이곧대로 0kcal라고 생각해선 안 된다. 열량이 5kcal 미만이면 0kcal로 표시할 수 있다.
- **라이트 음료, 건강 음료, 스포츠 음료** 모두 열량이 있다. 열량이 없다고 잘못 생각해 양껏 마시거나 물 대용으로 마시는 것은 곤란하다.

2 당류 – 비만, 당뇨병엔 당류를 제한한다

가공식품의 영양성분표에 표기된 당류는 단당류와 이당류, 즉 단순 당을 가리킨다. 여기엔 포도당, 과당, 설탕, 맥아당, 유당, 액상 과당, 꿀, 시럽, 과일 주스 등이 포함된다.

트랜스 지방이나 나트륨처럼 당류도 너무 많이 먹으면 건강에 해로울 수 있다. 세계보건기구는 '첨가 당_{인위적으로 넣은 당}을 통한 하루 섭취 열량은 하루 총 열량의 10% 미만이어야 한다'는 가이드라인을 제시했다. 다만 가공식품의 영양성분표에 표기된 당류의 함량은 첨가 당이 아니라 총 당의 양이다. 총 당은 첨가 당과 식품 재료에 원래부터 들어 있는 천연 당을 합한 양이다. 한국영양학회는 적절한 당 섭취를 위해 '당류_{총 당을 의미}를 통해 얻는 열량은 하루에 섭취하는 총 열량의 10~20% 이내여야 한다'는 가이드라인을 발표했다.

아이가 하루에 1500kcal의 열량을 섭취한다면 그중 당류를 통해 얻는 열량은 150~300kcal 이내여야 한다는 것이다. 당류는 1g당 4kcal의 열량을 내므로 당류 섭취는 하루에 40~80g 이내로 제한해야 한다.

● **무가당 식품과 무당 식품** 인위적으로 설탕, 과당 등 당을 넣은 경우가 아니라면 무가당 식품이라고 표시할 수 있다. 무가당 식품에는 과당 등 천연 당은 본래 들어 있을 수 있다. 무가당 식품과 당이 전혀 없는 무당 식품은 다른 것이다.

3 당알코올 – 너무 많이 먹으면 설사를 일으킨다

초콜릿, 티라미수, 생크림⋯. 아이들을 유혹하는 이런 식품에 들어 있는 달콤한 성분인 당류는 열량이 높은 것이 문제이다. 이런 당류의 약점을 보완한 것이 인공감미료의 일종인 '당알코올' 이다. 당알코올은 체내 흡수율과 열량이 낮아 당뇨병 환자식이나 다이어트 식품의 성분으로 각광받는다. 당알코올은 설탕, 과당 등 천연 식품 못지않은 단맛을 유지하면서 열량과 당 지수가 낮은 것이 장점이다. 당알코올은 1g당 평균 2.4kcal의 열량을 낸다. 단당류인 설탕은 1g당 열량이 4kcal이다. 당알코올은 탄수화물_{1g당 4kcal}은 물론 알코올_{1g당 7kcal}과 유기산_{1g당 3kcal}보다도 열량이 낮다. 그러나 당알코올도 엄연히 당이므로 섭취를 제한해야 한다.

> **당알코올의 종류**
> 당알코올은 단어 끝에 '톨' 자가 붙은 것이 공통점이다. 일반인에게 가장 널리 알려진 자일리톨은 단맛이 설탕의 90%가량 되지만 충치를 일으키지 않는다. 소비톨은 포도당에 수소를 첨가해 얻은 당알코올로 단맛은 설탕의 60% 정도이다. 그러나 하루에 50g 이상 과다 섭취하면 설사를 일으킬 수 있다.
> 만니톨은 단맛이 설탕의 70% 수준이며 1g당 1.6kcal의 열량을 낸다. 과다 섭취하면 설사를 일으킬 수 있으므로 하루에 20g 이상 섭취하지 않도록 한다. 포도당을 발효시켜 만든 에리스리톨은 1g당 열량이 0kcal, 당 지수가 20이다.

당알코올은 보통 과일이나 버섯, 해조류 등에 들어 있지만 이들 천연 식품에서 당알코올을 직접 추출해내는 것은 쉽지 않다. 따라서 식품 회사들은 천연 당류에 수소를 첨가하여 인공 당알코올을 제조해 사용한다. 과다 섭취하면 설사 등 부작용을 일으킬 수 있다. 당알코올의 종류에는 자일리톨, 소비톨, 만니톨, 에리스리톨 등이 있다.

● **무설탕 식품** 설탕 대신 과당이나 소비톨, 자일리톨 등의 당알코올을 사용한 경우 '무설탕 식품'이라고 표시할 수 있다. 이들 감미료는 1g당 2~4kcal의 열량을 낸다.

4 지방 – 영양계의 악동, 적당량만 먹인다

최근 식생활이 서구화되면서 지방 섭취량이 빠르게 증가하고 있다. 특히 패스트푸드나 육류를 즐기는 어린이와 청소년의 지방 섭취량은 이미 '위험 수위'에 이르렀다.

세계보건기구는 지방을 하루 열량의 30% 이내로 섭취하라고 권고하고 있다. 아이가 하루에 1500kcal의 열량을 섭취한다면 지방은 45g 이내로 제한하라는 것이다. 우리나라 7~12세 아이들은 지방을 하루 평균 42.1g 섭취하고 있다.2008년 국민건강영양조사 우리 정부가 정한 성인의 하루 지방 섭취 제한량은 50g이다.

지방을 과다 섭취하면 혈중 지방 농도가 높아진다. 이로 인해 동맥벽에 지방 찌꺼기가 계속 쌓이게 되면 동맥혈관이 점점 좁아진다. 이것이 동맥경화이다. 가족이 혈관 질환의 위험에 빠지지 않게 하려면 가공식품을 사기 전에 영양성분표를 보고 지방·포화 지방·콜레스테롤 함량을 반드시 확인하고 수치가 낮은 식품을 구입한다.

5 포화 지방 - 아이가 하루에 15g 이상 섭취하면 위험하다

　실온에서 딱딱하게 굳어 있는 기름이 바로 포화 지방의 실체이다. 천연 식품 중에서는 쇠기름우지, 돼지기름돈지, 닭 껍질, 버터 등에 포화 지방이 많이 들어 있다. 포화 지방은 동맥경화 등 혈관 질환의 주범이다. 포화 지방이 많은 식품을 즐겨 먹으면 혈중 콜레스테롤과 중성지방 수치가 올라간다.

　포화 지방은 되도록 적게 먹는 것이 좋다. 세계보건기구는 포화 지방을 하루 총 섭취 열량의 10% 이하로 섭취하라고 권고한다. 따라서 아이가 하루에 1500kcal를 섭취한다면 포화 지방은 150kcal 이내로 제한해야 한다. 포화 지방도 1g당 9kcal의 열량을 내므로 1일 포화 지방 섭취량은 16.7g 이하가 되도록 한다. 우리 정부가 정한 포화 지방의 하루 섭취 제한량영양소 기준치은 15g이다.

6 트랜스 지방 - 하루에 1.7g 이상 먹이지 않는다

　트랜스 지방은 요즘 들어 한껏 악명을 떨치고 있다. 액체인 식물성 기름불포화 지방을 고체 지방경화유으로 바꾸는 과정에서 트랜스 지방이 생긴다. 마가린과 쇼트닝이 대표적인 트랜스 지방 함유 식품이다. 트랜스 지방은 불포화 지방의 일종이지만 포화 지방처럼 혈관에 해로워 동맥경화, 심장병, 뇌졸중 등 혈관 질환의 주범으로 지목되고 있다.

　세계보건기구와 미국심장협회는 트랜스 지방을 하루 총 섭취 열량의 1% 이내로 제한하라는 가이드라인을 발표했다. 아이가 하루에 1500kcal를 섭취한다면 트랜스 지방의 하루 섭취량은 1.7g 이내여야 한다는 것이다. 만약 영양성분표에 1회에 제공되는 '트랜스 지방 함량'이 0.2g 이상으로 표시되어 있다면 이 식품은 가급적 구입하지 않는 것이 좋다. 이런 식품을 즐겨 먹다 보면 세계보건기구가 권고하는 하루 섭취량 1.7g을 금세 초과할 수 있기 때문이다.

1회 제공량당 트랜스 지방 함량이 0g으로 표시된 식품도 자주 눈에 띈다. 그러나 0g이라고 해서 트랜스 지방이 전혀 없다는 뜻은 아니다. 식약청은 1회 제공량당 트랜스 지방이 0.2g 미만이면 0g으로 표시하도록 허용하고 있다.

가공식품은 트랜스 지방 함량 표시가 의무화되어 있다. 그러나 즉석 가공식품이나 햄버거, 피자, 감자튀김 등 패스트푸드의 경우 트랜스 지방 함량 표시를 하지 않아도 현재는 불법이 아니다.

7 콜레스테롤 – 적게 함유된 식품을 고른다

콜레스테롤은 우리 몸의 세포막과 담즙산을 만드는 필수 성분이다. 또 성호르몬과 비타민 D의 체내 합성을 돕는다. 그럼에도 콜레스테롤이 필수 영양소로 분류되지 않는 이유는 음식을 통해 섭취하지 않더라도 충분한 양의 콜레스테롤이 체내에서 만들어지기 때문이다. 간 등에서 합성되는 콜레스테롤 양은 음식을 통해 섭취하는 콜레스테롤 양의 두 배 이상이다.

혈중 콜레스테롤 수치가 높다는 것은 혈관 건강에 적신호가 켜진 것이다. 심장, 뇌 등으로 가는 혈관 내벽에 콜레스테롤이 과다 축적된 상태가 동맥경화이다. 따라서 가족의 혈중 콜레스테롤 수치가 높다면 콜레스테롤 함량이 높은 식품을 가급적 식단에 올리지 않도록 한다. 콜레스테롤 섭취를 절반으로 줄이면 혈중 콜레스테롤 수치가 25%가량 떨어진다는 연구 결과도 나와 있다.

콜레스테롤은 '적게 들어 있다'는 사실을 강조해서 표시할 수도 있다. 일정 요건만 갖추면 '무콜레스테롤' 또는 '저콜레스테롤'이라고 표시할 수 있는 것이다. 그러므로 지방이나 콜레스테롤 함유 식품을 구입할 때 꼼꼼히 따져보고 골라야 한다. 콜레스테롤은 식물성 식품에는 전혀 없고 동물성 식품에만 들어 있다. 정부가 정한 콜레스테롤의 하루 섭취 제한량영양소 기준치은 300mg이다.

8 나트륨 - 무염 식품에도 들어 있으니 주의한다

나트륨은 소금에만 들어 있다고 생각하기 쉽지만 실제로는 육류, MSG조미료, 베이킹파우더 등 많은 식품에 적지 않게 함유되어 있다. 또 간장, 된장, 고추장 등 장류에도 나트륨이 들어 있다. 섭취량을 기억해두고 식생활에 대비해야 한다.

나트륨의 하루 섭취 필요량은 0.2~1g이다. 이 기준대로 섭취하려면 사실상 식도락은 포기해야 한다. 0.2~1g을 맞추려면 매 끼니를 엄청 싱겁게 먹어야 하기 때문이다. 우리 정부와 세계보건기구는 나트륨의 하루 섭취제한량영양소 기준치을 2g으로 정했다. 6~8세 아이는 하루에 1.2g, 9~11세 아이는 1.5g 이하로 제한하는 것이 적당하다.

한국인의 나트륨 섭취량은 세계 최고 수준이다. 국, 찌개 등 국물 음식과 김치, 젓갈 등 짠 음식을 즐기는 우리 식생활의 특성상 제한량을 지키기란 쉽지 않다. 7~12세 아이들의 나트륨 하루 평균 섭취량은 3.5g으로 제한량을 훨씬 웃돈다. 또 이 또래 아이 10명 중 3명이 하루에 4g 이상 섭취한다.

아이들이 좋아하는 피자, 햄버거 등 패스트푸드에 나트륨이 많이 들어 있기 때문이다. 나트륨을 과다 섭취하는 식습관은 고혈압을 유발한다. 요즘엔 비만과 함께 고혈압으로 고생하는 아이들이 증가하고 있다. 따라서 엄마들은 가공식품의 나트륨 함량을 체크하는 습관을 들여야 한다.

- **무염 식품** 소금은 안 들어 있지만 나트륨(실제 혈압을 높이는 성분)은 들어 있을 수 있다.
- **무가염 식품** 인위적으로 소금을 넣지 않은 식품이다. 천연으로 존재하는 소금이나 나트륨은 들어 있을 수 있다. 무가염 식품이라고 해서 고혈압 환자가 안심하고 양껏 먹을 수 있는 것은 아니다.

9 미량 영양소 – 칼슘을 충분히 섭취시킨다

탄수화물, 지방, 단백질은 하루에 수십g 이상 먹는 데 비해 비타민과 미네랄은 mg(1000분의 1g) 또는 ug(100만분의 1g) 단위로 섭취한다. 그래서 비타민과 미네랄을 미량 영양소라고 한다. 탄수화물, 지방, 단백질은 반드시 제품 포장지에 함량을 표시해야 하지만 비타민과 미네랄은 식품업체가 자율적으로 표시하게 되어 있다. 비타민과 미네랄 중 나트륨만 영양 성분 의무 표시 대상이다. 그 밖의 미량 영양소는 임의 표시 대상이다. 업체 입장에서 비타민이나 미네랄을 표시하는 것이 불리하거나 불필요하다고 생각하면 표시하지 않아도 된다. 임의 표시 대상은 비타민 A · B_1 · B_2 · B_6 · C · D · E와 엽산, 칼슘, 인, 철, 아연 등이다.

생활이 어려웠던 과거에는 우리 국민의 비타민과 미네랄 섭취량이 많이 부족했다. 그러나 최근에는 칼슘 등 일부 미네랄만 부족할 뿐 평소 식사를 통해 대부분의 비타민과 미네랄을 충분히 섭취하는 것으로 조사되었다.

가공식품의 영양성분표에서 꼭 확인해야 하는 성분은 칼슘이다. 칼슘은 우리 국민에게 가장 부족하기 쉬운 영양소이기 때문이다. 특히 골격이 형성되고 있는 아이들에게 칼슘 섭취는 매우 중요하다. 한국영양학회에 따르면 6~8세는 하루에 칼슘을 최소한 700mg, 9~11세는 800mg 섭취해야 한다.

평소 아이가 칼슘을 부족하게 섭취한다면 가공식품을 구입할 때 '고칼슘 식품'이라고 표시된 것이나 영양성분표상 칼슘 함량이 높은 식품을 선택해 먹이는 것이 좋다. 물론 이보다는 천연 식품으로 칼슘을 섭취하는 것이 훨씬 낫다.

10 알레르기 유발 물질 – 무조건 먹이지 않는다

알레르기는 음식에 든 원인 물질항원에 몸이 과민 증상을 일으키는 현상이다. 식품 알레르기에 대비하는 최상책은 알레르기를 유발하는 식품을 먹이지 않는 것이다. 알레르기 피부 반응 검사를 해 원인 식품을 파악하고 2~3년간은 해당 식품을 식단에 올리지 말도록 한다.

천연 식품과 가공식품 모두 알레르기 반응을 일으킬 수 있다. 주로 달걀, 우유, 콩 등 단백질 식품이 알레르기를 유발하는데, 가공식품에 이들 유발 식품이 들어 있다면 피해야 한다.

식약청은 가공식품에 '숨어 있는' 알레르기 유발 물질을 소비자에게 바로 알리기 위해 알레르기 유발 물질이 극소량이라도 든 경우 이를 의무적으로 표시하도록 하고 있다. 표시 대상은 한국인에게 주로 알레르기를 일으키는 달걀, 우유, 메밀, 땅콩, 대두, 밀, 고등어, 게, 돼지고기, 복숭아, 토마토 등이다.

    아이가 특정 식품에 알레르기가 있을 경우 가공식품의 라벨에 표시된 원재료명_{식품명}을 반드시 확인해야 한다.

플러스 영양 정보

영양성분표 읽는 법

가공식품 포장지에 표시된 '영양성분표'는 어떤 영양소가 얼마나 들어 있는지 알려주는 지표이다. 식품을 구입할 때 꼼꼼히 살펴보면 건강에 좋은 식품인지 아닌지 알 수 있다.

영양성분표

	1회 제공량 1개(50g) · 총 3회 제공량(150g)	
	1회 제공량 당 함량 ❷	% 영양소 기준치
❸ 열량	215kcal	
❹ 탄수화물	40g	12%
❺ 당류	28g	
❻ 당알코올	3g	
❼ 식이섬유	2g	8%
❽ 단백질	3g	5%
❾ 지방	4g	8%
❿ 포화 지방	2g	13%
⓫ 트랜스 지방	1g	
⓬ 콜레스테롤	30mg	10%
⓭ 나트륨	2370mg	117%
⓮ 비타민 A	448ug RE	64%
비타민 B₁	0.7mg	70%
비타민 B₂	0.8mg	67%
비타민 C	400mg	400%
엽산	160ug	64%
칼슘	10mg	1.4%
아연	3.6mg	2.2%
철	4.5mg	30%

%영양소 기준치 : 1일 영양소 기준치에 대한 비율

❶ **1회 제공량** 식품을 섭취할 때 평균적으로 한 번에 먹게 되는 양을 가리킨다. 영양성분표의 영양소 함량은 1회 제공량을 기준으로 표시한다.

❷ **% 영양소 기준치** 하루 영양소 섭취 기준치를 100%라고 할 때 해당 식품 섭취(1회 제공량)를 통해 얻는 영양소의 비율을 나타낸다.

❸ **열량** 1회 제공량을 섭취했을 때 얻게 되는 열량(215kcal)이 표시되어 있다. '% 영양소 기준치'가 공란인 것은 열량의 기준치가 아직 설정되지 않았기 때문이다.

❹ **탄수화물** 1회 제공량을 섭취했을 때 얻게 되는 탄수화물 양(40g)이 표시되어 있다. 탄수화물의 영양소 기준치는 328g이다. 해당 식품을 1회 제공량만큼 먹으면 탄수화물 영양소 기준치의 12%를 섭취하는 셈이다.

❺ **당류** 1회 제공량을 섭취했을 때 얻게 되는 당류(단당류+이당류)의 양(28g)이 표시되어 있다. '% 영양소 기준치'가 공란인 것은 당류의 영양소 기준치가 아직 설정되지 않았기 때문이다.

❻ **당알코올** 1회 제공량을 섭취했을 때 얻게 되는 당알코올 양(3g)이 표시되어 있다. '% 영양소 기준치'가 공란인 것은 당알코올의 영양소 기준치가 아직 설정되지 않았기 때문이다.

❼ **식이섬유** 1회 제공량을 섭취했을 때 얻게 되는 식이섬유 양(2g)이 표시되어 있다. 식이섬유의 영양소 기준치는 25g이다. 이 식품을 1회 제공량 먹으면 식이섬유 영양소 기준치의 8%를 섭취하는 셈이다.

❽ **단백질** 1회 제공량을 섭취했을 때 얻게 되는 단백질 양(3g)이 표시되어 있다. 단백질의 영양소 기준치는 60g이다. 이 식품을 1회 제공량 먹으면 단백질 영양소 기준치의 5%를 섭취하는 셈이다.

❾ **지방** 1회 제공량을 섭취했을 때 얻게 되는 지방 양(4g)이 표시되어 있다. 지방의 영양소 기준치는 50g이다. 이 식품을 1회 제공량 먹으면 지방 영양소 기준치의 8%를 섭취하는 셈이다.

❿ **포화 지방** 1회 제공량을 섭취했을 때 얻게 되는 포화 지방 양(2g)이 표시되어 있다. 포화 지방의 영양소 기준치는 15g이다. 이 식품을 1회 제공량 먹으면 포화 지방 영양소 기준치의 13%를 섭취하는 셈이다.

⓫ **트랜스 지방** 1회 제공량을 섭취했을 때 얻게 되는 트랜스 지방 양(1g)이 표시되어 있다. 트랜스 지방은 되도록 먹지 않는 게 바람직하다고 해서 트랜스 지방의 영양소 기준치는 설정하지 않았다. 때문에 '% 영양소 기준치'가 공란이다.

⓬ **콜레스테롤** 1회 제공량을 섭취했을 때 얻게 되는 콜레스테롤 양(30mg)이 표시되어 있다. 콜레스테롤의 영양소 기준치는 300mg이다. 이 식품을 1회 제공량 먹으면 콜레스테롤 영양소 기준치의 10%를 섭취하는 셈이다.

⓭ **나트륨** 1회 제공량을 섭취했을 때 얻게 되는 나트륨 양(2370mg)이 표시되어 있다. 나트륨의 영양소 기준치는 2000mg이다. 이 식품을 1회 제공량 먹으면 나트륨 영양소 기준치의 117%를 섭취하는 셈이다.

⓮ **비타민과 미네랄** 1회 제공량을 섭취했을 때 얻게 되는 각종 비타민과 미네랄 양이 표시되어 있다. 또 각 비타민과 미네랄의 영양소 기준치를 근거로 '% 영양소 기준치'를 계산한 수치도 표시되어 있다.

영양소 기준치 하루 섭취 권장 또는 제한량

영양소	기준치
탄수화물(g)	328
식이섬유(g)	25
단백질(g)	60
지방(g)	50
포화 지방(g)	15
콜레스테롤(mg)	300
나트륨(mg)	2000
칼륨(mg)	3500
비타민 A(ug RE)	700
비타민 C(mg)	100
칼슘(mg)	700
철분(mg)	15
비타민 D(ug)	5
비타민 E(mg α-TE)	10
비타민 K(ug)	55
비타민 B_1(mg)	1
비타민 B_2(mg)	1.2
나이아신(mg NE)	13
비타민 B_6(mg)	1.5
엽산(ug)	250
비타민 B_{12}(ug)	1
비오틴(ug)	30
판토텐산(mg)	5
인(mg)	700
요오드(ug)	75
마그네슘(mg)	220
아연(mg)	12
셀렌(ug)	50
구리(mg)	1.5
망간(mg)	2
크롬(ug)	50
몰리브덴(ug)	25

3 식중독으로부터 아이를 보호하라

🍲 식중독 발생도 계절을 탄다

요즘 엄마들이 영양 섭취만큼 중요시하는 것이 아이의 보건 위생이다. 신종 플루, 식중독 등의 위험이 커지면서 보건 위생의 중요성이 더욱 커졌다. 특히 요즘에는 학교 급식 등 대량 급식이 늘어나면서 대규모 식중독의 위험성 또한 증가하고 있다.

식중독은 무더운 여름의 불청객이다. 지구 온난화와 실내 온도의 상승 탓으로 요즘엔 식중독이 계절을 가리지 않는 경향이 있지만, 식중독의 절정기는 5~9월이다. 식중독 사고의 3분의 2가 이 시기에 발생한다. 특히 5월에 식중독 환자 수가 연중 가장 많다. '봄이니 괜찮겠지' 하며 방심하다가 걸리는 것이다. 그래서 정부는 5월부터 식중독 예보 지수를 발표한다. 사계절 중 식중독 지수가 최고조에 달하는 계절은 여름이다. 기온과 습도가 식중독 균이 생존, 증식하기에 최적의 상태이기 때문이다.

식약청 홈페이지 www.kfda.go.kr에 접속하면 지역별 식중독 지수를 확인할 수 있다. 식중독 지수는 기온, 습도의 변화에 따른 식중독 발생 가능성을 10~100 관심, 주의, 경고, 위험 4단계로 분류으로 점수화해 누구나 알기 쉽게 게시한 것이다.

식중독 지수가 51~85이면 '경고' 단계이다. 음식이 금방 상할 수 있으며 그만큼 식중독 발생 위험도 높다는 표시이다. 지수가 86 이상이면 '위험' 단계이다. 조리한 음식을 바로 섭취해야 한다는 경고로 받아들여야 한다. '위험'이나 '경고'보다 식중독 위험이 낮은 '주의' 지수 35~50 단계라 하더라도 조리한 음식은 4시간 이내에 먹는 것이 안전하다. 식중독 균이 증식할 시간적 여유를 주지 않기 위해서다.

식중독에 걸리지 않으려면 조리한 음식은 가급적 빨리 먹고, 식재료는 깨끗하고 안전한 상태로 유지해야 한다. 과일과 채소는 깨끗이 씻어 먹는다. 채소는 고인 수돗물과 과채 전용 세제 1종 세제를 사용해 잘 세척하면 식중독 균의 90% 이상이 제거된다. 채소에 남은 농약도 90% 이상 제거할 수 있다. 사과, 토마토 등 껍질째 먹는 과일은 물론 바나나, 귤, 참외 등 껍질을 벗겨 먹는 과일도 일단 물로 깨끗이 씻는 것이 좋다. 식중독 균, 잔류 농약이 손이나 칼을 통해 과육에 오염될 수 있기 때문이다. 세척을 거친 '바로 먹는 포장 사과'도 먹기 전에 다시 한 번 씻는 것이 안전하다.

특히 우유, 고기의 핏물과 육즙, 샐러드, 생선회 등을 섭취할 때는 각별히 주의한다. 우유와 핏물은 세균의 배지로도 사용될 만큼 식중독 균에게는 더 없이 훌륭한 먹이다. 냉장고에 보관한 우유라도 시큼한 냄새가 나면 주저 없이 버리도록 한다. 가정에서 고기 핏물은 대개 찬물이나 묽은 소금물에 고기를 담가두어 뺀다. 이때 싱크대에 절대 핏물이 남아 있지 않도록 해야 한다. 채소 등 다른 식품에 우유나 육즙이 닿는 것도 철저히 차단해야 한다.

교차 오염을 막기 위해서다.

스테이크의 경우 50℃가량의 열로 익혀 육즙과 핏물이 흥건한 레어나 60~62℃로 구운 미디엄에는 식중독 균이 살아 있을 수 있다. 식중독 균을 확실히 죽이려면 75℃ 이상의 온도에서 1분 이상 가열해야 한다. 샐러드와 생선회는 웰빙 식품이지만 비가열 식품이므로 바깥 온도가 높을 때나 여행 중에는 섭취에 각별히 주의해야 한다.

식중독 사고가 빈번할 때는 지하수, 약수, 우물물을 마시지 않는 것이 좋다. 염소 소독이 안 되어 있어 노로바이러스 등 각종 식중독 균에 오염되어 있을 가능성이 크기 때문이다.

식중독의 주 증상은 설사, 복통, 구토 등 위장관 증세이다. 식중독 균은 대개 수시간 황색 포도상 구균에서 하루, 이틀 노로바이러스, 살모넬라균, 장염 비브리오균까지 잠복기를 거친 후 증상을 일으킨다. 잠복기는 식중독 균이 증상을 일으킬 수 있을 만큼 그 수를 늘리는 데 걸리는 시간이다.

식중독은 대개 일주일 내에 자연 치유된다. 허약한 아이들에게만 발병하고 건강한 아이들에게는 아무런 증상을 일으키지 못하는 '약골' 식중독 균도 많다. 생명을 위태롭게 하거나 심각한 증상을 유발하는 식중독 균은 보툴리누스균, 리스테리아균, 병원성 대장균 O-157 정도이다. 사망에까지 이르는 치명적인 식중독은 극히 드물게 발생한다. 응급 처치로 치료되는 가벼운 식중독이 많으니 식중독 처치법을 미리 알아두어 아이가 식중독 증세를 보이면 차분하게 대처하도록 한다.

식중독의 기본적인 처치는 수분 보충과 금식이다. 특히 설사를 심하게 할 경우에는 탈수되지 않도록 물을 충분히 마시게 해야 한다. 끓인 물이나 보리차에 설탕이나 소금을 소량 타서 마시게 하거나 스포츠 음료를 먹이는 것도 방법이다. 그러나 과일즙, 탄산음료, 진한 녹차는 장에 자극을 주기 때문에 피해야 한다. 설사 증세가 완화되면 미음, 쌀죽 등 기름기 없는 담백한 음식을 먹인다.

또 설사를 한다고 해서 지사제(설사약)를 먹이지 않도록 한다. 지사제를 복용하면 장내의 식중독 균과 독소가 몸 밖으로 빠져나가지 못해 병이 더 오래 갈 수 있다. 항생제도 신중하게 복용해야 한다. 식중독에 걸린 아이가 설사, 복통 등 위장관 증상 외에 고열, 혈변 같은 증상을 보이면 항생제가 유용할 수 있다. 그러나 항생제는 노로바이러스 등 바이러스에 의한 식중독에는 무용지물이다. 항생제는 기본적으로 세균을 죽이는 약이기 때문이다. 바이러스 질환인 감기, 독감, 신종 플루 환자에게 항생제의 효과를 기대할 수 없는 것과 같은 이치이다.

식중독을 예방하는 4가지 원칙

'나를 알고 적을 알면 백전백승'이란 말은 식중독과의 싸움에 100% 적용된다. 여기서 적은 식중독을 일으키는 세균이다. 잔류 농약, 중금속, 바이러스, 메탄올 등도 식중독의 원인이 될 수 있지만 95% 이상은 세균 때문에 일어난다. 따라서 세균 감염을 막는 것이 중요하다. 식중독 예방을 위한 4가지 원칙은 결국 식중독 균이 끔찍하게 싫어하는 일이다.

청결 | 세균은 깨끗한 손을 싫어한다. 흐르는 수돗물에 비누로 손을 잘 씻으면 세균 제거율이 80% 이상이다. 음식을 조리, 보관할 때는 물론이고 화장실에

다녀온 후, 코를 풀고 난 후, 재채기를 한 후, 애완동물을 만진 후에도 반드시 손을 씻어야 한다.

조리나 배식을 하기 전에는 손을 비눗물로 20초 이상 씻는다. 이때 일반 비누보다 살균력이 높은 항균 비누를 사용하는 것이 효과적이다. 여름에는 팔뚝까지 씻어야 한다. 이때 손가락 끝이 위로, 팔뚝은 아래로 향하게 한다. 그래야 팔뚝을 씻은 물에 손이 다시 오염되지 않는다.

엄마의 손에 상처가 있다면 조리나 배식을 해서는 안 된다. 상처 난 손에는 식중독 균의 일종인 황색 포도상 구균이 많다. 달걀 껍질을 깬 손으로 다른 음식을 만지는 것도 피해야 한다. 달걀의 살모넬라균이 전파될 위험이 있기 때문이다. 이 음식 저 음식 손으로 찍어 맛보는 것도 식중독 균을 이리저리 옮기는 행위이다.

주방을 청결하게 유지하는 것도 중요하다. 주방 기구, 조리대를 깨끗이 닦은 뒤 잘 말린다. 특히 도마의 위생 상태는 항상 유의해야 한다. 도마의 칼자국 틈 사이에 식중독 균이 서식할 수 있기 때문이다. 도마를 비롯해 칼, 행주, 싱크대 등 오염되기 쉬운 주방용품은 정기적으로 염소 소독해야 한다. 도마, 칼 등을 녹차 물에 넣어 소독하는 것도 좋은 방법이다.

도마, 칼, 젓가락 등 주방 기구는 어류, 육류, 채소용을 각각 따로 장만해 쓰는 것이 더 안전하다. 그래야 한쪽에 묻은 식중독 균이 다른 쪽으로 오염되지 않는다. 병원성 대장균 O-157에 오염된 쇠고기를 썬 칼로 과일을 깎으면 O-157이 옮겨지는 건 당연하다. 화장실 변기, 싱크대, 문 손잡이는 락스 등 염소 소독제로 소독하고 10~20분 뒤 물로 잘 닦는다.

신속 | 음식을 먹을 만큼만 만들어 바로 먹고 치우는 습관을 들이면 식중독에 잘 걸리지 않는다. 세균이 증식할 시간적 여유가 없기 때문이다. 이분법으로 증식하는 세균의 증식 속도는 일단 가속이 붙으면 KTX 열차 이상으로 빠르다. 세균 한 마리가 두 마리가 되는 데는 10분이 걸리지만 이 두 마리가 4시간이 지나면 1600만 마리로 늘어난다. 이는 식중독을 일으키기에 충분한 숫자이다. 따라서 세균 수가 불어나기 전에 되도록 빨리 음식을 먹어야 한다. 남은 음식은 아까워도 눈 딱 감고 버리는 것이 현명하다. 잘 상하지 않는 음식이라면 보관 용기에 담아 뚜껑을 덮어둔다. 식중독균은 습도가 낮은 환경을 못 견딘다. 따라서 식품을 건조시키면 식중독 균이 죽거나 힘을 잃는다.

가열 | 세균이 가장 두려워하는 것은 열이다. 75℃에서 1분 이상 가열하면 살아남을 '장사'가 없다. 요즘 식중독의 가장 흔한 원인 균으로 떠오른 노로바이러스를 포함해 아데노바이러스, 로타바이러스, 엔테로바이러스 등도 열에 약하기는 마찬가지다. 음식을 통해 감염되는 각종 질병의 병원체 중 열에 잘 견디는 것은 광우병의 병원체로 알려진 프리온과 내열성 포자가 있는 황색 포도상 구균 정도다.

따라서 식중독 예보 지수가 높아지고 사방에서 연일 식중독 사고 소식이 들려오더라도 충분히 익히거나 끓여 먹기만 하면 식중독은 걱정하지 않아도 된다. 이때 음식 표면이 아닌 내부 온도가 75℃ 이상이어야 한다. 가정에 조리용 온도계를 비치하는 것도 좋은 방법이다. 냉장실이나 냉동실에 보관해둔 음식을 꺼내 먹을 때는 다시 가열해 먹어야 안전하다.

여름에 생선회나 어패류의 생식을 삼가라고 강조하는 이유는 가열하지 않은 음식이기 때문이다. 설령 생선이 식중독 균인 비브리오균에 오염되어 있더라도 가열만 하면 간단히 없앨 수 있다.

냉각 | 세균도 추위를 탄다. 냉장고에 넣어둔 음식이 장기간 상하지 않는 것은 낮은 온도에서는 세균이 증식하지 않기 때문이다. 그러므로 남은 음식은 항상 냉장·냉동 보관하는 것이 좋다. 특히 날씨가 더울 때는 남은 음식을 한 시간 내에 일단 음식을 식힌 뒤 냉장고에 넣어야 한다. 세균 증식을 억제하기에 충분한 냉장실 온도 4℃와 냉동실 온도 -18℃가 유지되고 있는지 가끔 확인하는 것도 잊지 말자.

그러나 냉장고를 과신하는 것은 금물이다. 세균 증식을 막는 가장 효과적인 도구가 냉장고이지만 냉장고는 세균의 활동력증식과 성장을 억제할 뿐이다. 개봉해 냉장고에 보관한 우유도 4~5일 지나면 시큼하게 상한 냄새가 나는 것은 이 때문이다. 또 추위를 만나면 오히려 더 활동적인 식중독 균도 더러 있다. 저온 세균인 리스테리아균으로, 주로 냉동식품과 냉장 식품에서 검출된다.

식중독을 예방하는 마트 쇼핑 동선

마트에서도 올바른 쇼핑 카트 동선이 있다. 상하지 않는 식품(진열대에 보관된 식품)을 먼저 구입하고 제일 나중에 냉동식품·냉장 식품 순서대로 사는 것이 좋다. 그래야 식품이 냉장되지 않은 상태로 오래 방치되는 것을 막을 수 있다. 식품에 흠이 없는지, 오래 진열되지는 않았는지 등을 살피는 것도 필요하다. 과일, 채소를 담는 비닐과 고기, 해산물을 담는 비닐은 구분해야 하고, 고기 등에 든 식중독 균이 채소에 오염되지 않도록 주의한다.

식중독의 원인이 되는 5대 균

국내에서 요즘 가장 흔한 식중독 원인 균은 노로바이러스이다. 2006년에 발생한 CJ 학교 급식 사고의 원인 균이 바로 노로바이러스였는데, 주로 지하수나 어패류가 오염원이다.

노로바이러스에 의한 식중독은 증상이 가벼기 때문에 건강한 사람에겐 별문제가 되지 않는다. 평소 건강하던 사람이 노로바이러스에 감염될 경우 별다른 증상이 없거나 배탈, 설사 등 가벼운 증상이 나타난다. 특별히 치료하지 않아도 대개 2~3일이면 자연 치유된다. 2006년 학교 급식 사고에서도 약 3000명이 감염됐는데 사망 등 심각한 뒤탈은 없었다.

그러나 어린이나 노약자, 면역력이 약한 사람의 경우는 상황이 다르다. 외국에서는 사망 사례도 나왔다. 2004년 겨울 일본에서 5300명의 환자가 발생했는데 이 중 12명의 노약자가 숨졌다. 노로바이러스는 10개 이내의 적은 바이러스만으로도 감염을 일으킬 만큼 전파력이 빠르다.

씻어 먹고 끓여 먹어 예방한다
노로바이러스는 아직까지 백신이나 치료 약이 없으므로 예방이 중요하다. 아이에게 손을 깨끗이 씻는 등 개인위생을 철저히 교육시키고, 만약 주부가 감염되었다면 3일 이상 식품을 만지거나 조리하는 일을 삼가야 한다. 또 노로바이러스는 오염된 물, 굴, 조개, 과일, 채소 등을 통해 전파되기 쉬우므로 노로바이러스가 유행하는 시기에는 굴, 조개를 날로 먹지 않도록 하며 채소와 과일은 물에 잘 씻어 먹고 물은 끓여 마셔야 한다. 흔히 '물갈이로 탈이 났다'고 표현하는 여행성 장염도 원인이 노로바이러스인 경우가 많다. 발병하면 물을 충분히 마셔 잦은 설사로 인한 탈수를 막아야 한다.

국내에서 노로바이러스 다음으로 빈번한 식중독 원인 균은 병원성 대장균 O-157, 살모넬라균, 황색 포도상 구균, 장염 비브리오균 등이다. 이 중 가정에서 관리하기 어려운 것이 황색 포도상 구균이다. 다른 셋은 가열 온도 75℃에서 바로 죽지만 황색 포도상 구균은 100℃에서 30분간 가열해도 세균만 죽을 뿐 독소는 파괴되지 않는다. 황색 포도상 구균은 특히 손에 많다. 아이들 절반 이상이 손에 황색 포도상 구균을 갖고 있다고 봐도 무방하다. 황색 포도상 구균은 주로 손을 통해 음식으로 전파되므로 조리하기 전이나 밥 먹기 전에 손을 깨끗이 씻어야 한다.

4 맛과 영양을 높이는 식품 보관법·조리법

🍵 알고 쓰면 보관 효과가 배가되는 냉장고

건강한 밥상을 차리기 위해서는 무엇보다 식재료를 신선하고 안전한 상태로 보관해야 한다. 식중독 균에 오염되지 않도록 주의하는 것은 물론 맛과 영양을 보전해야 한다. 각각의 식품은 종류에 따라 보관법이 다르다. 냉장고에 넣어야 하는 것도 있고 상온에 보관해야 하는 것도 있다.

냉장 보관 기간은 식품의 종류나 상태에 따라 결정된다. 육류, 유제품, 생선 등 단백질 식품은 냉장 보관 기간을 하루 이틀 이내로 제한하는 것이 현명하다. 단백질은 부패 세균이 가장 좋아하는 영양소이기 때문이다. 먹다 남은 밥, 과일 주스, 조리한 생선, 날생선, 다진 고기, 개봉한 통조림, 조리한 육류, 수프, 훈제 연어, 삶은 달걀의 냉장 보관 기간은 최대 이틀에 불과하다. 우유, 베이컨, 햄 등 가공식품은 유통기한과 보관 방법을 엄수해야 한다. 햄30일, 베이컨25일, 진공 포장육2~3주, 날달걀2주 등 냉장 보관 기간이 상대적으로 긴 식품도 있다.

육류, 닭고기, 생선은 상하기 쉬운 식품이다. 따라서 냉장고의 가장 찬 곳에 보관하거나 육류 저장실에 넣어둔다. 달걀은 플라스틱 포장 그대로 냉장고 도어 포켓에 넣는 것이 최선이다. 버터, 마가린은 식품의 냄새를 잘 흡수하므로 잘 싸서 냉장실에 넣는다. 냉동실에 넣으면 두 달까지 보관할 수 있다.

빵은 냉장·냉동실에 모두 보관 가능하다. 냉장실에 넣어두면 빵의 쫄깃함이 없어지나 냉동실에서는 질적인 변화 없이 오래 보관할 수 있다. 향신료, 밀가루는 냉장실에 보관해야 벌레가 생기지 않는다. 고춧가루는 잘 싸서 냉동실에 넣어두어야 고유의 색깔을 보전할 수 있다. 과일과 채소는 냉장실 보관이 원칙이다.

냉장실의 음식을 용도별로 정리해두면 편리하다. 맨 위 칸엔 반찬류, 다음 칸엔 음식 재료, 수박 등 큰 과일, 맨 아래 칸엔 김치, 장류 등으로 정리한다. 신선실은 냉장실에서 온도가 가장 낮은 -1~1℃ 곳이므로 상하기 쉬운 육류나 생선, 변질되기 쉬운 치즈, 버터, 햄, 소시지를 보관하기에 적당하다. 냉장실의 도어 포켓은 냉장실에서 가장 온도가 높은 곳이므로 변질 위험이 적은 달걀, 잼, 케첩, 장아찌, 마요네즈나 물, 음료를 두기에 알맞다.

냉동실, 알고 쓰자!
- 얼려도 식중독 균은 죽지 않는다.
- 냉동실은 영구 보존실이 아니다. 얼렸다고 해도 가급적 빨리 먹는 게 좋다.
- 식품에 냉동 보관을 시작한 날짜를 표시해둔다.
- 날음식과 익힌 음식은 분리하되 날음식을 밑에 놓는다.
- 액체를 담은 병이나 탄산음료 캔은 넣지 않는다. 깨지거나 터질 위험이 있다.
- 성에를 자주 제거해야 냉동 기능이 원활하다.
- 성에 제거 중에는 식품을 신문지에 싸둔다.

냉동실은 −18℃ 이하로 유지해야 한다. 육류는 표면에 식용유를 발라 랩으로 싼 뒤 냉동실에 넣어두면 오래 보관할 수 있다. 생선은 내장, 머리_{상하기}_{쉬움}를 제거한 뒤 소금물에 씻어 물기를 빼고 한 끼 분량씩 지퍼 백에 넣어 얼린다. 이때 육류, 생선의 구입 날짜를 종이에 써서 잘 보이게 붙여두는 것이 요령이다.

냉장고에 넣지 말아야 할 식품도 있다. 고구마, 호박은 낮은 온도에선 호흡을 잘 못하므로 냉장고에 넣으면 빨리 부패한다. 이런 채소의 보관에 알맞은 온도는 약 15℃이므로 서늘한 곳에 두면 된다. 또 껍질콩, 오이, 가지, 토마토는 7~10℃에서 보관하는 것이 적당하다. 냉장고에 넣을 경우 냉해를 입지 않도록 신문지로 싸서 비닐에 담은 뒤 보관해야 한다. 빨갛게 익은 토마토는 냉장고에 넣어도 무방하나 푸른 토마토 등 덜 익은 과일은 실온에서 보관하다가 잘 익힌 뒤 냉장고로 옮겨야 한다.

바나나, 파인애플, 멜론 등 열대 과일과 피망은 바구니에 담아 바람이 잘 통하는 서늘한 곳에 보관하는 것이 원칙이다. 바나나를 냉장고에 넣으면 검게 변한다. 시원하게 먹으려면 먹을 분량만큼만 먹기 전에 냉장고에 잠시 넣어두었다가 꺼내 먹는다.

당근은 씻지 말고 종이에 싸서 두고 자르지 않은 호박은 그늘진 곳에 두면 제법 오래 보관할 수 있다. 콩나물과 숙주나물은 구입 후 바로 깨끗이 씻어 물에 담가두는 것이 좋다. 양파는 습기가 차면 상하기 쉬우므로 망에 담아 통풍이 잘되는 곳에 매달아둔다.

냉장고 사용 시 유의할 점도 있다. 첫째, 뜨거운 음식을 바로 냉장고에 넣는 것은 금물이다. 음식의 열이 다른 식품의 온도를 높이기 때문이다. 둘째, 냉장고 문을 자주 열지 않는다. 10초간 열었을 때 원래 온도로 되돌아가는 데는 10분이 걸린다. 셋째, 냉장고 문에 새는 곳이 없는지 잘 살핀다. 지폐 한 장을 냉장고 문에 끼워 닫은 뒤 잡아당겨 봐서 쉽게 열리면 문의 개스킷을 교체하도록 한다. 넷째, 냉장고에 둔 식품과 식품 사이는 적당히 띄워 찬 공기가 잘 순환되도록 한다. 냉기가 잘 돌아다니도록 하려면 냉장고 공간을 70%가량만 채우는 것이 좋다. 정전이나 고장이 났다면 발생 후 24시간까지가 음식 보관의 한계이다. 그 이상 되면 음식을 최대한 빨리 먹거나 폐기해야 한다.

알고 보면 건강이 배가 되는 조리법

냉장고에서 적절히 잘 보관한 식재료는 어떤 방법으로 조리하느냐에 따라 건강에 좋을 수도 있고 나쁠 수도 있다. 요즘 아이들은 튀기거나 구운 패스트푸드를 좋아한다. 그런데 기름에 튀기거나 구운 음식은 비만과 변비를 유발하고 더 나아가 암을 비롯해 고혈압, 당뇨병, 심장병 등 성인병의 발생 위험을 높인다.

데치기, 찌기, 삶기 등 우리 선조들의 조리법이 건강에 이롭다는 사실은 서울대학교 의과대학 박상철 교수의 연구를 통해 확인되었다. 박 교수는 한국 장수 노인의 식생활이 다른 나라의 장수 노인과 크게 다르다는 사실을 발견했다. 일본의 대표적 장수 지역인 오키나와와 지중해 지역 장수 노인들은 과일을 많이 섭취하는 데 비해 한국 장수 노인들의 식단은 채소 위주였다. 게다가 외국의 장수 노인들은 신선한 생채소를 즐겨 먹지만 우리나라 장수 노인들은 생채소보다 데친 채소, 나물을 주로 먹었다.

신선한 채소가 데친 채소보다 건강에 더 이로울 것이라고 생각하는 사람들이 많다. 그러나 실상은 그렇지 않다. 비닐하우스에서 질소비료를 사용해 재배한 채소에는 질산염이 다량 함유되어 있다. 질산염은 헬리코박터균의 작용으로 아질산염이 된다. 아질산염이 체내에서 2급 아민육류, 어패류 등 단백질 식품에 많다과 결합하면 발암물질인 니트로소아민이 생긴다. 박 교수 팀이 채소를 1분간 데쳐보았더니 질산염의 절반이 사라졌다. 데치기가 곧 암 예방법이었다.

열을 가하면 비타민 등 소중한 영양소가 파괴되지 않을까 우려하는 사람도 있다. 그래서 채소를 1분쯤 데쳐보았더니 비타민 중에서도 열에 가장 약한 비타민 C가 20%가량 파괴됐다. 3분쯤 데치니 50%가 사라졌다. 이를 근거로 박 교수 팀은 "신선한 채소만을 고집하기보다 채소를 1분가량 데쳐 숨만 죽인다면 비타민 C의 파괴는 최소화하면서 질산염은 50%나 없앨 수 있다"고 조언한다. 게다가 채소를 데치면 부피가 줄어 생채소보다 3배 이상 더 많이 먹을 수 있다.

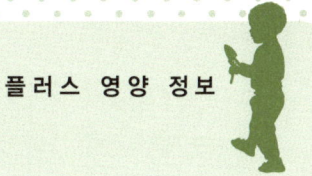

플러스 영양 정보

냉장고 식품 보관법

냉동실 식품 보관법

- **남은 밥** 1회 분량으로 포장해(1~2cm 두께로 랩에 싸서) 보관한다. 전자레인지에 해동해 먹으면 열이 골고루 퍼져 새로 지은 밥 같다.
- **얇게 썬 고기** 비닐 팩에 넣고 공기를 뺀다. 소량이면 양파 다진 것, 소금, 후추를 함께 넣고 볶아 보관한다.
- **덩어리 고기** 1회 사용량만큼 나눠 기름을 바르고 랩으로 싼다.
- **닭고기** 소금을 뿌리고 술을 소량 부은 뒤 밀폐 용기에 담는다.
- **생강** 껍질을 벗긴 뒤 비닐봉지에 넣는다.
- **마늘** 껍질을 벗기지 않은 채로 비닐 팩에 넣어 보관한다.
- **토마토** 빨갛게 익은 것은 그대로 보관한다. 덜 익은 것은 실온에서 익힌 후 보관한다.
- **치즈** 개봉 뒤에는 랩으로 싸서 보관한다.
- **버터** 은박지로 싼 뒤 비닐 팩에 밀봉해 보관한다.

냉장실 식품 보관법

- **닭고기** 표면에 식용유를 바르고 랩으로 싼다.
- **햄, 소시지** 칼로 자른 부위에 술이나 식용유를 바른 뒤 랩으로 싼다.
- **생선** 내장을 빼고 배 내부와 표면을 물로 잘 씻은 뒤 물기를 없애고 소금을 뿌린다. 배 부분에 키친타월을 끼워두고 한 마리씩 랩으로 싼다.
- **달걀** 껍질의 둥근 쪽(호흡하는 부위)이 위로 향하게 둔다.
- **두부** 깨끗한 물을 부은 큰 대접에 담아 보관한다.
- **셀러리, 파슬리** 빈 병에 잎이 잠기지 않을 만큼 물을 넣고 다발째 담가 뚜껑을 덮는다.
- **파** 물기를 뺀 뒤 종이에 둘둘 말아 보관한다.
- **시금치** 물을 뿌린 종이에 싸거나 비닐 팩에 넣어 야채실에 세워둔다.
- **호박** 씨와 내용물을 긁어내고 랩으로 싸둔다.
- **마늘** 껍질을 벗긴 것은 밀폐 용기에 담아 보관한다.
- **사과** 서로 닿지 않도록 하나씩 종이에 싼 뒤 비닐봉지에 넣는다.

5 집에서 직접 기르는 친환경 새싹채소

🍲 아파트에서도 무공해로 재배 가능한 새싹채소

　농약, 화학비료 등의 사용으로 채소를 믿고 먹을 수 없는 환경 때문에 직접 텃밭이나 주말 농장에서 채소를 길러 먹는 가정이 늘고 있다. 그러나 아파트에 사는 대다수의 가정에서 이는 일반적으로 쉽지만은 않은 일이다. 그러면 아파트 등 제한된 공간에서도 영양이 우수한 채소를 기를 수 있는 방법이 없을까? 한 가지 간편하고 좋은 방법이 있다. 바로 새싹채소 기르기이다.

　새싹채소는 아이들에게 권할 만한 식품이다. 새싹채소는 다 자란 채소보다 영양가가 우수하다. 보통 씨앗이 싹트는 과정에는 성장을 위해 영양소 등 소중한 물질이 합성되기 때문에 비타민·미네랄 함량이 다 자란 채소의 서너 배나 된다. 농약, 비료를 전혀 사용하지 않은 무공해 식품인 데다 생으로 먹었을 때 향이 좋고 씹을수록 고소해 입맛을 돋워준다.

　새싹채소는 아파트 베란다에서도 얼마든지 기를 수 있다. 하루에 몇 분만 투자하면 집에서 직접 기른 싱싱한 새싹채소를 먹는 즐거움이 생긴다. 흙도 필요 없고 깨끗한 물만 주면 된다. 잡초를 뽑지 않아도 되고 해충이나 벌레에 신경 쓸 필요도 없다. 다 자랄 때까지 7~10일만 기다리면 된다. 씨앗은 인터넷이나 마트에서 구입할 수 있다.

특히 아이와 함께 기르면 자연 교육도 하면서 자연 친화적인 식습관을 길러줄 수 있다. 가장 흔히 접할 수 있는 종류는 콩나물, 녹두나물(숙주) 등 1세대 새싹채소이다. 요즘은 메밀 싹, 순무 싹, 브로콜리 싹, 양배추 싹, 알팔파 싹 등 2세대 새싹채소까지 다양하게 즐길 수 있다. 비빔밥, 샐러드, 샌드위치 등에 넣거나 국에 고명으로 얹어 먹어도 입맛을 돋운다.

콩나물 | 우리가 늘 먹는 콩나물도 새싹채소의 일종이다. 콩나물 200g(두 줌)에는 아이들의 하루 비타민 C 권장량이 들어 있다. 콩나물이 감기, 피부 미용에 좋다는 말은 비타민 C가 풍부하다는 뜻이기도 하다. 씨앗(콩)이 발아하는 동안 당질과 단백질이 잘게 분해되므로 소화도 잘된다. 날콩, 삶은 콩은 먹은 뒤 탈이 나기 쉽지만 집에서 길러 먹는 콩나물은 안심해도 된다.

녹두나물 | 녹두는 예부터 민간요법으로 해열·고혈압 치료에 사용해온 우수한 식품이다. 녹두나물의 비타민 함량은 녹두보다 훨씬 높다. 녹두 씨앗에 비해 비타민 A 함량은 2배, 비타민 C 함량은 40배에 달한다. 숙주나물이란 별칭은 조선 세조 반정 때 변절한 신숙주의 이름에서 유래됐다는 속설이 있다. 그만큼 잘 쉰다. 녹두는 한약의 약효를 떨어뜨릴 수 있으므로 보약을 먹을 때는 피하는 것이 좋다.

메밀 싹 | 메밀에는 항산화 성분인 루틴이 풍부하다. 메밀 싹에는 루틴이 메밀 씨앗의 27배나 들어 있다. 루틴은 비타민 P라고도 하는데 모세혈관을 튼튼히 해주고 체중을 줄이는 데도 효과적인 것으로 알려져 있다. 메밀 싹은 메밀 씨앗에 비해 아연, 마그네슘 등 미네랄 함량은 4배, 식이섬유 함량은 2배에 달한다. 언뜻 콩나물처럼 보이나 콩나물과 달리 비린내가 나지 않아 날로 먹을 수 있다. 집에서 재배하기는 쉽지 않다는 것이 흠이다.

브로콜리 싹 | 양배추과 식물인 브로콜리는 미국에서는 대표적인 암 예방 식품으로 꼽힌다. 존스 홉킨스 대학교 연구진이 1997년 브로콜리에서 암 예방 물질인 설포라팬을 찾아내어 그 우수성이 입증되었다. 브로콜리도 싹을 틔워 먹으면 영양이 훨씬 좋아진다. 다 자란 것보다 설포라팬이 20배나 더 들어 있기 때문이다. 또 브로콜리 싹에는 항산화 비타민인 베타카로틴과 비타민 C레몬의 2배가 풍부하다.

알팔파 싹 | 알팔파는 아랍어로 '모든 음식의 아버지'란 뜻을 지닌 식물로 소의 사료로 널리 쓰인다. 알팔파 싹은 혈중 콜레스테롤 수치를 낮추며, 식이섬유가 풍부해 변비를 예방하고 피부 미용에 좋다. 또 콩, 칡과 같은 콩과 식물이어서 식물성 에스트로겐이 함유되어 있다. 알팔파 싹은 더위와 직사광선에 특히 약한데 여름에는 찬물을 자주 갈아주며 그늘진 곳에서 재배, 보관해야 한다.

무 싹 | 무 싹무순은 소화를 도와 고기, 회를 먹을 때 곁들이면 좋다. 몸의 열을

내리고 부기를 가라앉히는 효능도 있다. 비타민 A 우유의 4배와 비타민 C 우유의 29배, 칼슘 감자의 10배이 풍부하다.

🍵 마트의 새싹채소, 세균 오염을 주의하라

마트에서 구입한 새싹채소는 일반적으로 집에서 기른 것보다 영양 면에서 떨어진다. 유통 도중 온도가 올라가면 비타민 C, 항산화 성분 등이 파괴되기 때문이다. 특히 마트에서 산 새싹채소의 뿌리 끝이 갈색으로 변했다면 출하된 지 오래된 것이다.

농장에서 대량생산한 새싹채소의 약점은 세균 오염 가능성이다. 마트 등에 유통되는 도중 세균 수가 크게 늘어날 수 있다. 새싹채소의 호흡으로 미열이 생기는 데다 식품 매장의 온도가 보통 10℃ 이상이기 때문이다. 세균은 7℃만 넘으면 잘 증식한다. 따라서 마트에서 산 새싹채소는 물로 충분히 씻어 먹어야 한다.

새싹채소는 세균이 자라기에 최상의 조건을 갖추고 있다. 재배할 때 습도, 온도가 높은 데다 세균이 좋아하는 양분이 풍부하기 때문이다. 따라서 세균 등 미생물 관리를 세심하게 해야 한다. 집에서 재배한다면 하루에 한 번 정도는 물을 갈아주는 것이 좋다.

농촌진흥청은 식초 소독으로 새싹채소의 세균을 억제하는 방법을 개발했다. 물 9컵에 식초 1컵을 넣은 물에 새싹채소를 5분가량 담가놓는 것이다. 이 살균법을 이용하면 세균 수가 1/10~1/100로 감소한다. 식초로 살균한 뒤 물로 충분히 씻어내면 식초 냄새가 사라진다.

플러스 영양 정보

새싹채소 기르는 방법

1 종묘상, 인터넷을 통해 씨앗을 구입한다
종묘상에서 구입할 때는 재배용인지 싹채소용인지 반드시 확인하고 싹채소 전용 종자를 구입해야 한다. 재배용 씨에는 살균제 등 농약 처리가 되어 있으며 가격도 더 비싸다. 또 손으로 문질렀을 때 하얀 가루가 묻어나거나 봉투에 '소독필'이라고 적힌 것은 피한다. 씨앗의 색깔이 원래 색인지 착색된 것인지 여부도 살펴본다.

2 씨앗을 20°C 물에 6~10시간 담가둔다
씨 내부에 수분을 침투시켜 발아를 촉진하기 위해서다. 이때 물을 가끔 저어주거나 새로운 물로 갈아주면 씨에 산소가 공급되어 잘 자란다. 그런 다음 씨앗을 담가둔 용기의 물을 버리고 10시간가량 방치한다.

3 씨를 용기에 잘 펼쳐서 뿌린다
용기에 거즈나 솜을 깔고 마르지 않도록 분무기로 물을 뿌려준다. 새싹채소 재배 용기는 시원하고 통풍이 잘되는 곳에 둔다. 가정용 싹채소 재배기를 이용하면 기르기가 더 수월하다. 콩나물 재배기가 있으면 사용해도 괜찮다. 재배 용기가 없으면 밑면이 넓은 접시, 물이 잘 빠지는 채반, 체, 김발, 소쿠리, 철제 거름망 등을 사용해도 된다. 물이 고이면 썩을 염려가 있으므로 물이 잘 빠지는 용기가 좋다.

4 하루에 4~5번씩 씨앗이 푹 젖을 정도로 분무기로 물을 뿌려준다
물을 너무 많이 주면 물이 바닥에 고여 곰팡이가 생길 수 있다. 곰팡이가 생기는 것을 방지하기 위해 하루 한 번 정도 물 받침대의 물을 갈아준다. 수돗물을 미리 받아 놓고 한나절 정도 방치한 다음 윗물만 떠서 뿌려주는 것이 좋다.

5 이제 기다리면 된다
무 싹, 브로콜리 싹, 배추 싹, 양배추 싹은 5일만 지나면 먹을 수 있다. 메밀 싹, 보리 싹, 밀 싹, 해바라기 싹 등은 10일은 기다려야 한다.

6 학교 급식도 내 아이의 밥상이다

🍵 부모의 적극적인 참여가 중요하다

초·중·고교를 거쳐 학생들이 12년간 접하게 되는 게 학교 급식이다. 우리나라 급식 학생 수는 하루 700만 명에 달한다. 소요되는 예산은 연간 3조 원. 영양 교사, 영양사, 조리사, 조리원 등 급식 종사자만도 7만여 명이다.

학교 급식은 아이들의 건강을 책임지는 막중한 임무를 띠고 있다. 아이들은 대개 단백질은 권장량 이상 먹고 칼슘은 권장량보다 적게 섭취한다. 또 설탕, 소금, 지방이 많이 든 음식을 선호한다.

학교 급식은 아이들에게 부족하기 쉬운 영양소를 보충하고, 달고 짜고 기름진 음식에 길들여진 입맛을 바꿔주는 등 밥상머리 교육을 대신하는 중요한 식생활 교육의 장이 되기도 한다. 편식이 심한 아이라도 급식에서 친구들과 함께 먹어본 경험이 있는 음식은 곧잘 먹는다.

아이들에게 영양적으로 우수하고 위생적으로 안전한 학교 급식을 먹이려면 부모들의 참여가 필수적이다. 경기도의 한 초등학교 학부모들은 일주

일에 한 번씩 자녀들의 급식을 검사한다. 실제 음식을 맛보면서 음식의 맛, 영양, 위생 상태 등의 점수를 매긴다. '튀긴 음식은 주 2회로 제한하라', '너무 짠 음식은 올리지 마라' 등 아이들의 바른 식습관 형성에 도움이 되는 조언도 해준다. 급식실에 대한 전반적인 위생 점검을 실시하고 그 결과를 학교운영위원회 급식 소위원회에 보고하기도 한다.

이처럼 아이들에게 질 좋은 학교 급식을 제공하기 위해 학부모의 참여가 활발해지고 있다. 또한 학교 급식에서 학부모의 역할이 단순 비판자에서 적극 참여자로 바뀌고 있다. 이미 일부 학부모와 시민 단체는 2002년 '학교 급식 전국 네트워크'를 결성해 학교 급식을 감시하고 급식 향상을 위한 다양한 의견을 내놓고 있다. 정부와 지방자치단체도 학부모의 동참을 유도하고 있는데, 경기도는 각 학교에 반드시 급식 소위원회를 설치하도록 의무화하고 있다.

학교 급식에서는 질 좋은 식재료를 확보하는 것이 무엇보다 중요하다. 따라서 식재료의 선정 과정에 학부모가 적극적으로 개입할 필요가 있다. 불량 식재료는 식중독의 원인이 되며 맛과 영양도 떨어지기 때문이다. 학교 영양 교사나 영양사가 급식 당일 아침에 식재료의 불량 여부를 판정해서 반품이나 교환 등을 지시하기란 현실적으로 어렵다. 농약, 미생물 검사가 상당한 시간이 걸리는 데다가 식재료가 싱싱하지 않거나 겉보기에 이상이 있어 보여도 당장 당일 급식량을 채워야 하므로 여건상 이를 반품하기는 쉽지 않은 일이다.

따라서 식재료 공급업체를 까다롭게 고르는 것이 중요하다. 학교 급식에 사용하는 식재료에 대한 품질 인증 제도나 식재료 공급업체 인증 제도가 정책 대안으로 제시되는 것은 이 때문이다.

학부모 단독으로 업체를 방문하거나 위생 평가를 하기가 어려우면 영양사가 식재료 공급업체 실사를 할 때 학부모가 동행하는 것도 괜찮은 방법이다. 이때 학부모가 급식의 '맛'에 지나치게 집착하는 것은 피한다. 맛을 위주로 식단을 짜다 보면 영양적으로 균형 잡힌 급식을 제공하기 힘들기 때문이다.

학교 급식에서 위생 문제를 잘못 다루면 식중독 등 당장 사고가 발생한다. 하지만 영양 문제를 소홀히 취급하면 5~10년 뒤 자녀의 건강에 문제가 생길 수 있다. 그동안 식중독 사고 등 식품 안전·위생 문제에 밀려 아이들의 성장과 평생 건강을 위한 영양 측면이 소홀히 다뤄졌다고 지적하는 전문가가 많다.

선진국에서는 학교 급식을 '장래 세대에 대한 최고의 투자'로 인식한다. 그래서 가장 질 좋은 것을 먹인다. 미국의 경우 1997년 학교 급식에 사용한 수입 딸기에서 식중독 균이 검출된 것을 계기로 이듬해 학교급식법을 개정, 자국산 농산물과 자국산 가공식품만을 학교 급식 식재료로 사용하도록 했다. 미국 정부는 또 학교와 소규모 농가의 협력과 교류를 적극 지원한다. 학교는 신선하고 위생적인 지역 농산물을 공급받고 농가는 안정적인 판로를 확보하게 하는 '윈윈' 전략이다.

일본은 학교 급식에 유기농 쌀, 현미 발효 쌀, 오리농 쌀 등을 써서 최상의 쌀밥을 제공한다. 또 기본적으로 지방자치단체에서 비영리로 운영한다. 학교 급식을 민간에 위탁할 때는 조리 업무만 맡기고 메뉴 선정, 식재료 구입 등은 학교나 지방자치단체가 직접 관리한다.

학교 급식의 생생한 현장을 찾아서

"1350인분교사 포함의 급식을 맛있고 안전하게 마련하기 위해 오전 4시간이 마치 시계처럼 정밀하게 돌아갑니다. 급식이 마무리되기 전엔 잠시도 긴장을 풀지 못해요."

2008년에 만난 서울 송정초등학교 조옥현 영양 교사의 하루는 분주하다.

학교 급식의 하루 일정은 검수 작업부터 시작된다. 영양 교사나 영양사가 학교에 운송된 식재료를 꼼꼼히 살피는 단계이다. 조 영양 교사는 아침에 일찍 나와 식재료를 공급하는 업자와 직접 만난다. 대면對面 검수가 '불필요한 요식 행위'라는 업자 측의 불만도 있지만 얼굴을 대해야 서로 신뢰를 주고받을 수 있다고 여겨서다.

전문가들은 학교 급식에서는 검수무게 측정보다 검품이 더 중요하다고 지적한다. 검품 과정에서 식재료의 온도, 포장 상태, 이물, 냄새, 원산지, 유통기한 등을 꼼꼼히 챙겨야 한다는 것이다. 조 영양 교사도 검수 과정에서 식재료의 냉장 온도를 점검하고, 냉동식품의 경우 얼었다 녹은 흔적이 있는지 유심히 살폈다.

송정초등학교에는 학부모가 참여하는 학교 급식 운영위원회가 구성되어 있다. 운영위원들이 직접 식재료 공급업체를 방문해 위생 실태를 점검하기도 하지만 한계가 있다. 그래서 학교에서는 HACCP 인증을 받은 업체인지, 과거에 불량 식재료를 공급해 반품된 사례가 있는지, 가격이 적정한지 등을 고려해 식재료 공급업소를 선정한다. 많은 학교들이 HACCP 인증업체에서 만든 식재료를 중심으로 구입한다. HACCP 인증이 없는 농산물에 대해서는 친환경·유기농·GAP 인증을 받은 업체에 우선권을 준다.

검수를 마친 식재료는 전처리장으로 들어간다. 전처리는 식재료를 씻고 다듬고 썰고 소독하는 과정이다. 이 과정을 통해 잔류 농약, 이물, 식중독 균 등이 많이 제거된다. 특히 생으로 먹는 채소, 과일에 묻어 있을 수 있는 잔류 농약, 식중독 균, 부패균 등을 제거하기 위해 염소_{소독제}를 넣은 물에 5분간 담갔다 꺼내어 물로 충분히 씻는다.

학교 급식실은 전처리실과 조리실을 따로 구분하는 것이 위생적이다. 실제 조리가 이루어지는 조리실이 상대적으로 덜 위생적인 전처리실과 붙어 있는 것을 피하기 위해서다. 그러나 공간이 비좁아 전처리실과 조리실을 같은 공간에 둔 학교가 수두룩하다. 장소가 협소한 학교는 일본처럼 미리 전처리가 된 식재료를 구입해 조리에 사용하는 것도 방법이다.

식재료의 전처리가 끝나면 본격적인 조리가 시작된다. 학교 급식의 조리에는 순서가 있다. 탄수화물 식품 등 식중독 유발 가능성이 적은 식재료를 주로 사용하는 음식을 먼저 만든다. 육류, 생선, 조개 등 고위험 식재료_{세균이 좋아하는 단백질 함량이 높은 식품}를 이용한 반찬은 배식 직전에 만드는 것이 원칙이다. 식중독 균이 증식할 시간 여유를 주지 않기 위해서다.

학교 급식 조리 과정에서는 뜨거운 식품과 찬 식품을 함께 사용한 음식에 신경을 써야 한다. 삶은 뒤 충분히 식히지 않은 감자와 찬 오이를 재료로 해서 감자오이샐러드를 만들면 이 음식 안은 세균이 자라기 딱 좋은 온도가 되기 때문이다.

그날의 온도, 습도 등을 고려해 메뉴를 정하는 것도 중요하다. 식중독 균이 온도, 습도의 영향을 많이 받기 때문이다. 날씨가 더워지면 학교 급식에서 잡채, 시금치, 두부 등 상하기 쉬운 음식은 피한다.

조리를 마친 음식은 점심시간에 아이들에게 배식한다. 배식으로 학교 급식이 모두 끝나는 것은 아니다. 식판, 수저 등의 설거지가 남아 있다. 이때 식판은 세척→헹굼→세제 세척→헹굼→건조 등 복잡한 세척 과정을 거친다. 혹시 남아 있을지도 모르는 세균을 죽이기 위해 세척이나 헹굼 물의 온도는 82℃까지 올린다.

안전성을 높이기 위한 '학교 급식 HACCP'

학교 급식에는 약 500가지 식재료가 동원된다. 이 중 200가지는 식중독을 유발할 수 있는 고위험 식품이다. 육류, 생선, 조개류, 유제품, 달걀, 두부, 콩 등 고단백질 식품이 여기에 속한다.

학교 급식의 안전성을 높이기 위해 교육부가 2001년부터 보급한 것이 학교 급식 HACCP이다. 식재료 구입에서부터 배식, 설거지에 이르기까지 전 과정을 '학교 급식 위생 관리 지침서'에 따르도록 한 것이다. 학교 급식을 실시하는 모든 학교는 이 HACCP 시스템을 의무적으로 따라야 한다.

학교 급식 HACCP은 식품 제조업체의 HACCP과는 성격이 다르다. 제조업체의 HACCP은 대상 식품이 소품종, 다량이지만 학교 급식 HACCP은 다품종, 소량이다. HACCP의 기본 단위도 제조업체는 공정인 데 비해 학교 급식은 레시피(조리법)가 주이다. 학교 급식은 식중독 등 질병에 대한 면역력이 성인보다 약한 아이들을 대상으로 한다. 식재료가 불량하면 양질의 급식은 담보할 수 없다. 따라서 학교 급식에서 식재료 공급업체를 잘 선택하는 것이 매우 중요하다.

식품의 안전성을 위협하는 요인은 크게 생물학적·화학적·물리학적 요인 등 세 부류로 나뉜다. 이 중 잔류 농약, 중금속, 환경호르몬, 식품첨가물 등 화학적 위해 요소는 학교 급식 현장에서 사실상 관리가 불가능하다. 학교에서 이를 검사할 시설, 인력, 시간이 없기 때문이다. 따라서 HACCP 인증을 받은 업소 등 믿을 만한 업체에서 식재료를 구입하는 것이 대안이다. 이물 등 물리적 위해 요소도 학교에서 걸러내기 힘들다. 이 역시 믿을 만한 업체와 거래하는 것 외엔 뾰족한 방법이 없다. 식재료 공급업체의 선정이 중요한 이유다.

현재 학교 급식 HACCP은 세균, 바이러스 등 생물학적 위해 요소의 제거에 집중되어 있다. 전문가들이 학교 급식 HACCP의 키워드로 온도, 시간을 꼽는 것은 이런 이유에서다. 세균, 바이러스를 죽이거나 증식을 억제하기 위해서는 가열, 냉장 보관 등 온도 관리를 철저히 해야 한다. 조리 뒤 2시간 이내에 배식을 마쳐 세균이 증식할 시간적 여유를 주지 않는 것도 중요하다.

학교 급식의 CCP, 정말 완벽할까?

학교 급식의 CCP 중 가장 미흡하다고 여겨지는 것은 CCP 7인 '운반과 배식'이다. 조리한 음식 중 뜨거운 것은 뜨겁게, 차가운 것은 차갑게 유지해야 하는데 대다수 학교의 배식 기구엔 온도 조절 장치가 없다.

일부에선 CCP 5인 '채소, 과일의 세척과 소독'의 효과에 대해서 의문을 나타낸다. 염소 용액에 5분간 담갔다 물로 여러 차례 씻는 것만으론 채소, 과일에 묻은 식중독 균이 완전히 제거되지 않는다는 것이다.

학교 급식의 CCP중점관리기준는 현재 8가지이다. 처음엔 12가지였는데 학교 급식 현장의 업무 부담을 줄여주기 위해서 추리고 추린 것이다. CCP 8가지만 제대로 지키면 학교 급식에서 식중독 사고가 일어나는 것이 오히려 이상한 일이라고 말하는 전문가가 많다.

기자노트

급식의 역사

우리나라 최초의 학교 급식은 6·25전쟁 말기인 1953년에 선보였다. 그 후 20년간 유니세프(UN 아동기금), 세계민간구호협회, USAID(미국국제개발처) 등의 지원으로 무료 급식이 이뤄졌다.

1972년에는 마침내 우리 정부와 학부모에 의한 급식 시대가 열렸다. 그러나 1977년 학교 급식용 식빵을 먹은 학생이 식중독으로 숨지는 사건이 일어나면서 급식이 일시 중단되었다. 그러다 1981년 학교급식법이 제정되면서 부활했다.

그 후 학교 급식은 직영과 위탁으로 나뉘어 운영되다가 2010년 1월부터 직영 급식이 의무화되었다. 2006년 6월 '사상 최대의 학교 급식 사고'라고 불린 CJ 사고(노로바이러스가 원인)가 발생하자 한 달 만에 학교급식법이 직영 급식 의무화로 개정된 것이다.

2010년 전국 초·중·고교의 직영 급식 비율은 94%로 높아졌다. 직영 급식은 식재료 선정과 구매, 조리, 배식, 세척 등 급식의 전 과정을 외부에 위탁하지 않고 학교장이 직접 책임지고 운영하는 것이다. 시도별 직영 급식 비율을 보면 울산과 제주는 100% 직영 급식으로 전환했고 충남, 충북, 전남, 광주, 대전, 강원, 경북 등도 100% 가까운 직영 전환율을 보인다. 직영 전환율이 가장 저조한 지방자치단체는 서울(73.1%)과 부산(85.1%)이다.

학교급식법 시행령은 공간, 재정적 사유, 학교 이전 또는 통폐합, 기타 교육감이 학교 급식위원회 심의를 거쳐 정하는 경우 예외적으로 위탁 급식을 허용하고 있다.

아이의 편식, 유형별로 대처하라

TV와 게임, 아이를 뚱뚱보로 만든다

꼭꼭 씹어 먹어야 똑똑해진다

손 씻기를 버릇처럼 실천하라

이 닦기 습관, 어릴 때부터 길들여라

아침 식사는 잠자는 두뇌를 깨운다

나 홀로 식사 대신 가족 식사를 하자

PART
3

지금 당장
고쳐야 하는
아이의 식습관

1 아이의 편식, 유형별로 대처하라

편식에도 유형이 있다

30대 주부 정승아 씨는 요즘 일곱 살 난 아들 승환이의 식사 문제로 늘 신경이 곤두서 있다. 아이가 편식이 심한데 최근 체중이 40kg에 육박하기 때문이다. 문제의 심각성을 깨닫고 육류나 패스트푸드 대신 채소 위주로 먹이려고 하는데 결코 만만치가 않다. 승환이는 시금치나 가지 등 채소를 주면 억지로 한 입 먹었다가도 바로 뱉어낸다.

이렇듯 아이의 편식 습관 때문에 고민하는 부모가 많아지고 있다. 충북대학교 식품영양학과 김기남 교수가 2005년 초등학생 285명(5·6학년)을 대상으로 조사한 결과 초등학생 3명 중 2명이 편식을 하는 것으로 나타났다. 편식의 가장 큰 이유는 '입맛에 맞지 않아서'(71%)였다. 이 조사에서 엄마가 식탁에서 편식 지도를 철저히 한 가정에서 자란 아이일수록 편식률이 낮았다. 또 부모와 애착 관계가 높은 아이일수록 싫어하는 음식의 가짓수가 적었다.

키와 몸무게가 가장 왕성하게 자라는 아동기에 편식이 심하거나 음식을 지나치게 적게 먹으면 영양 불량으로 성장 장애나 빈혈 등을 겪기 쉬우며, 면역력이 떨어져 감기 등 각종 질병에 잘 걸린다. 또 편식하는 아이는 대체로 지방과 열량이 많은 식품을 좋아하기 때문에 비만이 될 확률이 높다. 따라서 부모는 아이가 편식하지 않고 골고루 먹는 식습관을 들이도록 이끌어주어야 한다. 그러려면 우선 아이의 식사 유형을 파악하고 그에 맞는 대처 방법을 세워야 한다.

첫째, 밥상에서 파나 콩 등을 골라내는 아이에게는 왜 그 식품을 먹어야 하는지 충분히 설명해준다. 김밥, 햄버거, 동그랑땡, 만두, 스프링롤 등 아이가 좋아하는 음식 안에 콩이나 당근, 시금치 등 아이가 싫어하는 식품을 감춰놓는 것도 방법이다.

둘째, 먹는 데 흥미가 없어 음식 섭취량이 절대적으로 적은 경우라면 사실 뾰족한 해결책이 없다. 우선 소아청소년과를 찾아 그 원인이 무엇인지 밝혀내야 한다. 그리고 쇠고기완자전, 버섯치즈구이 등 단백질, 칼슘, 철분

부모의 82%, 아이의 편식 문제로 고민

연세대학교 심리학과 정경미 교수 팀은 2008년 『대한소아소화기영양학회지』에 삼성서울병원과 상계백병원 소아과를 찾은 어린이의 부모 379명, 서울과 경기 지역에 거주하는 만 1~12세 아이의 부모 417명 등 모두 796명을 대상으로 자녀의 섭취 문제에 대해 조사한 논문을 발표했다. 이 연구에서 82%의 부모가 자녀의 편식 문제를 우려하는 것으로 나타났다. 그다음 고민거리는 지나치게 긴 식사 시간(43%), 문제 행동(28%), 씹기 문제(25%), 음식 거부(18%), 되새김질과 토하기(17%) 등이었다(중복 응답). 또 식사 시간에 아이들이 가장 흔하게 보이는 문제 행동은 고개 돌리기(22%), 뱉기(17%), 음식으로 장난치기(16%), 구역질(16%), 도망가기(11%) 순으로 나타났다.
그렇다면 부모들은 아이가 이 같은 문제를 보일 때 어떻게 대처할까? 아이를 어르고 달래는 데만 급급한 부모(34%)가 가장 많았다. 다음은 강제로 먹이기(16%), 혼내기(15%), 먹고 싶어 할 때만 먹이기(15%), 수시로 먹이기(12%) 등의 순서로 대응했다.

이 풍부한 음식을 식탁에 올리도록 한다. 또 하루 세 번 우유와 과일, 영양빵 등 간식을 제공해 소량이라도 자주 먹이는 것이 좋다.

셋째, 채소를 전혀 입에 대지 않는 것은 아니지만 자신이 좋아하는 반찬이 식탁에 있으면 그 반찬만 골라 먹는 아이도 많다. 이런 아이들은 가끔 채소를 먹기도 해 부모는 아이가 편식한다는 사실을 잘 눈치채지 못한다. 그래서 아이가 좋아하는 반찬을 다 비우면 바로 그 반찬을 채워놓아 오히려 편식을 부추기기도 한다. 이런 경우에는 식탁에 아이가 좋아하는 음식과 덜 좋아하는 음식을 함께 올리고 둘 다 먹게 한다.

주의가 산만해 식욕부진에 빠진 아이들 대처법

- 하루 세끼 일정한 식사 시간을 정한다.
- 식사 중간에 간식을 먹지 못하게 하고 오직 물만 준다.
- 부모가 식사를 마칠 때까지 앉아 있도록 가르친다.
- 20분 내에 식사를 끝내도록 한다.
- 음식 섭취의 많고 적음에 따라 칭찬하거나 혼내지 않는다.
- TV와 장난감을 치워 음식을 먹는 동안 주의가 산만하지 않도록 한다.

음식에 예민해 편식하는 아이들 대처법

- 아이들이 받아들이기 쉬운 음식부터 시작해 점차 새로운 음식을 시도한다.
- 잘 달래되 강요하지 않는다.
- 아이들이 음식을 거부하면 이를 존중한다.
- 부모가 새로운 음식을 먹는 것을 보여줘 아이들의 관심을 유도한다.

● 아이들이 새로운 음식을 좋아하고 싫어하는 것에 상관없이 중립적으로 행동한다.

푸드 네오포비아와 푸드 브리지

아이들의 편식 문제로 고민 중인 부모라면 '푸드 네오포비아food neophobia' 와 '푸드 브리지food bridge'라는 용어를 이해할 필요가 있다.

푸드 네오포비아는 번역하면 '새 식품 혐오증'이다. 미국의 저널리스트 마이클 폴란의 『잡식동물의 딜레마』라는 책에서 언급되면서 널리 사용되기 시작했다. 아이들이 익숙하지 않은 식품을 무조건 회피하는 것을 뜻한다. 대개 생후 7개월 무렵부터 시작되고 만 2~7세에 가장 심해지며 그 후로는 차츰 완화되는 것으로 알려져 있다.

푸드 네오포비아인 아이는 입맛이 까다로운 아이picky eater와는 다르다. 입이 까다로운 아이는 엄마가 자신이 원하는 대로 요리해주는 등 비위를 잘 맞춰주면 먹는 데 반해 푸드 네오포비아인 아이는 달래서 먹이기 힘들다.

전문가들은 선천적으로 아이들이 푸드 네오포비아를 갖게 된 것은 건강에 해롭거나 치명적인 음식을 섭취하지 않기 위한 잡식동물의 '자구책'이라고 풀이한다. 푸드 네오포비아 덕분에 과거의 아이들은 수많은 자연의 독성 물질들로부터 보호받을 수 있었다는 것이다.

사람이 잡식을 하게 되면서 두 가지 상반된 성향을 갖게 되었는데 푸드 네오포비아와 푸드 네오필리아food neophilia가 그것이다. 푸드 네오포비아가 새로운 음식을 먹는 데 대한 분별 있는 공포라면 푸드 네오필리아는 새로운 음식에 대한 위험하지만 필요한 호기심이다.

요즘 아이들에게는 푸드 네오포비아가 사실상 불필요하다. 부모들이 자녀에게 나쁜 음식은 모두 가려내주기 때문이다. 푸드 네오포비아는 자칫 다양한 식품 섭취의 기회만 줄여 영양 결핍·불균형을 초래할 수 있다. 특히 채소, 과일 등 웰빙 식품에 대해 푸드 네오포비아를 보이는 것은 아이들 건강에 불리하게 작용한다. 푸드 네오포비아는 아이들의 채소 기피와 관련이 있다는 연구 결과도 나왔다.

푸드 네오포비아는 대물림하기 쉽다. 핀란드의 가족 28가구와 영국의 쌍둥이 468쌍을 대상으로 실시한 조사에서 각각 66~69%와 37~66%에서 대물림 경향이 관찰됐다. 채소 등을 거들떠보지 않는 아이들의 경우 역시 그 아이들의 어머니도 새 음식을 싫어하는 경향을 보였다.

푸드 네오포비아를 대물림하지 않으려면 부모가 특정 음식에 대해 얼굴을 찌푸리거나 불평하는 것은 금물이다. 아이들은 부모와 형제, 또래들의 말과 행동을 그대로 따라 하는 경향이 강해서다. 부모 등 성인들도 편식을 한다. 아이들은 대개 특정 음식을 기피하는 편식인데 반해 부모들은 특정 음식만 골라 먹는 편식을 주로 하는 것이 다른 점이다.

아이가 푸드 네오포비아 성향을 보이면 새로운 음식을 제공할 때 아이가 익숙하거나 좋아하는 향미를 적극 사용하는 것이 좋다. 푸드 네오포비아 극복을 위한 전문적인 미각 교육도 필요하다.

푸드 브리지는 아이들이 건강한 식습관을 갖도록 '다리bridge'를 놓아주는 것이다. 고열량·고지방인 패스트푸드를 선호하고 채소를 기피하는 아이들의 식성을 단번에 바꾸기는 힘들다는 전제 하에 단계적으로 식습관을 개선하기 위한 '교량'이자 부모의 '꾀'

이다.

　푸드 브리지는 대개 ① 채소와 친해지기 → ② 채소 간접 노출 → ③ 채소 소극적 노출 → ④ 채소 적극적 노출 순서로 진행된다. 예로 시금치를 싫어하는 아이라면 ① 시장에서 아이에게 직접 시금치를 구입하게 하기 · 뽀빠이 이야기 들려주기 · '울트라 시금치' 등 시금치에 별명 붙여주기 → ② 시금치로 초콜릿 쿠키 만들기 → ③ 김밥에 시금치를 넣어 간식 만들기 → ④ 프라이팬에 식용유 · 견과류를 함께 넣고 볶은 시금치 먹이기 등으로 네 다리를 구성한다.

　아이들은 대개 채소의 쓴맛과 물컹거리는 식감을 싫어한다. 맛보다 질감에 더 예민한 아이들도 많다. 아이들은 칩처럼 바삭거리는 느낌을 좋아한다. 따라서 일단 채소와 친해지게 하려면 채소 튀김 등을 만들어 먹이는 것도 방법이다. 배추김치와 깍두기도 사이즈를 작게 하고 간을 싱겁게 하는 것이 아이들의 식성에 더 잘 맞는다.

　채소를 감추는 것도 효과적인 푸드 브리지 수단이다. 아이들이 좋아하는 피자, 햄버거, 월남쌈, 만두 등에 채소를 살짝 끼워 넣으면 의식하지 않고 잘 먹는다. 각 채소에 별명을 붙여주는 놀이를 하는 것도 유효하다. '눈이 예뻐지는 당근', '얼굴이 예뻐지는 셀러리' 등으로 별명을 직접 붙이게 하면 아이들이 해당 채소를 오래 기억하고 친밀감을 표시한다. 주말농장, 텃밭 등에서 직접 채소를 길러보게 하고 마트에서 함께 채소를 쇼핑하며 조리에 직접 참여하게 하는 것도 아이들의 채소 기피증을 완화시킨다.

　푸드 브리지를 실시하면서 주의할 점도 몇 가지 있다. 첫째, 당근 등은 어린아이의 목에 걸려 질식을 유발할 가능성이 있다. 둘째, 아이들이 특정 채소를 혐오하는 수준이라면 강요해선 안 된다. 그러면 해당 채소를 평생 기피할 수 있어서다. 셋째, '이 채소를 안 먹으면 장님 돼' 등 아이들에게 겁을 주는 '거짓말'을 하는 것도 백해무익하다.

아이들이 선호하는 음식, 웰빙 음식으로 대체하기

- **햄버거** 햄버거 빵 대신 식빵을 이용해 샌드위치를 해준다. 차츰 보리빵으로 대체한다.
- **양념통닭과 닭튀김** 양념통닭이나 닭튀김보다는 꼬챙이에 끼워 조리하는 전기구이 통닭을 먹이는 것이 좋다. 차츰 닭백숙으로 대체한다.
- **빵** 아이가 식빵에 달콤한 땅콩버터를 듬뿍 발라 먹는다면 식빵 대신 사과에 땅콩버터를 발라준다. 나중에는 사과만 준다.
- **탄산음료** 탄산음료 대신 과일맛 우유를 준다. 차츰 흰 우유와 생과일주스로 대체한다.
- **패스트푸드** 가급적 열량과 트랜스 지방·포화 지방·나트륨 함량이 적은 메뉴를 골라 최소한으로 먹는 습관을 들인다. 피자를 주문할 때는 반죽 가장자리에 치즈를 넣은 것 대신 일반 피자를, 밑에 깔린 빵이 두꺼운 것 대신 얇은 것을 선택한다. 패스트푸드를 먹을 때는 채소 샐러드도 함께 먹게 한다. 채소 샐러드의 드레싱은 열량이 낮은 것을 선택한다.
- **스파게티** 크림소스 스파게티 대신 토마토소스 스파게티나 해산물 스파게티를 주문한다.

자료 : 미국의 경제지 〈월 스트리트 저널〉

기피 식품 1호 '채소'를 먹이는 요령

"질기고 쓰기만 한데 왜 자꾸 먹으라는 거예요?"

편식하는 아이의 기피 식품 1호는 채소이다. 채소가 식탁에 오르면 얼굴 표정부터 일그러진다. 손으로 코를 막고 나물을 먹는 아이도 있다. 아이들도 채소에 비타민과 미네랄, 식이섬유 등 몸에 좋은 성분이 있다는 것은 어렴풋이 알고 있다. 하지만 씹는 느낌이 별로이고 맛도 없어 잘 먹지 않으려고 한다. 그렇다면 어떻게 해야 아이가 채소를 잘 먹게 할 수 있을까?

첫째, 채소를 자주 접하게 한다

아이가 채소를 몇 번 먹지 않았다고 해서 일찍부터 포기해버리면 안 된다. 아무리 싫어하는 채소라도 시간을 두고 15회 이상 권하면 대부분은 그

아이들의 성장 단계별 식습관 문제

연령	식습관 문제
9~12개월	새로운 음식을 처음 접하면 거부하거나 뱉어내지만 결국은 받아들임. 젖병이나 빨대가 있는 유아용 컵으로 먹는 액체 형태의 음식 선호, 고체 형식의 음식은 때때로 거부. 행동을 통해 배가 부르거나 더 이상 먹기 싫다는 의사 표현(몸을 뒤로 기대거나 등을 돌리면서 입에 있는 음식을 밀어내거나 입을 굳게 다물고 열기를 거부하거나 접시에 있는 음식을 가지고 놀거나 숟가락을 치우려 함).
1~3세	좋아하는 음식에 대한 집착이 생기는 시기(길게는 몇 주간 같은 음식 계속 요구). 일시적으로 음식 섭취 거부, 주의가 쉽게 산만해지며 식사에 오랜 시간 소요. 음식이 목에 걸려 질식 위험이 높은 연령대. 고체보다는 액체 형태의 음식 선호, 패스트푸드·인스턴트식품 선호, 설탕·지방 함량 높은 음식 선호, 채소·과일 등 거부 가능성. 하루 세끼 식사보다 간식을 여러 번 조금씩 먹는 것 선호.
3~5세	특정 유형의 음식을 싫어하게 되며 절대 먹으려 하지 않음. 편식하는 아이는 음식에 대한 관심 부족, 식탁에 오른 음식을 다 먹으려 하지 않음.
5~7세	건강한 식사를 권하는 부모의 요청을 거부하기도 함. 자신의 음식 섭취 방법 고집, 특정 음식을 거부하고 자신이 선호하는 음식만 한꺼번에 많이 먹으려 함.
7~9세	친구와 또래의 영향을 많이 받아 친구들이 먹는 것을 따라 먹으려는 경향. 영양가가 별로 없는 간식 선호.

자료 : 『MFeD』(미국의 소아과 전문의들이 아이들의 편식을 해결하기 위해 만든 지침)

채소에 익숙해진다. 또 다양한 채소를 계속 맛보게 하면 채소에 대한 거부감이 확실히 줄어든다.

둘째, 채소를 먹어야 하는 이유를 논리적으로 설명한다

채소를 먹어야 하는 이유를 과학적으로 납득시키면 훨씬 효과적이다. 아이가 자주 보는 신체 백과사전 등을 이용해 채소의 장점을 설명해준다. 또한 채소를 주제로 한 동화나 만화를 읽게 하거나 컴퓨터 게임, 놀이 등을 함께 하는 것도 채소에 대한 거부감을 누그러뜨린다. 예를 들면 아이와 함께 식탁에 자주 오르는 채소가 식물의 뿌리, 줄기, 잎, 씨앗, 꽃 중 어떤 부분인지 분류하는 놀이를 해본다. 또 마트에서 아이에게 직접 채소를 고르게 하고 집에 와서 음식을 함께 만든다. 특히 호박이나 당근, 피망, 브로콜리, 흑미 등을 이용해 알록달록한 음식을 만들면 아이의 호기심을 불러일으킬 수 있다. 당근, 피망 등 붉은색과 주황색은 아이의 식욕을 북돋워준다.

셋째, 강요는 금물이다

아이에게 채소를 억지로 먹게 하면 오히려 거부감만 키우게 된다. 엄마가 강요하면 그 순간에는 억지로 먹을지 모르지만 길게 보면 그 채소에 대한 부정적인 감정만 키울 뿐이다. 채소를 먹이기 위해 아이가 좋아하는 아이스크림이나 초콜릿 등으로 보상하는 것도 잘못된 방법이다. 그보다는 타협하는 것이 좋은데, 아이에게 특별히 싫어하는 채소 대신 다른 채소를 먹으라고 제안하고 먹을 채소는 아이 스스로 선택하도록 하는 것이다. 아이는 자신이 먹을 채소를 직접 고르기 때문에 능동적이 되고 불쾌한 감정도 생기지 않는다. 아이가 채소를 먹었을 때 최선의 보상은 부모의 환한 웃음이다.

넷째, 채소 요리법을 개발하자

아이들은 채소가 눈에 보이면 쏙쏙 골라내지만 그렇지 않으면 채소가 들어 있다는 사실을 모른 채 잘 먹기도 한다. 그러니 채소를 숨기는 방법으로 음식을 만들어보자. 채소를 잘게 다져 비빔밥이나 주먹밥, 볶음밥에 넣거나 채소에 튀김옷을 입혀 모습을 감추는 것이다. 채소는 식이섬유가 풍부해 식감이 질긴데, 아이가 너무 질기다고 불평하면 나물과 국, 죽 등을 만들 때 충분히 잘 익혀서 준다. 익히거나 데치면 식이섬유가 끊어져 씹는 느낌이 한결 나아진다.

아이들은 음식을 뭔가에 찍어 먹기를 좋아한다. 아이가 익힌 나물을 싫어하면 생채소에 쌈장이나 소스 등을 찍어 먹게 한다. 토마토케첩, 마요네즈, 간장 소스를 얹어 샐러드를 만들어주어도 좋다.

🥣 나쁜 식습관을 만드는 부모의 잘못된 행동

아이의 식습관을 변화시키려고 노력하기 전에 부모 자신은 과연 잘 하고 있는지도 돌아봐야 한다. 무심코 하는 부모의 행동이 아이의 편식을 부추길 수도 있기 때문이다. 다음의 여섯 가지 행동을 점검해보자.

"부엌에 가까이 가선 안 돼"

부모들은 아이가 부엌에 들어가는 것을 꺼린다. 칼과 뜨거운 물, 가스레

인지 등 아이에게 위험한 물건이 많기 때문이다. 특히 남자아이에게는 더욱 더 "남자가 무슨…" 운운하며 부엌에 들어가지 못하게 한다. 그런데 이런 태도는 음식과 친해질 기회를 빼앗는 것이어서 아이의 식생활에 오히려 나쁜 영향을 미친다. 반면 아이들이 주방에서 부모와 함께 달걀 풀기, 두부 썰기, 양파 까기, 애호박 썰기 등을 하면 이들 식품에 대해 친근감을 갖게 된다. 이때는 아이 손에 주방용 칼 대신 묵 써는 칼을 쥐여주면 된다. 아이들은 자신이 직접 썰거나 반죽하는 등 조리 과정에 참여한 음식은 더 먹고 싶어 한다.

"딱 한 입만 먹어봐"

이런 말은 일시적으로는 통할지 모르지만 반드시 역효과를 불러온다. 부모가 애걸할수록 아이는 해당 음식에 흥미를 잃는다. "한 입 먹으면 TV 보게 해줄게", "게임하게 해줄게", "스티커 붙여줄게" 같은 말도 마찬가지다. 아이에게 음식을 먹는 것에 대한 보상으로 상을 주는 것은 끝까지 먹지 않았을 때 벌을 주는 것만큼이나 나쁜 영향을 미친다. 이렇게 하면 아이들은 어떤 일이든 보상이 있어야 하려 들고, 보상이 없으면 전혀 흥미를 느끼지 못한다.

선심성 말을 하기보다는 아무 말 없이 아이가 싫어하는 음식을 식탁 위에 자주 올려 눈으로 접하는 횟수를 늘리는 것이 효과적이다. 이때도 아이가 식탁 위의 음식을 거들떠보지 않는다고 해서 야단을 치면 안 된다. 먹지 않겠다고 고집을 부리던 아이가 음식을 맛본다고 해서 바로 칭찬하는 것도 삼간다.

정크 푸드를 아이 눈에 띄지 않는 곳에 숨긴다

부모들은 종종 쿠키와 초콜릿, 탄산음료 등 아이가 탐닉하는 식품을 감추곤 하는데 이는 오히려 역효과를 불러온다. 아이는 부모가 숨긴 식품을 더욱 먹고 싶어 하며, 감쪽같이 숨긴다고 해도 잘 찾아낸다. 같은 쿠키라도 부모가 줄 때보다 숨겨진 것을 찾아냈을 때 세 배 이상 많이 먹는다는 연구 결과도 있다. 아이에게 먹이고 싶지 않은 식품은 아예 처음부터 구입하지 말아야 한다. 반대로 몸에 좋은 식품은 아이 눈에 잘 띄는 곳에 놓아둔다.

아이에게 다이어트하는 모습을 보여준다

아이들은 부모를 따라 하는 경향이 강하다. 부모가 즐겨 먹는 채소와 과일은 아이들도 잘 먹고 부모가 싫어하는 음식은 아이들도 거부한다. 다이어트를 하는 부모의 경우 날씬한 몸을 만들기 위해 노력하는 모습을 아이에게 보여주려고 하는데 이는 현명한 생각이 아니다. 아이가 부모의 다이어트를 따라 하게 되면 한창 자랄 나이에 영양이 부족해진다.

'생채소가 최고야'

채소를 볶아주면 열량이 높아질까 봐 생으로 먹이거나 살짝 데쳐 먹이는 경우가 많다. 하지만 이렇게 해주면 맛이 없어 아이들이 잘 먹지 않는다. 아이가 채소를 싫어한다면 생채소를 강요하기보다 채소에 식용유나 버터, 드레싱, 치즈, 흑설탕, 소금 등을 가미해 아이 입맛에 맞게 조리해주는 것이 낫다. 열량은 조금 더 섭취하겠지만 채소에 든 각종 영양소와 파이토케미컬을 섭취할 수 있다는 점에서 이익이다.

'서너 번 시도했으면 충분하지'

많은 부모들은 아이에게 채소를 몇 번 먹이려고 하다가 아이가 계속 거부하면 체념한다. 하지만 그렇게 쉽게 포기할 일이 아니다. 몇 개월 동안 꾸준히 식탁 위에 채소를 올리고, 15회 이상 다양한 채소 요리를 만들어주도록 한다. 어느새 익숙해져 아이가 한 가지라도 먹기 시작했다면 그것을 계기로 다른 채소도 맛보게 한다. 가령 호박 파이를 먹기 시작했다면 고구마나 당근으로도 파이를 만들어주고, 시금치에 입맛을 들였다면 아욱이나 브로콜리 등도 먹여본다.

"억지로 먹이면 오히려 역효과가 납니다"

인터뷰 미국 로스앤젤레스 어린이 병원 소아과 러셀 제임스 메리트 박사

2009년 필자가 만난 미국 로스앤젤레스 어린이 병원 소아과 러셀 제임스 메리트 박사는 편식하는 아이에게 왜 억지로 먹이면 안 되는지를 2가지 이유를 들어 설명했다. 첫째, 먹는 문제가 가족 간 갈등의 원인이 되면 안 된다는 것이다. 둘째, 부모로부터 음식 섭취를 강요받지 않은 아이가 강요받은 아이보다 2년 뒤 체중이 더 늘어났다는 연구 결과가 있다. 편식이나 식욕 저하에 대한 메리트 박사의 견해를 들어보자.

Q 편식이 왜 나쁜가?
A 성장 발달에 문제가 생길 뿐만 아니라 집중력도 떨어진다. 특히 채소를 멀리하면 비타민과 미네랄 등을 충분히 섭취하지 못해 면역력이 떨어진다. 아이에게 꾸준히 아연을 보충하면 설사나 호흡기 질환의 발병률이 낮아지고 병의 지속 기간이 단축된다는 연구 결과도 나와 있다.

Q 어떤 아이가 편식을 심하게 하나?
A 활동적이고 호기심 많은 아이들이 대개 입이 짧다. 다른 일에 정신이 팔려 음식에 흥미를 느끼지 못하기 때문이다. 이런 아이들은 부모가 다루기 힘든 경우가 많은데 '우리 아이는 기질적으로 다른 아이들과 조금 다르다'는 사실을 인정하고 해결 방안을 모색해나가야 한다. 간식 횟수는 줄이면서 되도록 식사 시간을 짧게 하는 것이 효과적이다. 음식을 던지는 등 문제 행동을 보이면 그냥 방치하지 말고 반성하는 시간을 갖게 해야 한다.

Q 시금치, 고등어 등 특정 음식만 기피하는 아이는 어떻게 해야 하나?
A 이런 아이는 음식의 맛과 식감, 냄새, 모양 등에 많은 영향을 받는다. 특정 음식이 자신이 원하는 맛이나 식감이 아니면 계속 거부한다. 또 새로운 음식을 식탁에 올리면 불안감을 나타내기도 한다. 아이가 특정 음식을 싫어한다면 너무 일찍 포기하지 말고 10~15차례 반복적으로 그 음식을 식탁에 올려 익숙해지게 한다. 이런 아이에겐 절대로 음식을 억지로 먹여

선 안 된다. 부모가 먼저 식탁에서 시금치를 집는 등 모범을 보이는 것이 가장 효과적이다.

Q 지나치게 입이 짧거나 편식이 심한 아이의 식습관을 고치는 방법은?
A 아이가 언제 어디서 무엇을 먹을지는 부모가 정하고, 먹을 양은 아이에게 정하게 하는 것이 좋다. 식사 전에는 주변의 장난감을 치우고 TV를 끄는 등 아이를 산만하게 할 요소를 제거한다. 식탁에 앉은 후 15분 내에는 식사를 시작하게 하고 식사 시간은 30분을 넘지 않도록 한다.
식사 간격은 최소 3~4시간을 유지하며 목이 마르다고 하면 주스나 우유 대신 물을 준다. 아이에게 상이나 벌로 음식을 주는 것은 절대 삼가야 한다. 아이가 편식하거나 적게 먹는다고 해서 화를 내거나 과장된 반응을 보이는 것도 좋지 않다.

2. TV와 게임, 아이를 뚱뚱보로 만든다

🍃 요즘 아이들, TV 보느라 뛰놀 줄 모른다

요즘 아이들은 밖에서 뛰놀기보다 TV 시청이나 게임, 인터넷 등 앉아서 하는 놀이에 훨씬 많은 시간을 보낸다. 우리나라 어린이 비만율은 2005년을 기준으로 16%로, 1998년의 8.7%에 비해 불과 7년 사이에 거의 두 배나 늘어났다. 비만의 요인은 다양한데 TV를 너무 오래 보는 것도 어린이 비만율을 높이는 원인이 된다. 2005년 통계청 자료에 따르면 우리나라 어린이의 TV 시청 시간은 평일 142분, 일요일 273분에 달한다.

미국 질병통제센터의 조사를 통해서도 TV를 더 많이 보는 아이가 비만이 되기 쉽고 운동 등 신체 활동을 덜 하는 것으로 확인됐다. TV 시청 시간이 한 시간 늘면 비만율이 1.2~2.9%, 극심한 비만율이 1.4~1.6% 증가한다는 조사 결과도 있다. 물론 TV에서 방영하는 프로그램 자체가 살을 찌우는 것은 아니지만 TV가 아이를 비만하게 하는 데는 3가지 이유가 있다.

첫째, TV 시청은 열량 소모가 거의 없는 행위이다. 어릴 때부터 TV를 많이 보는 아이들은 대개 운동과는 담을 쌓고 지낸다.

둘째, TV에는 아이들을 유혹하는 식품 광고가 넘쳐난다. 그런데 TV 등 대중매체를 통한 가공식품 광고는 아이들에게 상상을 초월할 만큼 큰 영향을 미친다. 아이들은 TV나 잡지 등의 광고에 매우 민감하고 무비판적으로 받아들인다.

셋째, 아이가 TV를 중심으로 생활하면 나쁜 식습관을 갖기 쉽다. TV를 오래 보는 아이는 덜 보는 아이보다 피자나 탄산음료, 과자 등을 더 많이 먹고 과일이나 채소는 덜 먹는다는 연구 결과도 있다.

비현실적인 게임에 빠지면 배고픔도 잊는다

"요즘 아이들은 TV보다 컴퓨터 앞에 앉아 있는 시간이 훨씬 길 거예요. 간혹 밤새 컴퓨터 게임에 빠져 학교에 지각하거나 결석하는 아이도 있습니다. 방학을 맞아 식사 시간도 잊고 게임에 푹 빠져 지낼 아이들을 생각하면

아이들을 유혹하는 식품 회사 TV 광고

대다수 식품 회사는 아이들이 TV 광고에서 본 식품을 사달라고 떼를 쓰면 부모는 결국 들어줄 수밖에 없다는 사실을 잘 알고 있다. 따라서 식품을 광고할 때 부모를 설득하기보다 아이들을 유혹한다. 자사 제품이 아이들에게 유익한 식품이란 것을 부모에게 적극적으로 알리기보다 형형색색의 모양과 연예인, 유명 캐릭터 등을 앞세워 아이들에게 직접 손을 뻗치는 것이다.

문제는 TV 광고에 나오는 식품의 상당수가 식이섬유는 적고 당과 지방, 나트륨 함량이 높은 가공식품이라는 것이다. 따라서 미국에서는 2008년부터 할리우드 스타와 만화 캐릭터 등을 활용한 정크 푸드의 광고를 제한하고 있다. 영국에서도 2007년부터 오후 9시 이전에는 지방과 당, 소금 함량이 높은 식품 광고를 전면 금지했다.

우리나라도 2010년 1월부터 오후 5시부터 7시까지 고열량·저영양 식품의 TV 광고를 금지하고 있으며, 이런 식품에 대해서는 어린이 대상 프로그램의 중간 광고도 할 수 없도록 하고 있다.

걱정이에요. 이런 아이들에게 어떤 말을 해주면 도움이 될까요?"

한 초등학교 교사가 필자에게 보낸 메일 내용이다. 이 교사뿐만 아니라 요즘은 많은 부모들이 아이의 컴퓨터 게임 중독 때문에 노심초사한다. 2009년 인터넷 중독 실태 조사 한국정보화진흥원에 따르면 인터넷 중독자 191만 3000명 가운데 아동과 청소년이 93만 8000명49%에 달하는 것으로 나타났다.

아이들은 게임 속에서는 상상하는 모든 것을 할 수 있다. 더욱이 최근 유행하는 게임은 단순히 점수를 얻는 것이 아니라 자기편을 양성하고 스스로 이야기를 만들어나가는 등 아이들의 호기심을 한껏 자극한다. 그래서 생활이 따분하거나 친구들과 잘 어울리지 못하거나 집중력이 떨어지거나 논리적인 사고가 어려운 아이가 게임에 한번 빠지면 헤어나기 더욱 힘들다.

게임 중독이 아이에게 미치는 악영향은 한두 가지가 아니다. 창의력과 사고력의 발달을 저해하고 폭력성을 높이며 수동적인 성격을 형성한다. 또 주로 혼자 하기 때문에 게임에 빠진 아이들은 대인관계를 기피하게 되고, 비현실적으로 구성된 게임에 몰입하면서 현실 세계와 동떨어진 삶을 살게 된다.

학교 성적도 떨어진다. 게임에 시간을 많이 빼앗겨 학습과 수면 시간이 줄어드는 데다 강력하고 빠른 시각적 자극에 익숙해지다 보면 느리고 밋밋한 문자 자극에는 집중하지 못하게 된다. 게임 중독이 심해지면 불규칙한 생활로 지각이 잦아지고 등교 거부를 하기도 하며 사소한 일로도 부모와 갈등을 겪는다. 하루라도 게임을 하지 않으면 불안과 우울증이 나타나는 등 금단 증상에도 시달린다.

이런 아이들은 일과가 게임 중심이라 자연스럽게 식사 리듬도 깨진다. 게임을 하다 보면 배고픔도 잊어 규칙적인 식사를 하기 어렵고, 그러다가 결식과 폭식을 반복하게 된다. 여기에 운동 부족으로 결국 어린이 비만이 되거나 심하면 당뇨병, 고혈압 등 어린이 성인병에 걸릴 수도 있다.

🍵 TV와 게임에 빠진 아이를 구출하려면

TV 시청과 게임 시간을 제한한다

아이가 TV와 컴퓨터 앞에서 보내는 시간을 하루 2시간 이내로 줄인다. 이때는 부모가 일방적으로 시간을 정하지 말고 아이와 함께 의논해서 정한다. 하루에 몇 시간을 할지, 언제 할지, TV 시청과 게임을 하지 않는 시간에는 무엇을 할지 등 아이와 함께 규칙을 만든다. 한국정보화진흥원 정보문화포털 웹사이트 www.iapc.or.kr에 게임 중독 자가 진단 검사 프로그램이 있으니 아이에게 자신의 상태를 검사받도록 한 후 대책을 함께 논의해보자.

리모컨을 없앤다

TV와 컴퓨터의 플러그를 뽑고 리모컨도 없앤다. 직접 몸을 움직여 플러그를 꽂고 전원 버튼을 누르는 등 번거로운 과정을 거치게 하면 무심코 TV와 컴퓨터를 켜는 습관을 고치게 된다.

TV 시청이나 게임을 하면서 음식을 먹지 않는다

매일 일정한 시간에 식사하고 식사 시간에는 TV 시청이나 게임을 하지 않는다. TV 시청과 게임 시간에도 간식을 먹지 않도록 하고, 따로 시간을 정해 간식을 제공한다.

TV 시청이나 게임 시간을 상벌로 이용하지 않는다

아이가 잘한 일에 대한 상으로 TV 시청이나 게임 시간을 연장해주면 안 된다. TV 시청이나 게임 시간을 보상으로 받으면 아이가 공부나 심부름을 할 때 단지 보상을 얻기 위해 하게 된다. 그렇게 되면 공부나 심부름 자체의 재미나 보람을 깨닫지 못한다.

부모가 먼저 솔선수범한다

부모가 장시간 TV를 보고 게임을 하면서 아이에게만 못 하게 하면 전혀 효과가 없다. 부모부터 자신의 TV 시청과 게임 습관을 돌아보자. TV나 게임을 즐기기보다 아이와 놀아주고 대화하는 시간을 갖도록 한다. 부모와 함께하는 시간을 통해 아이는 TV나 게임의 가상 세계보다 현실에서 사람과 어울리는 것이 더 재미있고 이롭다는 것을 체험하게 된다.

가벼운 운동을 한다

부모와 아이가 함께 주 3회 이상 하루 30분 정도 적당히 땀이 날 정도로 운동을 한다. 빨리 걷기, 줄넘기, 춤추기 등 아이가 쉽게 할 수 있고 매일 지속하기 쉬운 운동이 좋다. 또 평소 에스컬레이터보다 계단을 이용하게 하고 심부름이나 집안일을 하게 해서 몸을 부지런히 움직이도록 한다.

영양을 보충한다

TV 시청이나 게임에 몰두하다 보면 영양 상태가 불량해질 수 있다. 따라서 양질의 단백질과 비타민, 탄수화물 등 영양을 골고루 제공해주도록 한다. 게임으로 인해 스트레스가 심해지면 뼛속의 칼슘이 빠져나가므로 우유나 뼈째 먹는 생선 등 칼슘이 풍부한 식품을 식탁에 올린다. 또 게임으로 인한 스트레스는 교감신경을 흥분시켜 소화불량과 위장 장애를 일으킬 수 있으므로 소화가 잘되는 음식을 골라 먹이도록 한다. 음료는 탄산음료보다 사과, 딸기 등 비타민 C가 풍부한 생과일주스가 좋다.

지속적인 학교 식생활 교육이 필요하다

1회성 이벤트에 그치는 우리나라 식생활 교육

필자는 2009년 6월 서울시 양천구 파란들어린이집을 방문했다. 그곳에서는 채소와 과일을 주제로 '쿠킹 클래스'가 열렸는데 아이들이 호기심 가득한 눈을 반짝이며 참여하고 있었다. 쿠킹 클래스는 5가지 색깔의 채소와 과일, 식탁보 준비하기 → 식탁보와 채소, 과일을 색깔별로 맞추기 → 채소와 과일에 들어 있는 영양소 배우기 → 과일 바구니 만들기 등의 순서로 한 시간 이상 진행됐다. 수업이 끝나고 아이들은 채소와 과일은 색깔이 예쁘고 영양도 풍부하다며 앞으로 더 많이 먹겠다고 했다.

흥미로운 프로그램을 도입해 아이들에게 식생활 교육을 한 사례이다. 아이들은 쉽고 재미있는 상황을 접하며 먹을거리를 친근하게 받아들이고 식습관도 바로잡게 된다.

하지만 우리나라의 식생활 교육은 아직 걸음마 단계에 있다. 극히 일부 유치원에서는 농장 체험이나 식품 박물관 견학, 쿠킹 클래스 운영 등을 통해 식생활 교육을 하고 있다. 하지만 초·중·고등학교의 식생활 교육은 매우 미흡한 실정이다. 초등학교 5~6학년 실과 시간에 10시간 정도 할애하는 것이 전부다. 중·고등학교에서도 가정 시간에 부분적으로 다루는 정도이다.

우리나라 식생활 교육의 문제점은 대부분 1회성 이벤트에 그친다는 것이다. 식생활 교육은 반복적으로 이뤄져야 효과를 볼 수 있다. 전문가들은 아이들의 식습관까지 바꾸려면 연간 50시간은 교육해야 한다고 강조한다.

유용한 식생활 관련 사이트

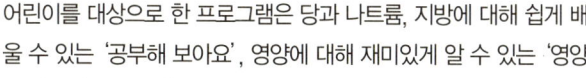
■ 식품의약품안전청 '영양표시정보' nutrition.kfda.go.kr

메인 화면에서 오른쪽 'e-러닝'을 클릭하면 어린이와 학부모, 교사에게 유용한 자료로 들어갈 수 있도록 구성되어 있다.

어린이를 대상으로 한 프로그램은 당과 나트륨, 지방에 대해 쉽게 배울 수 있는 '공부해 보아요', 영양에 대해 재미있게 알 수 있는 '영양 노래'와 '영양 게임' 등이 마련되어 있다. 또 학부모 코너에는 자녀의 식생활 지도 방법이, 교사 코너에는 교수용 소프트웨어와 학습 지도안 등이 담겨 있다.

3 꼭꼭 씹어 먹어야 똑똑해진다

🍵 씹으면 씹을수록 머리가 좋아진다

음식을 꼭꼭 씹어 먹으면 밥맛이 좋고 소화가 잘된다. 천천히 꼭꼭 씹는 동안 음식물이 입안에 오래 머물게 되므로 혀가 맛을 제대로 감지할 수 있다. 음식물이 잘게 부서져 소화도 잘된다. 그런데 요즘 아이들은 꼭꼭 씹어 먹지 않는 경우가 많다. 바쁜 일과 탓이기도 하고 주의가 산만해 먹는 데 집중하지 못하기 때문이기도 하다. 따라서 부모는 아이가 꼭꼭 씹어 먹는 습관을 들이도록 해주어야 한다. 지속적으로 아이가 음식을 씹는 방법을 관찰하고 올바른 씹기 방법을 일러줄 필요가 있다.

아이의 두뇌는 다양한 자극을 통해 발달한다. 음식을 꼭꼭 씹어 먹는 것도 뇌를 자극하는 행위이다. 음식을 씹으면 그 자극이 치아 주위에 있는 자극 수용기를 거쳐 뇌에 전달된다. 음식을 많이 씹어 입안의 감각을 깨우면 뇌의 신경 회로가 활발하게 작동하는 것이다. 자연히 두뇌가 발달하고 머리가 좋아진다.

일본의 과학자 니사오카 하지메 박사는 『씹을수록 건강해진다』라는 저서에서 '유치원이나 초등학교에 다니는 아이들이 음식을 잘 씹어 먹으면 뇌의 국소 혈류량이 늘어나 뇌 기능 발달에 효과적이며 공부를 잘하는 똑똑한 아이가 된다'고 기술했다.

씹는 행위가 뇌의 국소 혈류량을 증가시킨다는 것은 일본의 뇌과학자인 구보타 박사의 실험을 통해서도 증명됐다. 그는 건강한 18~40세 남녀 12명을 대상으로 다음과 같은 실험을 했다. 초정밀 카메라로 실험 참가자들의 혈류를 측정한 후 이어서 이들에게 일정 시간 껌을 씹게 한 다음 다시 혈류를 측정해 그 차이를 살폈다. 껌을 씹은 후 참가자들 모두 뇌의 여러 부위에서 혈류량이 증가했다. 적게는 8~11%, 많게는 25~28%나 늘어났다. 이는 껌을 씹는 동안 뇌 신경세포가 활성화되면서 뇌의 모세혈관이 확장됐기 때문인 것으로 추정된다.

꼭꼭 오래 씹어 먹으면 치아 건강에도 좋다. 꼭꼭 씹어 먹으면 침이 많이 나와 치아와 치아 사이에 달라붙어 있던 음식 찌꺼기를 씻어낸다. 입안이 깨끗해져 충치를 예방하는 효과가 있으며 치열이 고르게 유지된다.

씹으면서 양쪽 치아를 골고루 사용하는 것도 중요하다. 오랫동안 한쪽 치아를 주로 사용할 경우 얼굴이 비대칭이 될 수 있다. 오른쪽 치아를 주로 사용하면 오른쪽 근육이 왼쪽 근육에 비해 더 발달하는 것이다.

꼭꼭 씹지 않거나 좌우 치아를 고루 사용하지 않는 등 씹는 방법이 잘못되면 얼굴 근육뿐만 아니라 다른 근육에도 나쁜 영향을 미칠 수 있다. 씹는 근육은 목이나 어깨 근육과 밀접하게 연결되어 있다. 따라서 씹는 방법이 나쁘면 이들 근육도 균형을 잃어 근육이 경직되거나 혈관, 신경이 압박을 받는다. 이에 따라 눈이 피로해지고 목이나 어깨 근육이 뭉치며 편두통이 생길 수 있다.

 음식을 오래 씹어 먹으면 체중을 줄이는 데에도 도움이 된다. 음식을 먹으면 혈중 포도당 농도_혈당_가 올라가는데 오래 씹어 먹으면 밥을 먹는 사이에 혈당이 천천히 올라간다. 혈당이 어느 정도 이상이 되고 그 상태가 10~20분가량 지속되면 뇌의 포만 중추가 자극을 받아 포만감을 느끼게 된다. 그런데 밥을 빨리 먹으면 뇌의 포만중추가 '이제 식사 그만' 이란 명령을 제때 내리지 못한다. 따라서 포만감을 느끼지 못해 밥을 더 많이 먹게 되고, 이는 결국 비만으로 이어진다.

 일반적으로 비만한 아이들은 식사 횟수가 많지는 않지만 한꺼번에 많이 먹고 빨리 먹는 경향이 있다. 음식을 거의 씹지 않고 꿀꺽 삼키기도 한다. 이렇게 씹는 시간이 짧으면 포만감을 느끼지 못해 많이 먹게 되고 살이 찌는 것이다. 아이가 식사 후에 '점점 더 배가 부르다' 거나 '너무 많이 먹어 불편하다' 고 한다면 음식을 너무 빨리 먹었기 때문일 수 있다. 이럴 때는 먹는 속도와 씹는 횟수 등을 점검해봐야 한다.

왜 꼭꼭 오래 씹어 먹어야 포만감이 들까?

뇌의 시상하부에는 배부름을 느끼게 하는 포만 중추가 있다. 포만 중추에서는 여러 가지 시스템이 작동돼 어느 정도 배가 차면 음식을 그만 먹게 명령한다. 그러한 시스템 중 하나가 히스타민 신경계이다. 음식을 여러 번 씹으면 히스타민 신경계가 활성화되어 포만감을 느끼게 된다. 따라서 천천히 꼭꼭 씹어서 식사하면 위에 음식이 반만 채워져도 뇌가 '그만 먹으라' 는 명령을 내린다.

반면 식사를 다급히 하면 대뇌의 포만 중추가 포만감을 감지할(10~20분 소요) 시간적 여유를 갖지 못한다. 따라서 포만감이 들 때까지 계속 먹게 된다. 뇌가 '이제 그만' 이란 신호를 보낼 때는 이미 많은 양의 음식을 먹은 후이다.

천천히 오래 씹는 습관은 어릴 때 들이는 것이 효과적이다. 식사 속도는 한번 정해지면 좀처럼 바꾸기 힘들기 때문이다. 음식을 빨리 먹던 아이가 자라서 식사 속도를 늦추기란 어른이 담배를 끊는 일만큼이나 힘든 일이다.

🍵 10번 이상 씹어서 삼키도록 한다

그렇다면 천천히 오래 씹는 습관은 어떻게 들여야 할까? 무엇보다 바르게 씹는 방법을 지속적으로 교육하는 것이 효과적이다. 음식을 입에 넣고 10번 이상은 씹어서 삼키되, 양쪽 치아를 고루 사용하라고 가르친다. 씹는 횟수는 30번이 이상적이지만 갑자기 늘리기는 쉽지 않으므로 10번 이상으로 시작해 차츰 늘려간다. 10번 이상 씹어서 먹는 습관을 들이면 음식 자체의 맛을 여유 있게 즐길 수 있게 된다. 또 양쪽 치아를 고루 사용하면 치열이 고르게 되고 얼굴과 목, 어깨 등의 근육이 균형을 이룬다.

아이가 음식을 너무 빨리 먹는다면 의식적으로 천천히 먹는 훈련을 시킨다. 입안에 음식이 들어 있는 상태에서는 숟가락을 다시 뜨지 못하게 한다. 밥 한 숟가락을 입에 넣었으면 마음속으로 1부터 10까지 센 뒤 다시 밥을 뜨게 한다. 밥을 한 숟가락 먹었으면 숟가락을 내려놓고 젓가락을 들어 반찬을 집어 먹게 하는 것도 방법이다. 가벼운 대화를 나누는 것도 좋다.

하루 세 끼 식사에 최소한 1시간 30분은 할애해야 한다. 아이가 너무 빨리 먹는다면 초기엔 한 끼의 식사 시간을 20분가량으로 늘리고 여기에 적응하면 좀 더 시간을 늘려간다.

4 손 씻기를 버릇처럼 실천하라

🍵 손 씻기만 잘해도 아이 건강을 지킨다

"밥 먹기 전에 손 씻어야지."

상을 차리느라 분주한 와중에 손을 씻으라고 하면 아이는 엄마 말을 못 들은 척하고 이내 손으로 음식을 집어 먹기 시작한다. 밖에서 친구들과 노는 사이에 손에 잔뜩 묻은 세균이 고스란히 입속으로 들어가는 것이다.

아이들은 식사 전에는 꼭 손을 씻어야 한다는 규칙을 머릿속에 입력하지 못하는 경우가 많다. 왜 씻어야 하는지 잘 모르거나 씻는 것이 귀찮기 때문이기도 하고 손 씻기보다는 배고픔을 먼저 해결하려고 하기 때문이기도 하다. 아이들은 아직 이성적으로 생각하기보다 욕구가 우선이다. 따라서 아이에게 손 씻는 습관을 들이려면 차근차근 가르쳐야 한다.

일반적으로 사람 손에는 1000만 마리 이상의 세균이 있다고 한다. 온 국민을 공포에 떨게 했던 신종 플루부터 아이들이 흔히 걸리는 감기, 여름철에 위험한 식중독까지 모두 손을 통해 감염되기 쉬운 질병들이다. 아이들은 하루에도 몇 번씩 무의식적으로 눈이나 코, 입을 만진다. 그러는 사이 손에 있던 세균이 눈이나 코, 입으로 들어가 병을 일으키는 것이다. 그런데 세균에 의해 감염되는 병의 대부분은 손만 잘 씻어도 예방할 수 있다. 손을 물로만 씻을 경우에는 세균의 60%를, 비누로 씻을 경우에는 80%를 없앨 수 있다. 실제로 아이가 손을 잘 씻으면 식중독, 신종 플루, 감기는 물론 A형 간염, 볼거리 등 전염병을 70%까지 막을 수 있다. 2009년 신종 플루 유행 이후 손 씻기 열풍이 불면서 식중독, 감기, A형 간염 등의 발생 건수가 크게 감소했다. 식약청의 통계에 따르면 2009년 식중독 발생 건수는 228건5999명으로 전년도인 2008년 354건7487명에 비해 건수로는 36%, 환자 수로는 20%나 줄었다.

그렇다면 언제 꼭 손을 씻어야 할까? 음식을 먹기 전과 후, 화장실에 다녀온 후, 외출에서 돌아온 후, 지저분한 것을 만진 후 등이다. 손이 더러워졌거나 눈을 만졌거나 재채기, 기침을 한 뒤에도 손을 씻어야 한다. 이 외에도 책을 보거나 장난감을 가지고 논 후, 놀이터에서 모래를 만지거나 놀이기구를 탄 후, 애완동물과 놀고 난 후, 돈을 만진 후에는 꼭 손을 씻는다. 아이들은 잘 때 무의식적으로 눈을 비비기 때문에 잠자리에 들기 전에 반드시 비누칠을 해서 손을 깨끗하게 씻도록 한다. 또 손으로 얼굴을 만지거나 침을 묻혀 책장을 넘기는 습관 등은 고치도록 한다.

평소 가족이 먹을 음식을 준비하는 등 집안 살림을 하는 엄마에게도 손 씻기는 매우 중요하다. 식재료나 행주, 도마 등을 통해 세균이 전염되기 쉽고, 그런 세균이 음식을 통해 가족에게 옮겨 갈 수 있기 때문이다. 따라서 식재료를 다듬고 음식을 만드는 틈틈이 손을 깨끗이 씻도록 한다. 특히 쇠고기, 돼지고기, 닭고기, 생선, 해산물, 살균 과정을 거치지 않은 우유와 유제품, 생으로 먹는 샐러드, 과일, 채소 등을 만졌을 때는 반드시 손을 씻는다. 또 천으로 된 행주를 사용했거나 주방이나 화장실을 청소한 뒤에는 손이 다량의 세균과 곰팡이에 오염됐을 가능성이 높으니 반드시 손을 씻어야 한다.

손 씻기에도 올바른 방법이 있다

손 씻기에도 요령이 있다. 물에 살짝 손을 담그는 정도로 씻는 것은 씻으나마나이다. 물로만 쓱쓱 씻지 말고 비누로 꼼꼼하게 씻어야 손에 있는 세균이 말끔히 사라진다. 손을 씻을 때 세균이 제거되는 것은 물 온도가 아니라 시간에 의해 결정된다. 손 씻기는 세균을 죽이는 것이 아니라 물리적으로 씻어내는 행위이다. 따라서 20초 이상 할애해 손에서 세균을 말끔히 제

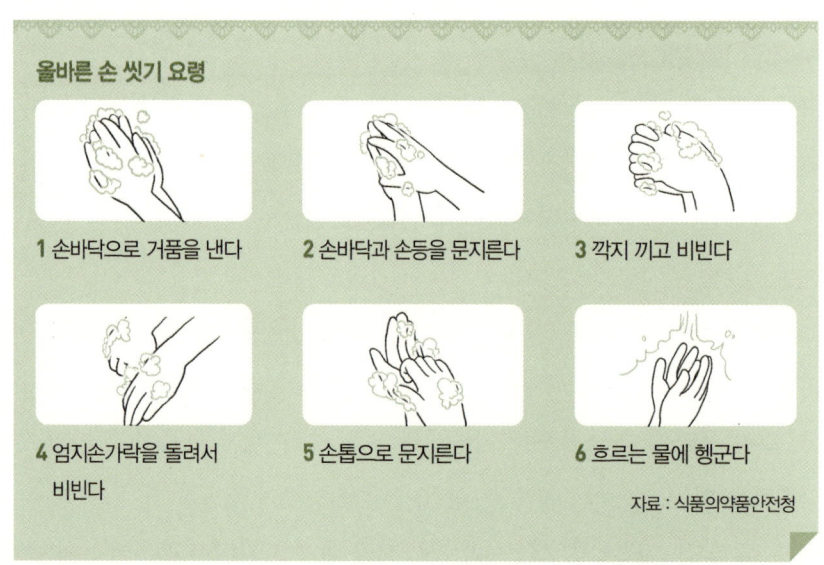

올바른 손 씻기 요령

1 손바닥으로 거품을 낸다
2 손바닥과 손등을 문지른다
3 깍지 끼고 비빈다
4 엄지손가락을 돌려서 비빈다
5 손톱으로 문지른다
6 흐르는 물에 헹군다

자료 : 식품의약품안전청

거하는 것이 중요하다.

손을 씻을 때는 먼저 손을 미지근한 물에 적시고 비누를 묻혀 거품을 많이 낸다. 찬물보다 미지근한 물을 사용해야 비누 거품이 잘 난다. 손가락 사이사이, 손바닥 전체, 손톱 밑까지 꼼꼼하게 닦는다. 이때 손바닥과 손등보다 손톱 주위를 깨끗이 씻는 것이 중요하다. 손톱과 살이 만나는 경계의 움푹 파인 부분은 각종 세균의 온상이다. 손톱 솔에 비누를 묻혀 손톱 밑과 손톱 주변을 꼼꼼하게 문질러 닦아준다.

손가락 사이사이에도 세균이 많으므로 손가락을 깍지 끼듯 문질러가며 손을 씻는다. 세균이 떨어져 나가는 것은 손을 비빌 때 생기는 물리적인 마찰 때문이므로 적어도 15초 이상은 손을 비벼야 효과적이다. 물을 틀어놓고 손을 닦는 경우가 많은데 그렇게 하면 비누가 너무 빨리 씻겨 나가 세균을 효과적으로 제거할 수 없다. 따라서 비누칠을 할 때는 물을 잠그도록 한다. 비누는 여럿이 함께 사용하는 고체 비누보다 액체 비누를 사용하는 것이 낫다. 고체 비누는 세균이 번식하지 않도록 항상 마른 상태를 유지한다.

손을 씻은 뒤에는 잘 말리는 것이 중요하다. 젖은 손은 물기를 완벽하게 없앤 손보다 500배나 많은 양의 세균을 옮긴다. 물기를 잘 말리지 않으면 또다시 세균에 감염될 수 있다. 따라서 바짝 마른 수건이나 종이 타월로 물기를 완전히 제거하도록 한다. 공중 화장실의 온풍 건조기는 관리 소홀로 오히려 세균을 옮기는 경우가 많으므로 과신해서는 안 된다.

손 씻는 횟수는 다다익선이다. 전염병이 유행할 때는 하루에 최소 여덟 번은 씻어야 손으로 전염되는 각종 전염병을 예방할 수 있다.

5 이 닦기 습관, 어릴 때부터 길들여라

칫솔질은 치아만 닦는 것?

우리 선조들은 심장, 간, 위, 폐 같은 중요한 장기를 제쳐두고 치아를 오복의 으뜸인 수壽, 장수의 비결로 여겼다. 이가 튼튼해야 잘 먹고 잘 살 수 있으며, 치아 건강이 그만큼 중요하다는 뜻이다. 아이를 건강하게 키우려면 치아부터 건강하게 지켜주어야 한다. 치아가 나쁘면 음식을 잘 씹기 힘들고, 그러면 무른 음식만 먹고 단단한 음식은 잘 먹지 않는 등 음식을 가리게 된다. 결국 영양소를 골고루 섭취하지 못하게 되고, 이는 두뇌와 신체 발달 뿐만 아니라 건강에도 해가 된다. 또한 어릴 때 치아 건강을 잘 유지해야 자라서 미각의 즐거움을 만끽할 수 있다.

치아 건강을 유지하고 충치를 예방하는 비결은 간단하다. 어릴 때 칫솔질을 잘하는 습관을 들여 평생 실천하면 된다. 칫솔질을 잘하면 치아를 깨끗하게 유지할 수 있을 뿐만 아니라 잇몸의 혈액순환을 원활하게 해 잇몸 건강도 지킬 수 있다.

어른과 마찬가지로 아이도 '3·3·3 법칙', 즉 하루 세 번, 식사 후 3분 이내, 3분 이상 칫솔질하는 규칙을 지키도록 한다. 과자나 스낵 등 간식을 먹은 후에도 칫솔질이 필요하다. 단, 물이나 채소, 과일 등 치아를 청결하게 해주는 음식을 먹었다면 바로 칫솔질을 하지 않아도 된다. 또 잠자기 전에도 반드시 칫솔질을 해야 한다.

그렇다면 올바른 칫솔질은 어떻게 하는 것일까? 많은 엄마들이 칫솔질을 '치아를 닦는 것'으로만 생각한다. 그래서 아이의 칫솔질을 돕거나 칫솔질 방법을 가르칠 때 치아 표면을 깨끗하게 닦는 것만 강조한다. 그러다 보니 아이들이 이를 닦을 때 치아와 잇몸 사이는 잘 닦지 않게 된다. 올바른 칫솔질은 치아, 잇몸, 혀의 찌꺼기를 제거하고 마사지하는 것이다. 플라크는 치아와 잇몸 사이에 가장 많이 쌓인다. 따라서 치아는 물론 치아와 잇몸 사이, 혀까지 꼼꼼하게 닦아야 한다.

아이가 일곱 살 정도 되면 스스로 이를 닦을 수 있다. 이때부터는 다음 방법으로 이를 닦도록 가르친다. 단, 일곱 살이 되어도 칫솔질이 서툰 경우에는 아이가 혼자 닦은 후에 부모가 마무리해주는 것이 좋다.

칫솔질의 기본 방법은 치아의 위아래 방향으로 부드럽게 솔로 쓸어내듯 닦는 것이다.

- **앞니·어금니의 바깥쪽** 칫솔을 잇몸 깊숙이 넣고 잇몸에서 치아의 씹는 면을 향해 칫솔을 돌려준다. 윗니는 위에서 아래로, 아랫니는 아래에서 위로 돌려준다. 한곳을 10번 이상 닦는다.
- **앞니 안쪽** 칫솔을 세워 안쪽으로 깊숙이 넣고 밖으로 큰 원을 그리듯 닦는다.
- **어금니의 씹는 면** 칫솔을 어금니 씹는 면에 대고 앞뒤로 움직이면서 닦는다.
- **혀** 안쪽부터 양옆, 바깥쪽, 혓바닥 등을 두루 마사지하듯 닦는다.

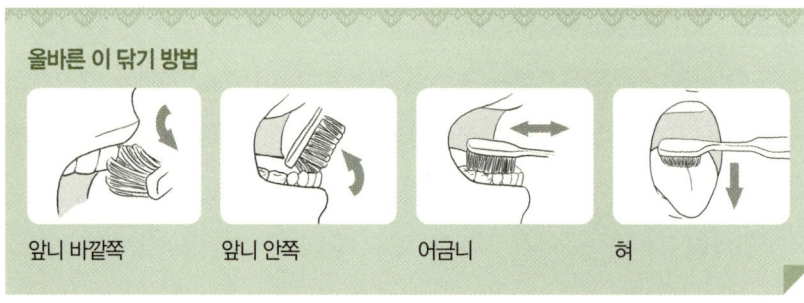

🍃 아이에게 맞는 칫솔과 치약을 선택한다

예전에 아이용 칫솔은 어른 것보다 작은 것으로 한 가지 모양이었다. 그러나 요즘은 연령과 치아 상태에 따라 다양하게 나온다. 또 치약도 예전엔 한 가지를 모든 가족이 함께 사용했지만 요즘은 노인용, 성인용, 어린이용을 따로 쓰는 가정이 많다. 그렇다면 아이가 사용하기 좋은 칫솔과 치약은 어떤 것일까?

아이 칫솔을 고를 때는 먼저 칫솔모를 확인한다. 칫솔 머리는 아이 치아 두세 개 정도 덮을 만한 크기이면 적당하다. 나이에 관계없이 칫솔모의 열은 3~4열, 칫솔모의 세기는 중간이면 무난하다. 잇몸에 상처가 있으면 칫솔모가 부드러운 것을 선택한다.

칫솔 머리가 크고 모가 뻣뻣한 칫솔로 세차게 문질러 '뽀드득' 소리가 나야 제대로 칫솔질했다고 생각하는 사람이 많다. 그러나 강한 칫솔모는 치아 표면을 닳게 하고 잇몸도 상하게 한다. 또 머리가 큰 칫솔은 치아 구석구석을 닦기에 불편하다.

칫솔질을 할 때는 칫솔모가 바로 서 있어야 플라크를 없애는 데 효과적이다. 새 칫솔은 3개월 사용한 칫솔보다 플라크 제거력이 30% 이상 높다는 연구 결과도 있다. 따라서 칫솔모가 누워 있으면 새것으로 바꿔야 한다. 2~3개월마다 칫솔을 교환하는 것이 적당하다.

아이가 칫솔을 몇 번만 써도 칫솔모가 눕거나 닳는다면 칫솔질 방법을 다시 가르쳐야 한다. 또 2~3개월 칫솔을 사용해도 칫솔모가 거의 닳지 않는다면 칫솔질할 때 힘을 더 주도록 교육한다. 아이가 칫솔질을 자주 빼먹거나 건성으로 하는 탓일 수도 있으므로 칫솔질을 제대로 하는지 확인할 필요도 있다.

칫솔질을 한 뒤에는 칫솔을 깨끗이 씻도록 한다. 흐르는 물에 칫솔모를 아래쪽으로 향하게 해서 음식물 찌꺼기나 치약을 씻어낸다. 그런 다음 세면대 모서리에 칫솔을 탁탁 쳐서 칫솔모에 남아 있는 찌꺼기와 물기를 완전히 제거한다.

칫솔의 보관도 중요하다. 칫솔 머리가 위로 향하게 해 통풍이 잘되는 곳에 보관한다. 이때 다른 칫솔과 닿지 않게 한다. 칫솔끼리 닿으면 입안의 세균이 옮을 수 있기 때문이다.

치아 건강에 이로운 식품 vs 해로운 식품

곡류, 과일, 채소 등 식이섬유가 풍부한 식물성 식품이 치아 건강에 좋다. 이런 식품은 치아에 잘 달라붙지 않고 씹는 동안 구강을 깨끗하게 청소해준다.
설탕이 많이 든 음식이나 당분이 함유된 가공식품, 탄산음료 등은 충치를 유발한다. 되도록 덜 먹게 하고, 일단 섭취하면 바로 칫솔질하게 한다. 껌은 단물만 빨아먹고 버리면 치아에 해로울 수 있다. 그러나 10분 이상 씹으면 치아 주위에 붙어 있는 음식 찌꺼기가 닦여 나가기 때문에 치아 건강에 도움이 된다. 또 껌을 씹으면서 잇몸과 턱 근육이 강화된다.

요즘은 전동 칫솔을 사용하는 아이도 많다. 전동 칫솔은 원래 장애인용으로 만든 것으로 2000년대 초까지만 해도 대다수 치과 의사는 아이들에게 전동 칫솔을 권하지 않았다. 사용법을 제대로 습득하지 못한 채 사용하면 일반 칫솔만 못하다고 보았기 때문이다. 그러나 요즘은 전동 칫솔의 성능이 향상돼 칫솔질이 서툰 아이는 전동 칫솔을 사용하는 것이 낫다. 치아 사이에 낀 이물질이나 플라크를 제거할 때는 어린이용 치실을 쓰는 것이 안전하다. 이쑤시개를 쓰면 치아 사이가 벌어지고 잇몸에 염증을 일으킬 수 있다.

치약은 불소가 함유된 어린이 치약을 사용하도록 한다. 불소는 치아를 튼튼하게 하고 충치를 예방해준다. 단, 불소를 삼킬 경우 부작용이 나타날 수 있으므로 불소 함량이 500~600ppm을 넘지 않는 것을 선택한다. 치약을 고를 때는 연마력_{치아 표면을 문질러 매끈하게 하는 힘}도 중요한데 어린이에게는 연마력이 약한 치약이 알맞다.

6 아침 식사는 잠자는 두뇌를 깨운다

🍵 5분 단잠보다 귀한 아침밥

매일 아침에는 집집마다 전쟁이다. 늦잠 자는 아이를 깨우려는 부모와 "5분만 더" 하며 자꾸만 이불 속으로 파고드는 아이 사이에 실랑이가 벌어진다. 부모는 아이가 일찍 일어나 아침밥을 먹고 준비물도 잘 챙겨 학교에 가기를 바라지만, 지난밤 늦게까지 놀았던 아이는 아침밥을 먹는 것보다 5분이라도 더 자는 것이 달콤하다. 결국 눈도 채 뜨지 못하는 아이가 안쓰러워 부모는 아이와 함께 밥 먹는 시간을 포기하고 만다.

어느 집에서나 있을 법한 아침 풍경이다. 하지만 이렇게 아침밥을 포기하는 것은 절대 아이를 위하는 일이 아니다. 아침밥은 5분의 단잠보다 장점이 훨씬 많기 때문이다. 아이의 건강뿐만 아니라 뇌의 활동력까지 좌우하므로 아침밥은 꼭 먹여야 한다.

아침 식사는 학습 능력을 높인다. 아이가 오전 수업 내용을 잘 이해하려면 두뇌가 깨어 있어야 한다. 그러기 위해서는 아침 식사를 통해 두뇌에 포도당을 공급해주어야 한다. 포도당은 두뇌 활동의 에너지원으로, 전날 저녁 식사 때 섭취한 포도당은 12시간이 지나면 거의 바닥난다. 그러므로 아침이 되면 새로운 포도당을 공급해야 하고, 그러려면 반드시 아침밥을 먹어야 하는 것이다.

두뇌가 원활하게 활동하려면 산소 역시 충분히 공급되어야 한다. 산소는 모든 신체 활동의 기본 에너지이다. 두뇌에 산소를 공급하려면 아침 식사로 철분이 함유된 음식을 섭취하는 것이 바람직하다. 철분은 헤모글로빈[혈액의 색을 이루는 성분]의 구성 성분으로 산소를 뇌로 운반하는 역할을 한다. 그런데 아침을 거르면 포도당과 산소가 뇌에 원활하게 공급되지 않아 두뇌가 제 기능을 하지 못한다. 자연히 집중력과 사고력이 떨어져 수업 시간에 나쁜 영향을 미친다.

이를 뒷받침하는 스웨덴 보건연구소의 연구 결과가 있다. 연구진은 10세 어린이가 있는 가정을 대상으로 다양한 식단의 아침 식사를 한 아이들과 아침을 거른 아이들의 학업 능력을 비교했다. 그 결과 아침을 챙겨 먹은 아이들이 아침을 거른 아이들에 비해 단어 기억력과 읽기 능력, 나눗셈 능력, 창조적 사고 능력, 인내력, 작업의 정확성 등에서 더 높은 평가를 받았다. 특히 창조적 사고 능력과 작업의 정확성 면에서는 두 집단 간의 차이가 두드러졌다.

아침을 먹으면 몸도 건강해진다. 밥과 국, 반찬으로 구성된 우리의 일상적인 아침 식사에는 탄수화물과 식이섬유가 풍부하다. 탄수화물은 대사 과정을 거치면서 포도당으로 분해되어 두뇌 활동을 돕고 하루를 시작할 에너지를 충전해준다. 식이섬유는 콜레스테롤과 노폐물을 몸 밖으로 배출시켜 혈관을 튼튼하게 해주고 장의 연동운동을 돕는다.

아침 식사는 비만을 막는 데에도 유용하다. 살을 빼려고 아침을 굶는 것은 오히려 역효과다. 아침 식사를 거르면 밤부터 시작된 공복 상태가 너무 길어져 점심 식사 때 폭식이나 과식을 하게 된다. 열량이 높은 간식의 유혹에도 약해진다. 이런 식습관이 반복되면 결국 살이 찌게 되는 것이다. 아침에 섭취한 열량은 낮 동안 움직이면서 대부분 소모되므로 걱정할 필요가 없다.

🍚 메뉴를 단순화해야 매일 먹게 된다

아침에 여러 가지 반찬을 내느라 상 차리는 일이 번거로워질수록 아침을 꼬박꼬박 챙겨 먹기가 힘들어진다. 한식의 기본인 밥과 국 또는 찌개, 김치에 한두 가지 반찬을 곁들인 단순한 식단이 아침 메뉴로 적당하다. 반찬으로는 제철 채소와 콩, 감자, 녹황색 채소, 해조류, 고기, 생선, 달걀 등을 올린다.

아침 식탁에는 소화가 잘되는 음식이 좋다. 담백하거나 부드러운 음식이 기름지거나 거친 음식보다 소화가 잘된다. 고기를 먹더라도 아침에는 살코기를 푹 익혀 먹는다. 생선은 기름기가 많은 등 푸른 생선보다 가자미나 넙치 등 흰 살 생선이 아침 식탁에 더 잘 어울린다. 너무 딱딱하거나 찬 음식, 튀기거나 볶은 음식도 소화가 잘 안 되므로 아침 식사 메뉴로는 추천하기 힘들다.

또한 아이들의 아침 식단에는 성장을 돕는 칼슘과 단백질이 풍부한 음식이 제격이다. 특히 칼슘과 단백질이 풍부한 우유는 꼭 마시도록 한다. 그러나 유당 불내증이 있어 우유를 마시면 배탈이 나는 아이에게는 우유 대신 두유나 요구르트를 제공한다. 아침에 채소나 과일을 먹으면 다이어트와 변비 예방에 효과적이다. 하지만 아침 식사로 한 가지 과일이나 과일 주스만 먹는 것은 피한다. 열량이 너무 적고중간 크기 사과 하나 200kcal, 과일 주스 한 컵 100kcal, 토마토 주스 한 컵 50kcal 단백질을 섭취할 수 없기 때문이다. 과일이나 과일 주스만 먹고 서둘러 나가야 하는 경우에는 저지방 우유한 팩 125kcal나 요구르트65g 한 병 50kcal, 두유한 팩 125kcal를 마셔 단백질을 보충해야 한다. 아침 식사 대용으로 흔히 먹는 시리얼도 영양이 충분하지 않다.

아침 식사 시간은 아이들이 잠에서 깬 지 30분에서 2시간 사이가 적당하다. 이보다 이르면 소화효소가 덜 분비되고, 이보다 느리면 허기를 잊어 아침을 거르기 쉽다. 열량은 점심이나 저녁 식사보다 조금 덜 섭취한다. 하루 섭취 권장 열량이 2500kcal인 13세 아이의 경우 아침에 600~700kcal, 점심에 900~1000kcal, 저녁에 800~900kcal로 배분해 섭취하는 것이 바람직하다. 아침을 먹은 후 점심까지의 간격이 점심과 저녁 식사의 간격보다 짧기 때문이다. 지난밤에 야참을 즐겼다면 아침을 가볍게 먹고, 전날 저녁을 너무 일찍 먹었거나 적게 먹었다면 아침을 충분히 챙겨 먹도록 한다.

7 나 홀로 식사 대신 가족 식사를 하자

🍵 아이의 말문을 열어주는 '밥상머리 교육'

예부터 우리 선조들은 밥상머리 교육을 중시했다. 아이의 인성을 기르는 교육이 밥상머리에서 이뤄진다고 믿었기 때문이다. 부모는 밥상에서 아이에게 인성은 물론 사회성, 대화법 등을 가르쳤다. 아이들은 밥상에서 더불어 사는 지혜와 인내심, 배려심 등을 배웠다.

조선 성종의 어머니 소혜왕후가 어린 여성들의 수신서로 지은 『내훈內訓』을 보면 당시 밥상머리 교육이 어떤 내용이었는지를 대략 짐작할 수 있다.

"다수가 모여 함께 음식을 먹을 때는 혼자서 배불리 먹지 않는다. 불결하게 손으로 집어 먹어서도 안 된다. 밥은 말아 먹지 말고 젓가락으로 집어 먹지 않는다. 쩝쩝거리며 요란하게 먹어서도 안 된다."

이렇듯 예로부터 밥상머리 교육을 중시했던 것은 밥상을 둘러싼 식사 공간, 그리고 식사 시간이 특별한 의미를 지니기 때문이다. 식사 자리는 단순히 허기를 채우기 위한 곳이 아니다. 부모와 아이가 함께하는 '소통의 장'이다.

성공한 사람들은 대부분 가족과 함께 하는 식사 자리가 인생의 '첫 교실'이자 '최고의 교실'이었다고 이야기한다. 세계에서 가장 바쁜 사람 중 한 명인 버락 오바마 미국 대통령은 가족과 함께 하는 저녁 식사 시간만큼은 다른 일에 양보하지 않는다. 홀로 오바마 대통령을 키웠던 그의 어머니는 직장과 학교를 동시에 다니는 등 바쁜 삶을 살았지만 매일 새벽 4시 30분이면 어김없이 일어나 상을 차렸고 아들과 함께 식사를 했다. 그렇게 이어진 밥상머리 교육으로 오바마는 자기만의 논리력과 사고력, 리더십을 키울 수 있었다. 그는 자신이 받은 밥상머리 교육의 혜택을 자녀들에게도 물려주고자 저녁 식사를 함께 한다.

　밥상머리는 환경 교육의 장으로도 유용하다. 자신이 먹을 수 있는 만큼만 그릇에 담아 밥알 한 톨도 남기지 않고 먹고, 음식을 함부로 버리지 않는 습관을 들임으로써 환경의 중요성을 배울 수 있다. 음식물 쓰레기를 줄이려면 밥상에 놓인 음식을 골고루 먹어야 하므로 건강에도 좋다.

　밥상머리 교육은 아이의 학업 성적을 올리고 언어 능력을 기르는 데도 효과적이다. 밥상에서 오가는 대화는 학교에서처럼 주제

독서보다 밥상머리 교육이 낫다
미국 하버드 대학교 연구 팀은 아이들의 어휘 능력이 독서보다 밥상머리 대화를 통해 더욱 향상된다는 사실을 밝혀냈다. 1988년 보스턴에 사는 3세아 85명을 2년간 추적 관찰한 결과는 가족과 함께하는 밥상의 중요성을 여실히 보여준다.
아이들이 5세가 되었을 때 학습·언어 능력은 부모의 경제력이나 장난감, 교재에 따라 달라진 것이 아니라, 가족과의 식사 횟수와 식탁에서의 대화 정도에 따라 결정됐다. 아이들이 평균적으로 습득한 2000여 개 단어 가운데 독서를 통해 익힌 단어는 140여 개에 불과한 반면 가족과의 식사를 통해 익힌 단어는 1000여 개에 이르렀다.

를 정해놓고 벌이는 대화가 아니므로 대개 예측 불허이다. 예기치 못한 주제를 가지고 대화를 나누기 때문에 아이는 늘 새로운 단어를 접하게 된다. 이런 시간이 반복되면 처음에는 생소했던 단어를 다음번에는 대화의 맥락 속에서 이해하게 되고, 어느 순간부터 자신의 경험과 생각을 더해 그 의미를 체득한다. 보통 한 번의 식사 시간에 대여섯 가지의 주제가 화제에 오른다. 이렇게 다양한 주제를 가지고 토론하거나 비교해서 설명하고 농담을 주고받는 등 여러 가지 대화를 나누면서 아이는 다양한 어휘를 습득하게 되는 것이다.

이는 자연스럽게 지적 능력 발달로 이어진다. 어휘력이 뛰어난 아이는 같은 책을 읽어도 이해가 빨라 더 많은 지식을 습득한다. 이처럼 밥상머리는 비용이 전혀 들지 않으면서 효과가 탁월한 언어와 지식 습득의 장이 된다. 많은 가정에서 밥상은 외면한 채 과외 공부나 학원에만 매달리고 있는 현실이 안타까울 따름이다.

요즘은 밥상머리 교육이 점차 사라져가고 있다. 맞벌이 가정이 늘어나면서 부모가 시간에 쫓기다 보니 아이와 함께 여유롭게 식사하기가 힘들어졌기 때문이다. 아침 시간에는 등교 준비하랴 출근 준비하랴 바쁘고, 저녁에는 부모는 밀린 집안일을 하느라, 아이는 학원을 돌거나 숙제를 하기 바빠 느긋하게 밥을 먹으며 대화를 나누지 못한다.

아예 가족이 함께 식사를 하지 못하는 가정도 늘어나고 있다. 2008년 보건복지부가 수행한 국민건강영양조사에 따르면 아침 식사를 가족과 함께 하는 어린이6~11세는 87.3%, 청소년12~18세은 55.5%에 그쳤다. 저녁 식사를 가족과 함께 하는 어린이는 95.9%로 상대적으로 높은 반면, 청소년은

62.3%로 나타났다. 또 2007년 조사에 따르면 초등학생의 아침 식사 결식률은 11.4%에 달했다. 일본의 3.5%에 비하면 매우 높은 수치이다. 많은 부모들이 밥상머리 교육을 할 기회조차 갖지 못한다는 뜻이다.

혼자 밥 먹는 아이, 몸과 마음이 병든다

성남의 한 초등학교 4학년생인 수민이는 늘 혼자 밥을 먹는다. 부모가 8년 전에 이혼해 아버지와 함께 살고 있는 수민이는 가족과 함께 밥을 먹은 게 언제인지 기억이 잘 나지 않는다며 동생, 언니와 함께 식사하는 친구만 봐도 부럽다고 말한다. 밥과 김치를 싫어하는 수민이는 자신이 만들 수 있는 유일한 음식인 라면을 매주 열 번 이상 끓여 먹는다. 가족과 함께 밥을 먹으며 대화하는 시간을 갖기는커녕 끼니마저 거르기 일쑤이다.

수민이처럼 '나 홀로' 식사하는 아이들이 늘어나고 있다. 아이가 지속적으로 '나 홀로' 식사를 하면 밥상머리에서 대화법이나 식사 예절을 배우지 못한다. 게다가 편식이나 과식, TV 보며 식사하기 등 잘못된 식습관을 갖기 쉽다. 이는 성인이 된 뒤 비만, 당뇨병, 고혈압 등 생활 습관 병으로 발전할 수 있다. 라면 등 인스턴트식품에 입맛이 길들여지고 영양적으로 불균형하거나 결핍된 식사를 하는 것도 문제이다. 혼자 식사를 하는 등 부모와 함께 지내는 시간이 부족하면 정서적 안정감이 떨어지고 또래 친구들과 좋은 관계를 맺기 힘들어진다. 심하면 정서적으로 불안과 우울을 겪고 학교에서 적응하지 못하거나 나쁜 길로 빠질 수도 있다.

'나 홀로' 식사가 아이의 정서를 불안하게 만든다는 것은 다음과 같은 실험으로 이미 입증됐다. 영양학자인 모수미 전 서울대학교 교수는 혼자 또는 형제끼리 식사하는 어린이와 가족과 함께 식사하는 어린이를 대상으로 식사 장면을 그려보도록 했다. '나 홀로' 식사하는 아이의 그림에서는 식탁에 오른 반찬의 가짓수가 적고 색상이 어두웠다. 반면 가족과 함께 식사하는 아이의 그림은 훨씬 분위기가 밝았다.

한편 미국 컬럼비아 대학교 약물남용중독관리센터는 2003년 연구를 통해 가족이 모여 식사하는 횟수가 많을수록 청소년들이 흡연, 음주, 마약을 경험하는 비율이 줄어든다고 발표했다. 또 가족과 함께 식사하는 아이가 '나 홀로' 식사를 하는 아이에 비해 비행 청소년이 될 위험은 절반, 높은 학업 성취A학점를 이룰 확률은 두 배에 달한다고 했다. 이를 계기로 미국 정부는 매년 9월 넷째 월요일을 '가족의 날'로 정했다. 부모에게 이날 하루라도 쉬면서 아이와 함께 식사를 하라고 기회를 준 것이다.

일본 여자영양대학 아다치 미유키 교수는 초등학생의 나쁜 식사 형태로 소식, 편식, 고식孤食, 개식個食의 4가지를 들었다. 소식과 편식은 영양 부족, 영양 불균형을 초래해 성장기 어린이에게 좋을 리 없다. 그런데 더욱 심각한 것은 '고식'이다. 고식은 말 그대로 고독한 식사이다. 부모는 아이가 어떤 음식을 즐겨 먹는지, 어떤 음식을 가리는지조차 몰라 결국 아이를 영양 결핍 또는 비만에 이르게 한다. '나 홀로' 식사가 오랫동안 계속되면 '개식'으로 귀결된다. 부모가 집에 있을 때에도 아이가 부모와 함께 식사하기를 꺼리게 되는 것이다.

이러한 연구를 토대로 밥상머리 교육의 중요성을 깨달은 일본도 최근 가족과 함께 하는 식사를 강조하기 시작했다. 일본 미시마시 현에서는 매달 19일을 '가족 단란의 날'로 정했다. 이날이 되면 시내 곳곳에 '가족 식사의 날' 이라는 입간판을 세우고 서둘러 집으로 돌아가 가족과 함께할 것을 권하는 전단지를 배포한다. 경찰은 순찰을 돌며 늦은 시간까지 회사에 남아 있는 직장인들을 퇴근시킨다.

밥상머리 교육에도 방법이 따로 있다

부모가 아무리 바쁜 생활을 하더라도 가족이 함께 식사하는 시간을 포기한다는 것은 안타까운 일이다. 아이와 식사를 함께 하고 밥상머리 교육을 실천하는 것이 좋은 부모가 되는 첫걸음이다. 그렇다면 구체적으로 어떻게 해야 밥상머리 교육을 잘할 수 있을까?

어른이 먼저라는 가족의 서열을 일깨운다

가족과 함께 하는 식사는 아이에게 첫 사회생활이 된다. 밥상머리는 아이가 처음으로 '관계'를 배우는 자리이기도 하다. 아이가 앞으로 사람들과 원만한 관계를 맺으며 살아가게 하려면 밥상머리에서 할아버지, 할머니, 엄마, 아빠, 형, 동생 등 가족의 서열을 가르쳐야 한다. 눈앞에 음식이 놓여 있더라도 어른이 자리에 앉기를 기다렸다가 먹고, 어른이 먼저 수저를 든 후에 식사를 시작해야 한다는 기본예절을 몸에 익히게 교육한다.

더불어 살아가는 공동체 의식을 높인다

공동체 의식을 높이는 데에도 식탁을 활용하자. 음식을 함께 나누면서 아이는 더불어 살아가는 지혜를 깨우치게 된다. 음식이 장만되기까지 수고한 많은 사람들의 땀과 은혜를 되새기게 하는 것도 필요하다.

부모가 모범을 보인다

부모가 먼저 식사 예절을 지키고 바른 언어를 사용해야 한다. 아이의 말을 경청하는 것도 잊지 말자. 밥상머리에서 아이는 부모가 말하는 태도를 따라 하며 자기만의 언어 습관을 익히게 된다. 부모가 차분하고 조용한 목소리로 말하면 아이도 따라 배운다.

아이의 자리를 정해준다

밥상에서 아이의 자리를 따로 정해주는 것도 필요하다. 아이가 매번 같은 자리에서 식사를 하면 여기저기 돌아다니며 먹는 습관을 고칠 수 있다. 또한 다른 가족들의 자리도 정해두는 것이 좋다. 전통 밥상 예절에 따르면 할아버지, 할머니, 아빠, 엄마, 아이 순서로 자리를 정하는 것이 원칙이지만 아이가 너무 어리다면 엄마나 아빠가 쉽게 식사를 도울 수 있는 자리에 아이를 앉히는 것도 괜찮다.

식사 시간에는 TV를 끈다

식탁에 앉기 1시간 전부터는 TV를 끄는 것이 좋다. 아이가 TV에 정신이 팔리면 밥상머리 교육은 물 건너간다. 게다가 식사 중에 TV에 몰입하면 과식하기 쉽다. 가족 간의 대화도 단절된다.

때로 풍성한 식탁을 온가족이 함께 준비한다

식탁에 자주 모이기가 힘든 가정이라면 모처럼의 가족 식사 때는 평소보다 풍성한 식탁을 준비한다. 음식이 많으면 분위기가 화기애애해진다. 이때 식사 준비는 엄마 혼자서 하지 말고 가족 모두가 함께 한다. 가족이 함께 식사를 준비하면 대화거리가 풍성해진다.

대화는 가벼운 주제부터 시작한다

식탁에서의 대화는 그날 하루 동안 일어난 이야기, 인터넷에서 본 이야기 등 가벼운 주제로 시작한다. 아이를 대화에 적극 동참시키려면 "오늘 학교에서 뭐가 제일 재미있었니?", "친구 ○○와는 잘 지내지?" 등 아이가 쉽게 대답할 수 있는 질문을 던지는 것이 좋다. 성적과 같이 아이가 민감하게 생각하는 주제는 피한다.

플러스 영양 정보

유아기 밥상머리 교육법

밥상머리 교육은 아이가 어릴수록 더욱 효과가 좋으니 잘 활용해보자.

1 아이의 관심을 식탁으로 이끈다
유아기의 아이들은 집중하는 시간이 짧아서 한자리에 오래 앉아 있지 못한다. 식사 전에 식탁 주변의 장난감을 모두 치워 아이의 관심이 분산되지 않게 한다. 아이용 식탁 의자를 따로 마련하거나 좋아하는 캐릭터가 그려진 방석을 준비하면 아이를 식탁 앞으로 이끄는 데 도움이 된다.

2 생후 18개월 이후에는 혼자 먹는 연습을 시킨다
어리다고 음식을 떠먹여주지 않는다. 엄마가 일일이 떠먹여주는 것은 나쁜 식습관을 부르는 지름길이다. 생후 18개월이면 포크로 음식을 찍어 먹을 수 있으니 이때부터 혼자 먹는 연습을 시킨다. 아이가 도구 사용에 익숙해지기 전까지는 손으로 음식을 만지거나 밥상에 음식을 흘리더라도 나무라지 않는다. 혼자 음식을 집어 먹었을 때는 칭찬을 해주어 혼자 먹는 재미와 자신감을 심어준다.

콩과 두부, 두뇌 발달을 돕는 최고의 식품

통보리와 현미, 장을 튼튼하게

김치, 발효 과학으로 완성된 웰빙 식품

청국장과 된장, 단백질의 보고

마늘과 양파, 면역력을 높이는 향신료

과일, 통째 먹는 비타민

유제품, 키가 쑥쑥, 뼈가 튼튼

생선, 단백질과 오메가-3 지방이 풍부

브레인 푸드로 똑똑하게

한 그릇 음식에 담긴 골고루 먹기의 지혜

PART 4

아이에게 좋은 음식,
그 영양을 읽다

1 콩과 두부,
두뇌 발달을 돕는 최고의 식품

🍵 매일 먹어도 좋은 콩

아이들은 유독 콩을 싫어한다. 콩밥을 주면 콩만 쏙쏙 빼놓기 일쑤고 콩자반은 손도 대지 않는다. 몸에 좋은 것은 영락없이 밀어내는 아이들. 편식하는 아이 앞에서 엄마는 속이 상한다.

아이들이 콩을 싫어하는 이유는 딱딱하고 푸석푸석한 맛 때문이다. 아이가 콩을 싫어한다면 억지로 먹이는 것보다 콩이 성장기 어린이에게 왜 어떻게 좋은지 함께 얘기를 나눠보는 것이 효과적이다. 아이와 함께 콩 요리를 해보는 것도 좋은 방법이다. 콩은 색과 모양이 다양해서 형형색색의 콩으로 요리를 하거나 놀다 보면 콩에 대한 거부감이 줄어들 것이다.

'두뇌'라는 단어에서 '두頭'는 콩 '두豆'와 머리 '혈頁'이 결합된 글자이다. 그런 만큼 콩은 두뇌 발달에 효과적인 식품이다. 콩을 '브레인 푸드'로 꼽는 데 주저하는 영양학자는 거의 없다. 콩에는 뇌 발달에 필수적인 콜린과 레시틴이 자연식품 중에서 가장 많이 함유되어 있다. 콩을 발효시키면 뇌 발달에 필요한 글루탐산이 생성된다.

따라서 콩을 발효시킨 된장, 고추장, 청국장, 낫토, 간장도 두뇌 발달을 돕는다.

콩 100g에는 단백질이 약 40g이나 들어 있어 콩을 흔히 '밭에서 나는 쇠고기'라고 부른다. 그야말로 식물성 단백질의 '보고'인 셈이다. 콩에 들어 있는 단백질은 비만과 혈관 질환을 예방해준다. 미국에서는 하루에 콩 단백질을 25~50g 섭취하면 혈중 콜레스테롤 수치를 24%나 낮출 수 있다는 연구 결과도 나와 있다. 콩에 함유된 사포닌 성분도 비만 억제에 기여한다. 콩을 물에 담그거나 삶을 때 일어나는 거품이 바로 사포닌 성분이다.

콩 성분 중 아이소플라본은 식물성 에스트로겐여성호르몬이라고도 하는데, 에스트로겐이 아니면서 에스트로겐과 유사한 작용을 해 이런 별칭이 붙었다. 아이소플라본은 뼈의 칼슘 흡수율을 높이고 유해 산소를 없애는데 두부와 청국장, 된장 등에도 풍부하게 들어 있다. 콩을 조리할 때 너무 오래 삶지 말아야 아이소플라본의 파괴를 최소화할 수 있다. 삶는 대신 찌는 것도 아이소플라본을 보전하는 방법이다.

콩과 찰떡궁합인 식품으로는 다시마와 부추가 있다. 다시마는 콩의 사포닌이 몸 밖으로 배출시키는 요오드를 보충해준다. 또 부추에는 콩에 부족한 비타민 A · C와 칼륨이 풍부하다. 콩은 치즈와는 궁합이 맞지 않는다. 콩에 든 인이 치즈에 풍부한 칼슘의 체내 흡수를 방해하기 때문이다.

콩으로 만든 두부는 영양적으로 거의 완벽한 식품이다. 우리 몸의 피가 되고 살이 되는 단백질100g당 9.3g이 풍부하고 뼈와 이를 튼튼하게 해주는 칼슘100g당 126mg 함량도 높다. 서양에서는 두부를 '아시아의 치즈'라고 할 만큼 영양 가치를 높게 평가한다. 요즘 서양인은 두부를 동양의 신통한 건강식품으로 여긴다. 그들의 입맛에는 잘 맞지 않는 편이지만 두부를 웰빙식으로 간주해 샐러드나 소스 등에 넣어 먹는 사람이 점점 늘고 있다.

🍵 두부, 아이에게 완벽한 단백질 식품

세계적인 장수 지역인 일본 오키나와 섬 사람들이 즐겨 먹는 음식도 두부이다. 한 사람이 하루 평균 60g씩 섭취한다고 한다. 오키나와의 두부는 일본 다른 지역의 두부보다 단단하다. 수분 함량이 적기 때문인데 단단한 두부를 기름에 볶거나 부치는 등 다양한 요리에 활용한다.

콩은 영양적으로 훌륭하지만 조직이 단단해 아이의 경우 소화가 잘 되지 않을 수도 있다. 소화시키기 힘든 콩과는 달리 두부는 콩으로 만들지만 소화가 잘된다. 소화율이 95% 이상이다. 조직이 부드럽고 두부에 풍부한 올리고당이 장운동을 돕기 때문이다. 또 위장에 머무는 시간이 짧아 평소 위나 장에 자주 탈이 나는 아이도 부담 없이 먹을 수 있다. 다이어트에도 효과적이므로 아이가 비만이라면 두부를 자주 먹이는 것이 좋다. 생두부나 끓는 물에 살짝 데친 두부를 김치와 함께 1/2모만 먹어도 포만감이 든다. 미국에서는 두부가 '살찌지 않는 치즈'로 통한다. 심장병 수술을 받은 미국의 클린

치즈 vs 두부, 건강에 더 좋은 것은?

두부보다 치즈를 더 좋아하는 아이가 많다. 치즈의 단백질(100g당 18.3g)과 칼슘(100g당 503mg) 함량은 두부의 단백질(100g당 9.3g)과 칼슘(100g당 126mg) 함량에 비해 훨씬 높다. 그러나 두부가 치즈보다 건강에 더 유익하다. 우선 두부의 지방 함량은 100g당 5.6g으로 치즈의 26g보다 훨씬 적다. 게다가 식물성 식품인 두부에는 혈관에 해로운 포화 지방이나 콜레스테롤이 없다. 열량도 두부(100g당 84kcal)가 치즈(100g당 312kcal)보다 훨씬 낮다.

턴 전 대통령은 수술 뒤 간식 메뉴를 햄버거에서 두부로 바꿨다고 한다.

두부를 조리할 때 맹물에 생두부를 넣고 끓이면 딱딱해지는데, 1% 소금물에 끓이면 한결 부드러워진다. 두부는 수분이 많아 상하기 쉬우므로 보관에 유의해야 한다. 팩에서 꺼낸 두부는 깨끗한 물에 담가 뚜껑을 덮고 냉장 보관한다. 물은 매일 갈아주되 3~4일 이내에 먹도록 한다.

2 통보리와 현미, 장을 튼튼하게

🍚 식이섬유가 풍부한 보리밥

　백미보다 잡곡이 영양상 더 이롭다는 것은 잘 알려진 사실이다. 하지만 요즘 아이들은 부드러운 백미에 길들여져 있다. 필자도 어릴 때는 잡곡보다 백미를 더 좋아했다. 특히 보리밥 먹기를 꺼려했는데 식감이 거친 것이 이유였던 것 같다.

　옛날 옛적에 보리는 춘궁기보릿고개에 굶주린 배를 채워주던 고마운 곡식이었다. 쌀 생산량이 절대적으로 부족했던 1960년대에는 1인당 연간 보리 소비량이 40kg에 달했다. 요즘 1인당 연간 쌀 소비량의 거의 절반에 달하는 양이다. 그러나 경제 성장과 더불어 먹을거리가 풍부해지면서 보리는 우리에게서 멀어졌다.

　그러다 웰빙 열풍이 불면서 가난의 상징이었던 보리가 '건강식품'이라는 수식어를 달고 부활하고 있다. 흔히 보리는 변통便通에 좋은 곡식으로 꼽힌다. 장의 연동운동을 도와 변비를 없애주는 식이섬유가 보리에 풍부하기 때문이다. 식이섬유가 장운동을 활발하게 해 가스 배출을 돕기 때문에 보리밥을 먹으면 방귀가 잦아진다. 통보리 100g당 식이섬유 함량은 21g에 달한다. 보리쌀통보리를 2번 도정한 것은 11g이다. 백미의 1g, 식빵의 4g과는 비교도 안 된다. 실제로 이스라엘에서는 보리를 변비약으로 쓰는데, 변비 환자에게 밀가루 대신 보릿가루로 비스킷, 케이크 등을 만들어 먹인다. 아이에게 변비 증세가 있으면 쌀밥 대신 쌀과 보리를 적당히 섞은 밥이나 잡곡밥을 식탁에 올리는 것이 좋다.

고대 중국의 의서 『본초강목』에는 '보리는 오장五臟을 보補하고 기氣를 내리며 식체를 없애고 식욕을 증진시킨다'라고 기술돼 있다. 요즘도 많은 한의사들이 보리밥을 식체나 설사 환자에게 추천하는데 이는 보리가 위를 편하게 하고 소화를 돕기 때문이다. 한방에서 보리는 곡식이나 과일을 먹은 뒤 체해 배가 더부룩하고 막힌 것을 풀어주는 곡식으로 간주된다. 또 보리를 발아시켜 햇볕에 말린 맥아는 약재로 쓴다. 맥아는 식혜를 만들 때 재료

각종 식품의 식이섬유 함량

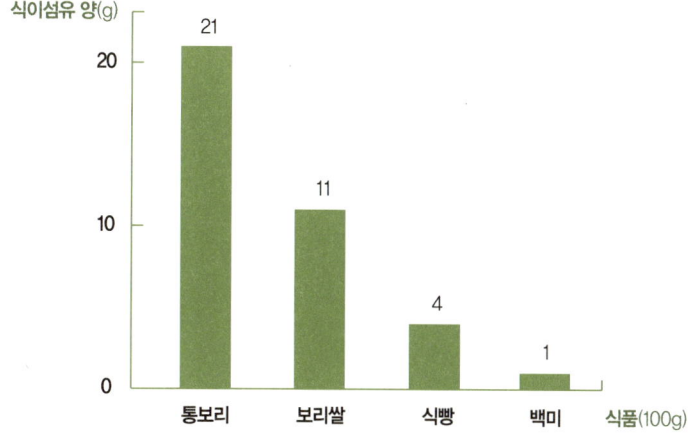

로 쓰이는데 식사 후 식혜를 마시면 소화가 잘된다.

만약 보리밥을 지을 때 쌀과 보리의 비율을 7대 3으로 했다면 열량이 결코 적은 편은 아니다. 쌀밥의 열량은 100g약 반공기당 148kcal, 보리밥은 140kcal로 별 차이가 없다. 그러나 보리밥은 적게 먹어도 포만감을 느껴 과식하지 않게 되고, 꼭꼭 씹어 먹어야 하므로 쌀밥보다 오랜 시간 먹게 된다. 모든 밥은 천천히 꼭꼭 씹어 먹어야 소화가 잘되고 다이어트에도 유익하다.

보리는 또한 식사 후 혈당의 '롤러코스터 현상빠르게 오르내리는 것'을 막아준다. 혈당이 안정적으로 유지되므로 몸에서 당분을 보충하라는 신호를 보내지 않는다. 따라서 여분의 당분이 몸 안에서 지방으로 축적되지 않아 비만 예방에 효과적이다.

보리는 손으로 만져보아 부드러운 것, 담황색으로 광택이 나며 알이 고르고 통통한 것이 좋다. 또 향미가 뛰어나고 이물질이 들어 있지 않은 것이 양질이다.

🍚 통째로 영양 덩어리인 현미

쌀은 벼를 도정한 정도에 따라 현미, 배아미, 백미로 나뉜다. 쌀은 전체 영양소의 66%가 배아, 29%가 쌀겨에 집중돼 있다. 쌀알의 대부분을 차지하는 배젖에는 영양소가 5% 밖에 없다. 따라서 여러 번 도정하지 않아 쌀겨와 배아가 고스란히 남아 있는 현미가 건강에 좋은 것은 당연하다.

현미는 왕겨와 겉껍질만 벗기고 속겨쌀겨는 벗기지 않은 쌀이다. 1분도 쌀1번 도정한 쌀인 현미는 배아 3%, 쌀겨 5%, 배젖 92%으로 구성된다. 이중 영양소가 많이 들어 있는 것은 단연 배아이다. 특히 배아에는 미네랄, 식이섬유가 풍부하다.

백미는 현미를 여러 번 도정해(10번 도정한 10분도 쌀) 배아와 쌀겨가 완전히 떨어져 나간 '벌거숭이' 쌀이다. 우리 선조들도 백미는 영양소가 거의 없는 질 낮은 쌀로 간주했다. 그래서인지 '쌀 미米'와 '흰 백白'을 합한 한자 '지게미 박粕'은 영양분이 없다는 의미가 있다. 배아미는 현미와 백미의 중간 정도로 도정한 쌀로 배아만 겨우 남아 있다.

현미와 백미를 물에 담가놓으면 백미는 얼마 안 가 썩어버리는데 비해 현미는 며칠 뒤에 발아한다. 현미에는 발아에 필요한 영양소가 충분히 들어 있기 때문이다. 현미에는 비타민, 미네랄 등 각종 영양소가 백미보다 훨씬 많이 들어 있다. 또한 현미는 만병의 근원인 변비 예방에 효과적이다. 쾌변을 돕는 식이섬유가 백미의 세 배 이상 들어 있기 때문이다. 현미는 백미와 달리 혈당을 급격히 올리지 않기 때문에 불안해하고 짜증을 잘 내는 아이에게 좋다. 백미처럼 당 지수가 높은 식품을 많이 먹으면 인슐린이 과다 분비되면서 쉽게 저혈당이 되고, 이때 스트레스 호르몬이 분비되면서 불안, 초조, 신경질, 짜증 같은 불안정한 심리 상태를 만든다. 인슐린을 분비하는 췌장에 부담을 덜 주려면 당 지수가 낮은 식품을 먹는 것이 좋다. 백미의 당 지수는 72, 현미는 55이다.

현미는 또한 체중 조절에도 효과적이다. 씹고 소화하는 데 시간이 오래 걸려 현미밥을 먹으면 많은 양을 먹기 전에 숟가락을 내려 놓게 되며 한참 후에나 허기가 느껴진다. 특히 현미에 든 '아라비노자일란'이라는 성분은 물을 빨아들이는 성질이 있어 포만감을 준다. 아이들은 식감이 거친 현미를 그다지 좋아하지 않지만 날씬해지고 싶어 하는 아이들에게 '현미는 살이 찌지 않는 곡식'이라는 점을 강조하면 거부감을 줄일 수 있다. 한방에서는 현미를 신장, 간장의 기능을 좋게 하는 검은색 식품이라고 말한다. 현미의 현玄은 '검을 현'이며, 현미를 영어로는 'brown rice'라고 쓴다.

현미가 웰빙 식품이라고 해서 과다 섭취하는 것은 곤란하다. 현미밥 한 공기210g의 열량은 약 300kcal로 백미밥과 별 차이가 없는 수준이기 때문이다. 현미의 또 다른 단점은 식이섬유가 너무 많아서 소화가 잘 안 될 수도 있다는 점이다. 현미밥은 적어도 10번30번이 이상적은 꼭꼭 씹어 먹어야 소화를 잘 시킬 수 있다. 평소 소화가 잘 안 되는 아이에게는 현미밥 대신 현미죽이나 현미미음을 끓여 먹이는 것이 좋다.

현미밥은 쌀밥보다 짓기가 까다롭다. 현미를 2시간가량 미리 물에 담가 불려야 하고 압력솥에 지어야 더 맛있다. 압력솥은 조리 속도가 빨라 물을 덜 부어도 되는데 현미와 물의 비율은 1대 1이 적당하다.

현미와 궁합이 잘 맞는 식품은 찹쌀이다. 현미 50%, 현미 찹쌀 10%, 차조·차수수·통보리·기장·율무 등 잡곡 30%, 콩 10%를 넣고 지으면 밥맛이 괜찮다. 더 차지게 먹으려면 현미와 현미 찹쌀을 반반씩 섞는다. 현미의 거친 식감이 싫은 경우에는 발아 현미로 밥을 지으면 부드러워진다.

대변을 알면 건강이 보인다

입으로 섭취한 각종 음식들은 대변이 돼 항문으로 나오기까지 약 9m에 달하는 '소화 여행'을 떠나게 된다. '소화 여행'을 하면서 영양소 등 몸이 필요로 하는 것들은 위나 장에서 모두 흡수된다. 하등 쓸모없는 찌꺼기가 바로 대변이다.

대변은 흡수되지 않은 음식과 장내 세균들의 집합체로 3분의 1 또는 절반이 세균이거나 그 사체이다. 대변의 1g당 세균 수는 자그마치 1000억 마리에 달한다. '더럽다', '구리다'며 다들 기피하는 대상이지만 대변은 아이들의 건강과 관련된 소중한 정보들을 담고 있다. 색깔, 모양, 냄새, 성분 등이 건강의 척도가 된다. 특히 어디가 불편하고 아픈지 말로 표현하지 못하는 아기의 변은 잘 살펴야 한다. 몸 상태를 파악하는 데 소중한 단서가 되기 때문이다.

건강한 아기의 변은 황금색

대변의 색깔로 건강을 알 수 있는 시기는 만 3세까지의 아기 때이다. 건강한 아기의 변은 대개 황금색이다. 신생아의 장내에는 비피더스균 등 유익한 세균이 많아서 대변이 노랗다. 냄새도 약간 시큼할 뿐 구리지 않다.

아기의 대변 색깔이 붉은색, 검은색, 흰색만 아니라면 크게 걱정하지 않아도 된다. 붉은색 변이라도 변 안에 붉은 색 덩어리가 약간 섞여 있고 아기가 평소처럼 잘 놀면 괜찮다. 소화되지 않은 딸기, 수박, 토마토 등 붉은색 과일이 원인이기 쉽다.

변에 코 같은 피가 섞여 나오거나 혈변은 아니어도 코 같은 점액질이 섞여 있으면 세균성 장염 탓일 가능성이 있다. 이런 경우에는 전문의의 진료가 필요하다. 케첩처럼 빨갛고 젤리처럼 걸쭉한 변이라면 장이 꼬이는 장중첩증일 수 있다. 아기가 1시간 간격으로 심하게 우는 증상이 반복된다면 바로 병원으로 달려가야 하는 응급 상황이다.

대변의 끝에 피가 살짝 묻어 있다면 딱딱한 변으로 인한 항문 출혈일 수 있다. 이때는 하루에 4~5번, 한 번에 10분 이상, 따뜻한 물로 좌욕을 시키는 것이 효과적이다.

아기의 변이 검은색이면 철분제, 시금치, 감초 등 대변을 검게 보이게 하는 약이나 음식을 먹이지 않았는지 기억을 더듬어본다. 이런 음식을 먹이지 않았는데도 검은색 변이 계속 나오면 소화 기관에 출혈이 있거나 엄마의 젖꼭지에서 나온 혈액을 삼킨 것이 원인일 수 있다.

생후 3개월 이내인 아기의 변이 아이보리색이면 담즙 분비 장애가 의심된다. 복부 초음파 검사 등을 받아 담도폐쇄증이 있는지 확인해야 한다. 쌀뜨물 같은 설사를 계속하면 바이러스나 세균 등에 의한 장염일 가능성이 높다.

유치원생 이후부터는 대변 굳기가 관건

만 3세 이후부터는 대변의 색깔이 3세 미만의 동생들처럼 요란하게 변하지는 않는다. 아이들이 어린이집, 유치원을 다니거나 초등학교에 입학한 뒤라면 대변의 색깔보다 굳기에 더 관심을 가져야 한다. 일단 '토끼똥'(변비)이거나 '물똥'(설사)이면 변의 상태가 좋지 않은 것이다.

'토끼똥'은 모양이 동글동글하고 색이 진하며 굳기는 단단한 변이다. 변비로 진단될 가능성이 높다. 일반적으로 변비는 2~3일 이상 배변이 없는 상태를 가리킨다. 변비는 흔히 불쾌감·복통·복부 팽만감 등을 동반한다.

원인은 십인십색이다. 식이섬유가 결핍된 식사를 오래 하거나 과식, 편식, 불규칙한 식사가 원인이 될 수 있다. 여행 도중 너무 긴장한 나머지 변비가 생기는 아이들도 있다. 심지어는 학교 화장실에서 변을 보다가 '냄새가 난다'고 따돌림을 당한 뒤 애써 변을 참다가 변비 증세를 보이는 아이들도 있다.

아이들이 변비로 고생하면 아침 식사를 거르지 말고, 아침 식사 뒤 화장실에 다녀오도록 하는 등 좋은 배변 습관을 길러주는 것이 중요하다. 아침에 일어나 물이나 우유 1잔을 마시고 배, 허리를 마사지해서 장의 연동운동을 도와준다. 아침 메뉴로는 당근, 버섯 등 식이섬유가 많고 장내 체류 시간이 짧은 식품이 좋다. 변의(便意)는 대개 두 가지 반사, 즉 대장 반사(음식을 먹었을 때 변의 시작)와 기립성 반사(아침에 일어나면 장이 자동으로 운동 시작)를 통해 느끼게 되므로 아침 식사 후는 생리적으로 배변하기에 최적의 시간이다.

'물똥'은 설사의 한 형태이다. 대개는 찬 것을 많이 먹거나 폭식을 하거나 배를 차게 하고 잤을 때 설사가 생긴다. 우유를 마시거나(유당 불내증) 항생제 복용 후에도 나타날 수 있다. 소화불량도 설사를 일으킨다. 이런 원인들에 의한 설사는 대개 일시적이다. 그러나 세균에 의한 설사는 상대적으로 오래 간다. 살모넬라균·포도상 구균 등 식중독 균, 콜레라균·이질균 등 경구 전염병 균이 설사 증세를 자주 일으키는 세균들이다.

아이들이 배를 차게 하고 잔 후의 냉기로 인한 설사는 장에서 평소 '얌전하던' 대장균이 '난폭해진' 결과이다. 이때는 물, 스포츠 음료로 수분과 전해질을 보충하고 소화가 잘되는 음식을 먹으면서 몸을 따뜻하게 하는 것이 '설사 특효약'이다.

3 김치, 발효 과학으로 완성된 웰빙 식품

🍵 유산균과 항산화 성분이 풍부하다

김치는 영양과 건강 측면에서 매우 훌륭한 웰빙 식품이다. 우리나라를 대표하는 식품 중 하나인 김치는 숙성 발효시켜 자연의 맛을 담은 슬로푸드의 대명사이기도 하다.

김치는 절임 채소, 즉 침채류沈菜類의 일종이다. 소금에 절이고 양념에 버무려 두 번 발효시킨다는 점이 쓰케모노일본, 파오차이중국, 피클서양 등 외국의 침채류와 다르다. 숙채熟菜로 만드는 중국의 파오차이, 김치를 모방한 일본의 기무치와는 격이 다르다. 기무치는 일본인이 싫어하는 마늘, 고추, 젓갈의 양을 줄이거나 넣지 않고 단맛을 높인 겉절이 채소이다. 발효 과정도 거치지 않는다.

김치 담그는 과정을 간단히 살펴보자. 주재료인 배추, 무 등을 소금에 절였다가 물로 씻어낸다. 절인 배추나 무를 생강, 마늘, 고추, 부추 등 갖은 양념으로 버무린다. 김치가 웰빙 식품인 이유는 갖은 양념의 뛰어난 항산화 효능 덕분이다.

배추를 소금에 절였다가 세척, 탈수하는 과정에서 각종 유해 세균이 제거된다. 또 수분이 빠져나가면서 배추에 양념이 스며들 수 있는 공간이 생긴다. 마침내 배추와 양념이 결합되면 이 공간에서 유산균 발효가 활발하게 일어나 장에 유익한 유산균이 대량으로 생성된다. 아울러 갖은 양념과 상호작용이 일어나 다양한 건강 성분이 생긴다.

김치가 잘 익으면 감칠맛과 코끝을 톡 쏘는 탄산미가 최고조에 달한다. 우리 선조들은 이 맛을 보전하기 위해 '숨 쉬는' 용기인 옹기에 김치를 담아 보관했다. 김치의 감칠맛의 비밀은 젓갈에 있다. 톡 쏘는 탄산미는 김치가 익는 과정에서 생긴다. 이 감칠맛과 탄산미를 제대로 느껴본 사람이라면 김치에 빠지지 않을 수 없다.

흔히 김치의 대표적인 건강 성분으로 유산균과 항산화 성분을 꼽는다. 유산균은 김치가 잘 익을수록 많이 생성된다. 김치의 유산균은 소화를 돕고 장을 편안하게 하는 정장 작용을 한다. 대장 내에 유산균이 많으면 병원균, 잡균이 죽거나 힘을 쓰지 못한다. 김치를 먹고 체하거나 식중독에 걸린 아이가 거의 없는 것은 이 때문이다. 하지만 김치에서 군내가 나기 시작하면 유산균보다 잡균이 많다는 증거이다. 이런 김치는 먹지 않는 것이 좋다.

김치 유산균, 장까지 살아서 간다

과거에는 김치의 유산균이 대부분 살아서 장까지 도달하지 못하는 것으로 여겼다. 특히 위에서 위산에 노출되면 거의 사멸하는 것으로 추정했다. 그러나 부산대학교 김치연구소의 연구 결과, 하루 300g의 김치를 먹으면 김치를 먹지 않은 사람에 비해 대장에 유산균이 100배나 많다는 사실이 확인되었다. 이는 김치의 유산균이 장에 안착한다는 간접 증거로 볼 수 있다.

유산균은 면역력도 높여준다. 김치가 사스, 조류 인플루엔자 등을 일으키는 바이러스를 파괴하는 데 효과적이라는 주장이 제기되었는데, 여기에는 김치에 강력한 항균력과 항바이러스 능력이 있다는 뜻이 담겨 있다.

김치의 항산화 성분은 배추, 마늘, 고추, 생강 등 김치의 주재료와 양념에 고르게 함유되어 있다. 이들은 노화의 주범인 유해 산소를 제거한다. 김치에 함유된 항산화 성분은 카로티노이드, 플라보노이드, 안토시아닌, 폴리페놀, 캡사이신, 엽록소 등이다. 잘 익은 김치일수록 항산화 능력이 크므로 아이에게 알맞게 익은 김치를 먹이도록 한다.

또한 김치 중의 캡사이신은 재료인 고추의 매운맛 성분으로 체지방 분해와 연소를 촉진하는 것으로 알려지면서 일본의 젊은 여성들 사이에서 다이어트 성분으로도 큰 인기를 끌고 있다.

🍵 아이들이 김치를 싫어하는 이유

우리나라 가정의 하루 평균 김치 섭취량은 예전에 비해 크게 줄었다. 30여 년 전에는 하루 평균 300~400g의 김치를 먹었지만 요즘에는 80~120g을 먹는 데 그친다. 입맛의 서구화, 먹을거리의 다양화로 김치 소비량이 계속 줄고 있는 것이 현실이다.

요즘 아이들은 김치를 즐겨 먹지 않는다. 과거에 김치는 밥상의 필수 반찬이었지만 지금은 김치를 대신할 수 있는 음식이 다양하기 때문에 선호도 순위에서 뒤로 밀려났다. 아이가 김치와 친숙해지게 하려면 '김치가 맛있는 음식' 임을 스스로 느끼게 해주어야 한다.

김치의 가장 큰 단점은 소금나트륨 함량이 지나치게 높다는 것이다. 이는 어른에게는 고혈압, 위암을 유발하는 요인이 되기도 한다.

특히 묵은 김치의 경우 소금 함량이 더욱 높다. 일반 배추김치는 염도가 2.5~3%인 데 비해 묵은 김치는 3~3.7% 정도이다. 그런데도 묵은 김치가 특별히 더 짜게 느껴지지 않는 것은 강한 신맛이 짠맛을 덮어버리는 이른바 마스킹masking 효과 때문이다. 묵은 김치는 기막힌 신맛과 감칠맛이 있지만 영양 면에서는 적당히 익은 김치보다 떨어진다. 유산균, 비타민 C 등 항산화 성분도 적당히 익은 김치보다 적다. 오래 발효할수록 건강에 이로운 포도주와는 분명 차이가 있다.

아이가 김치를 잘 먹게 하려면 김치를 싱겁게 담그는 것이 좋다. 흔히 아이에게 김치를 먹일 때 물로 씻어주면 된다고 생각하지만 씻는다고 매운맛이 사라지지도 않을뿐더러 매운 양념만 씻겨 나가는 것이 아니라 유산균이나 비타민 등 김치 고유의 웰빙 성분도 함께 빠져나간다.

김치를 담글 때는 소금 농도를 2% 이하보통 2.5~3%로 줄이는 것이 현명하다. 배추 2kg1통 당 소금을 20~30g 정도 넣으면 된다. 소금을 덜 넣어 싱겁게 담그면 김치 맛이 떨어질 것이라고 생각할 수 있지만 전혀 그렇지 않다. 유기산 등 김치 맛을 좌우하는 성분은 소금 함량이 낮은 김치에 더 풍부하

> **김치, 싱겁게 담가야 몸에 좋다**
>
> 김치에도 약점은 있다. 고혈압, 위암의 유발 요인으로 꼽히는 소금 함량이 높다는 것이다. 우리 국민은 김치를 통해 하루 소금 섭취량의 약 30%를 먹는다. 아이에게는 김치를 약간 싱겁게 담가 먹이는 것이 좋다. 김치를 담글 때 소금 농도를 2% 이하로 줄이는 것이 맛이나 건강 면에서 일거양득이다.

게 들어 있다.

　아이를 위한 김치 메뉴는 포기김치보다 백김치, 물김치, 동치미 등 덜 자극적인 것이 좋다. 아이가 먹을 김치를 담글 때는 소금을 덜 넣고 사과, 배 등 과일로 단맛을 살리거나 잣이나 호두 등 견과류, 새우나 굴 등 해산물을 넣어 영양을 보충해준다. 아삭아삭한 오이소박이, 한입에 쏙 먹기 좋은 깍두기도 고춧가루를 조금만 넣고 싱겁게 담그면 아이에게 별미가 된다.

4 청국장과 된장, 단백질의 보고

🍵 단백질 체내 흡수율이 탁월한 청국장

청국장찌개를 끓이는 날이면 아이들은 청국장 냄새를 참지 못하고 이내 코를 틀어막는다. 냄새가 너무 독특해서일 것이다. 하지만 청국장은 아이 건강을 생각하면 포기할 수 없는 음식이다. 영양 면에서 뛰어나 가능한 한 자주 먹이는 것이 좋다. 청국장은 콩을 발효시켜 만든 식품이므로 식물성 단백질과 불포화 지방이 풍부하다. 과거 육류 섭취량이 적었던 우리 선조들에게는 훌륭한 단백질 공급원이었다. 청국장의 원조는 우리나라지만 일본, 중국의 서역, 인도네시아, 타이 등으로 전파되었다. 일본의 낫토, 중국의 두시, 인도네시아의 템페, 타이의 토아나오가 모두 청국장의 사촌이다.

청국장에는 바실러스라는 발효균이 들어 있는데 바실러스균은 유산균 못지않는 정장 작용을 한다. 대장에서 유익한 세균은 늘리고 해로운 세균은 억제하는 역할을 하는 것이다. 게다가 바실러스균은 산소를 싫어하는 유산균과는 달리 산소를 좋아한다. 청국장을 먹으면 대장으로 내려간 바실러스균이 대장 안에 있는 산소를 먹어 치운다. 산소를 싫어하는 유산균이 자라기에 더없이 좋은 환경을 만들어주므로 결국 유산균의 증식과 장내 활동을 돕는다. 따라서 청국장을 일상적으로 먹는 아이는 장이 건강해 변비에 걸리지 않는다.

영양학자들은 콩을 가장 효과적으로 먹을 수 있는 음식으로 청국장을 추천한다. 이는 콩에 든 단백질보다 청국장에 든 단백질이 몸에 더 많이 흡수되기 때문이다. 삶은 콩에 든 단백질은 체내에서 65%가량 흡수되는 반면 청국장에 든 단백질은 95%나 흡수된다. 이는 바실러스균이 단백질 분해 효소를 분비해 청국장 단백질을 아미노산으로 잘게 쪼개주기 때문이다. 한편 아미노산이 분해되면서 암모니아 가스가 생성되는데 이것이 청국장의 독특한 냄새를 만든다.

청국장에 든 바실러스균은 많이 섭취할수록 건강에 유익하다. 김치나 요구르트도 유산균이 많을수록 건강에 이로운 것과 같은 이치이다. 바실러스균을 최대한 많이 섭취하려면 일본의 낫토처럼 날로 먹는 것이 좋다. 청국장을 끓일 때도 바실러스균을 가능한 한 많이 살리는 조리법을 택해야 한다. 처음부터 청국장을 넣어 찌개를 끓이기보다 찌개가 끓으면 일단 불을 끈 뒤 청국장을 넣는 것이 바실러스균을 더 많이 섭취할 수 있는 방법이다. 청국장에는 식이섬유도 많이 들어 있어서 한 달가량 꾸준히 먹으면 변비가 사라지고 황금 변을 보게 된다.

청국장은 장류 가운데 숙성 기간이 가장 짧고 만들기 쉽다는 것이 장점이다. 담근 지 2~3일이면 먹을 수 있다. 좋은 청국장은 냄새가 강하지 않고 노란색을 띤다. 썩은 냄새가 나면 절대 먹어선 안 된다. 쓴맛이 나는 것은 발효 온도가 적당하지 않은 탓이다. 담근 뒤 오래되면 풍미가 떨어지므로 가능한 한 빨리 먹어야 한다. 가을에 햇콩으로 만든 청국장의 맛이 최고이다. 우리 선조는 청국장을 항아리에 꼭꼭 눌러 담은 뒤 서늘한 곳에 보관했다. 지금은 냉장고에서 한 달, 냉동실에서는 장기 보관이 가능하다. 오래 두고 먹으려면 랩에 씌워 냉동실에 보관하고 필요한 만큼만 꺼내 상온에서 녹여 먹는 것이 좋다.

청국장이 건강에 이로운 음식인 것은 분명하지만 아이가 먹지 않는다면 소용이 없다. 아이가 청국장을 싫어한다면 소량의 청국장에 밥, 참기름을 섞어 만든 비빔밥을 식탁에 올려보자. 어릴 때부터 청국장을 조금씩 접하다 보면 다른 콩류 식품도 자연스럽게 먹게 된다.

된장으로 단백질을 보충하자

된장 역시 청국장과 마찬가지로 소화가 잘되고 단백질 흡수율이 높은 음식이다. 발효를 거치면서 콩의 유효 성분이 몸에 흡수되기 좋은 상태로 분해되기 때문이다. 일반 콩은 단백질 흡수율이 60%대이지만 된장으로 먹었을 때는 80% 이상으로 높아진다. 된장은 성장기 어린이의 훌륭한 단백질 보충 식품이므로 된장을 이용한 요리를 충분히 먹이는 것이 좋다. 된장은 국이나 찌개를 만들어 먹기도 하지만 나물을 무칠 때나 쌈을 먹을 때도 곁들일 수 있다.

된장은 훌륭한 발효 식품이지만 약점도 있다. 비타민 A, C가 부족하고 소금 함량이 너무 높다는 것이다. 이를 보완해주는 식품이 부추이다. 부추는 비타민과 칼륨이 풍부해 된장과 찰떡궁합이다. 된장에 부추를 넣고 끓이면 부추의 칼륨이 된장의 나트륨을 몸 밖으로 배출시킨다.

된장찌개는 우리나라 사람들이 가장 좋아하는 토속 음식으로 아이들도 대체로 잘 먹는다. 된장찌개는 뚝배기나 냄비에 담아 뭉근한 불에서 서서히 오래 끓여야 제 맛이다. 맹물보다는 쌀뜨물을 넣어 끓여야 더 맛이 있다. 된장찌개에는 된장 외에 건더기로 두부, 풋고추, 호박, 쇠고기 등이 들어간다.

철마다 선보이는 채소로 된장국의 풍미를 높일 수 있다. 봄에는 냉이·달래, 여름에는 근대·시금치·솎음배추, 가을에는 아욱·배추속대, 겨울에는 시래기가 권할 만한 건더기 감이다. 냉이 된장국은 봄날 나른하고 노곤해진 몸에 기력을 불어넣는다. 아욱은 시금치보다 단백질, 칼슘 함량이 두 배나 많으므로 아이에게 충분히 먹이는 것이 좋다.

5 마늘과 양파,
면역력을 높이는 향신료

🍵 살균 효과가 뛰어나 식중독 예방

　단군 신화에 등장하는 마늘은 훌륭한 건강식품이다. 마늘 고유의 독특한 냄새를 일으키는 성분인 알린이 몸 안에 들어가면 알리신이 되는데 이것이 항균, 항바이러스, 면역력 강화 효과가 뛰어나다.

　또한 1990년대에 미국 국립암연구소가 암 예방에 도움이 되는 40여 종의 자연식품 가운데 최고로 꼽은 것이 바로 마늘이다. 마늘이 항암 식품으로 주목을 받은 계기는 미국과 중국이 공동 실시한 대규모 역학 조사였다. 이 조사에서 한 해에 마늘을 1.5kg 섭취하는 사람은 그렇지 않은 사람에 비해 위암 발생률이 50%나 낮았다.

　그렇다면 마늘의 어떤 성분이 암을 예방하는 데 효과가 있는 것일까? 학자들은 마늘에 함유된 알리신, 유황 화합물, 셀레늄이 시너지 효과를 발휘해 강력한 항암 작용을 하는 것으로 추정한다. 알리신의 항암 효과는 동물실험을 통해 확인되었다. 마늘이 위암 예방에 효과적인 것은 알리신의 항균력 덕분이라는 가설도 있다. 알리신이 마치 항생제처럼 작용해 최근 위암 ·

위궤양의 발병 원인으로 주목받고 있는 헬리코박터균을 죽인다는 것이다. 또 유황 화합물은 몸 안에 쌓인 유해 산소를 없애는 강력한 항산화 물질이다.

아이들은 톡 쏘는 냄새가 나는 마늘을 별로 좋아하지 않는다. 따라서 아이 음식에 마늘을 넣을 때는 마늘 냄새를 제거해주는 파슬리를 함께 넣어 요리한다. 마늘에 흠집이 생기지 않도록 껍질을 벗긴 뒤 익혀 먹는 것도 방법이다. 마늘 냄새는 가열하면 거의 사라진다. 우유, 치즈, 육류, 달걀 등 단백질 함량이 높은 식품과 함께 먹어도 마늘 냄새가 덜 느껴진다.

마늘과 양파는 살균 효과가 뛰어나다. 14세기에 유럽에서 전염병이 창궐했을 때 영국 런던에서 화를 면한 곳은 마늘과 양파를 파는 상점뿐이었다고 한다. 마늘에 든 유황 화합물의 살균력은 소독제인 페놀보다 15배나 강한 것으로 알려져 있다. 일본 히로시마 대학 연구 팀은 마늘의 살균력을 실험했는데 병원성 대장균 O-157이 무수히 든 물에 마늘 분말을 떨어뜨렸더니 6시간 뒤 O-157이 모두 사멸했다고 발표했다.

이러한 살균 효과를 지닌 마늘은 여름철 식중독 예방에 유효하다. 식중독 사고가 잦은 여름에는 아이에게 고기, 생선 등을 먹일 때 마늘을 함께 먹이면 식중독을 예방할 수 있다. 또 평소에도 면역력이 약한 아이에게 적당히 먹이면 좋다.

양파도 천연 항생제이다. 살균 효과가 마늘만큼 강력하지는 않지만 마늘보다 더 많이 먹을 수 있으므로 식중독 균 등 유해 세균에게는 마늘 이상으로 위협적인 존재이다. 유럽에는 감기 환자가 자는 방에 양파를 놓아두는 오랜 관습이 있다.

양파도 각종 요리에서 빼놓을 수 없는 향신료이다. 특히 생선, 육류의 비린내를 없애는 데 탁월하다. 가열하면 냄새가 싹 사라지는 것도 향신료로서의 장점이다. 양념으로, 채소로 두루 이용할 수 있는 양파는 마늘에 버금가는 웰빙 자연식품으로 요리에 폭넓게 활용할 수 있다.

양파는 아이의 체력을 향상시켜준다. 서양에서는 권투, 사이클 등 체력 소모가 심한 스포츠를 하는 사람들이 양파를 애호한다. 피로 해소, 식욕 증진 효과도 있어 아이가 여름에 더위를 먹었을 때 양파를 이용한 음식을 먹이면 효과적이다.

양파는 또 아이들에게 흔한 질병인 천식의 완화를 돕는다. 천식은 기관지를 둘러싸고 있는 근육이 수축되어 기관지 안이 좁아지면서 생기는 병이다. 양파에는 기관지 근육의 수축을 억제하는 성분이 들어 있어 양파를 먹으면 천식 증상이 한결 가벼워진다.

양파를 이용해 조리할 때는 웰빙 성분인 유황 화합물과 항산화 성분인 퀘세틴이 손실되지 않도록 주의해야 한다. 퀘세틴은 가열해도 잘 파괴되지 않기 때문에 문제가 안 되지만 양파를 썰 때 눈물이 나게 하는 성분인 유황 화합물은 열은 물론 칼질에도 약하다.

양파는 붉은색, 노란색, 흰색이 있는데 붉은색은 매운맛이 강하고 노란색은 단맛이 난다. 흰색은 조생종으로 연하기는 하지만 부패하기 쉽다는 것이 단점이다. 양파를 살 때는 알이 굵고 껍질이 잘 벗겨지며 고유의 매운맛과 향기가 강한 것을 고른다. 또 쥐었을 때 단단하고 껍질에 윤기가 있으며 잘 마른 것이 상품이다. 싹, 뿌리가 난 것은 수분이 적어 맛이 떨어진다. 보관할 때는 통풍이 잘되는 어두운 곳에 둔다.

마늘과 양파는 둘 다 냄새가 심하다. 마늘과 양파의 냄새 성분은 알리신이다. 냄새가 심한 만큼 마늘과 양파 둘 다 자극성이 강하다. 따라서 지나치게 많이 먹으면, 특히 공복에 과다 섭취하면 위가 상할 수 있다. 아이에게 생마늘은 하루 반 쪽이면 족하다. 익힌 마늘이라도 하루 한 쪽이면 충분하다. 양파는 하루 3분의 1개가량 먹이면 적당하다. 큰 양파 하나의 열량은 65kcal에 불과하다.

6 과일, 통째 먹는 비타민

🍵 과일, 면역력을 높이고 피부 건강을 돕는다

과일에는 비타민과 미네랄, 식이섬유, 파이토케미컬이 풍부하다. 특히 비타민 C가 많이 들어 있는데, 비타민 C는 몸속 유해 산소를 제거하는 항산화 효과가 있으며, 면역력을 높여주고 피부를 건강하게 해준다. 식이섬유는 장을 튼튼하게 해주고 변비를 예방한다. 파이토케미컬은 비타민 C와 마찬가지로 항산화 작용을 하며, 과일마다 고유의 다른 파이토케미컬이 들어 있어 다양한 효능을 발휘한다.

성장기 아이들은 매일 꾸준히 과일을 섭취하는 것이 좋다. 9~11세 아이의 경우 사과 반쪽이나 귤 한 개 정도 분량을 하루 두 번 이상 먹는 것이 적당하다.

과일에 든 영양을 고스란히 섭취하려면 주스로 마시는 것보다 통째로 먹는 것이 좋다. 귀한 영양소가 주스를 만드는 과정에서 대부분 제거되기 때문이다. 또 영양소가 껍질에 집중되어 있으므로 껍질까지 먹는 것이 이상적이다. 특히 사과, 배, 복숭아의 경우 껍질에 식이섬유가 거의 몰려 있다. 귤의 흰색 속껍질에는 비타민 P가 들어 있어 모세혈관을 튼튼하게 한다. 맛은 약간 쓰겠지만 아이들의 건강을 위해 귤의 겉껍질만 살짝 벗겨내고 먹이도록 한다.

과일 껍질에 농약이 묻어 있을까 봐 껍질째 먹기를 꺼리는 경우가 많다. 하지만 농약에 대해서는 크게 우려하지 않아도 된다. 잔류 농약은 과일 내부에 침투해 있는 것이 아니라 표면에 묻어 있으므로 물로 깨끗이 씻으면 대부분 제거된다. 방울토마토도 소금물 등에 30분 이상 담갔다가 헹구어 먹으면 괜찮다. 배, 포도 등은 종이에 싼 채 재배하므로 과일에 농약이 잔류할 가능성이 적다. 우리나라에서 재배한 과일은 대부분 아이에게 안심하고 먹여도 좋다. 그러나 유기농 귤이 아닌 일반 귤껍질로 진피차_{귤껍질차}를 만드는 것은 권하기 힘들다. 또 장시간의 수송을 거쳐 수입되는 망고, 자몽, 바나나 등은 껍질에 농약이 남아 있을 수 있으므로 껍질을 벗기고 먹는다.

🍵 과일도 열량을 체크하자

과일은 수분이 80~90%로 채소보다 약간 적지만 열량은 100g당 50kcal 전후로 채소보다 높다. 수분을 뺀 나머지는 대부분 탄수화물_{10~20%}인데, 탄수화물 중에서도 특히 과당이 많다. 비만이 우려되는 아이의 경우 과일을 먹일 때는 열량을 신경 써야 한다.

특히 바나나 등 열대 과일은 열량이 높다. 70g_{바나나 1/2개, 귤 작은 것 1개} 분량을 기준으로 했을 때 바나나는 62kcal, 망고 48kcal, 오렌지 46kcal, 석류 46kcal, 리치 43kcal이다. 같은 무게의 포도는 42kcal, 머루는 41kcal이다. 같은 70g이라도 수박_{13kcal}, 방울토마토_{16kcal}, 딸기_{26kcal}는 열량이 낮다. 또 같은 종류의 과일이라도 가공 방법이나 당도에 따라 열량 차이가 난다. 단감은 70g당 35kcal이지만 연시는 48kcal이다. 귤은 27kcal이지만 금귤은 48kcal이다. 파인애플은 30kcal이지만 골드 파인애플은 70kcal로 두 배가 넘는다.

아이들에게 인기 있는 과일인 포도, 감, 밤100g당 162kcal도 상대적으로 열량이 높아 살찌는 과일이다. 특히 밤은 다른 과일에 비해 당도는 낮지만 탄수화물, 단백질 함량이 높아 열량이 꽤 높다. 반면 배100g당 51kcal, 사과100g당 57kcal는 비교적 열량이 낮다.

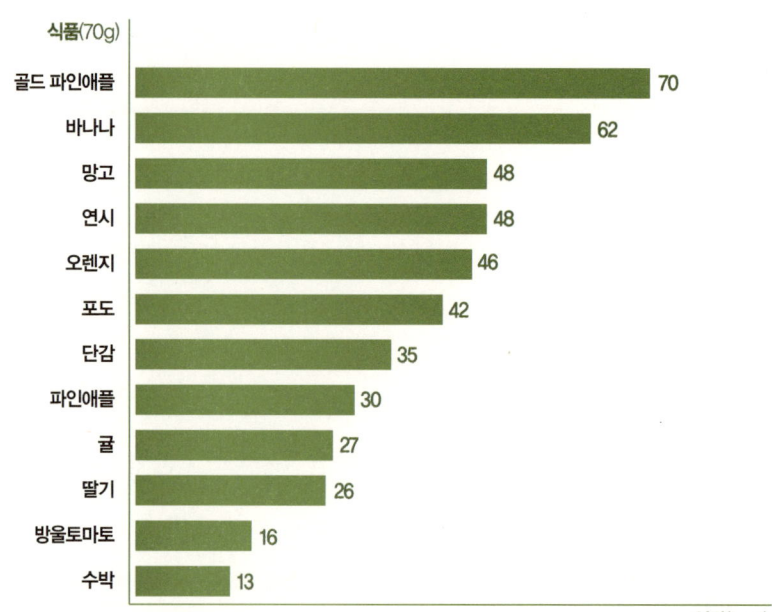

각종 과일의 열량

🥣 골고루 먹여야 진가를 발휘한다

아무리 좋은 음식도 다른 식품과 함께 골고루 섭취해야 진가를 발휘한다. 과일도 마찬가지이다. 각각의 과일에 든 영양이 조금씩 다르므로 매일 두서너 가지를 섞어 먹는 것이 좋다. 각각의 과일에 든 영양을 살펴보자.

밤ㅣ '밤 세 톨만 먹으면 보약이 따로 없다'는 말 그대로 몸에 좋은 성분이 가득하다. 면역력을 높여주는 비타민 C, 칼슘 흡수를 돕는 비타민 D, 정신 건강에 유익한 비타민 B_1 등 각종 영양소가 골고루 들어 있다. 특히 비타민 C 함량이 높은데, 100g당 30mg 이상 함유되어 있다. 좋은 밤은 무겁고 단단하며 껍질에 윤기가 돈다.

귤ㅣ 귤은 비타민 C가 100g당 48mg이나 들어 있다. 이렇듯 비타민 C가 풍부해 피부를 건강하게 해주고 스트레스 해소에 좋다. 또 겨울철 감기 예방에도 효과적이다. 귤은 익으면서 신맛보다 단맛이 강해진다. 신맛은 구연산_{유기산의 일종} 맛, 단맛은 과당·포도당 맛이다. 약간 신맛이 나는 귤을 먹으면 몸이 가벼워지는 느낌이 든다. 구연산이 신진대사를 촉진해 피로를 풀어주고 피를 맑게 해주기 때문이다.

사과ㅣ '사과가 익는 계절이면 사람이 건강해진다'는 서양 속담이 있다. 실제로 사과는 칼륨, 유기산, 식이섬유 등이 풍부하게 들어 있어 우리 몸을 건강하게 해준다. 칼륨은 몸속에 쌓인 나트륨을 배출시키고 유기산은 피로를 풀어준다. 사과에 풍부한 수용성 식이섬유인 펙틴은 장에서 콜레스테롤에 달라붙어 함께 몸 밖으로 배출되므로 동맥경화, 고혈압, 비만 예방에 좋다.

배 | 배는 칼륨이 많이 들어 있어 체내에 쌓인 나트륨을 배출하므로 혈압 조절에 효과적이다. 신고배의 경우 칼륨이 100g당 171mg이나 들어 있다. 배를 먹을 때 오톨도톨하게 씹히는 작은 알갱이인 석세포는 구강을 청결하게 해 충치를 예방한다. 배를 갈아서 고기 양념에 넣어도 좋다. 단백질 분해 효소가 들어 있어 질긴 육류를 연하게 만들기 때문이다. 또 배는 소화를 도우므로 고기를 먹은 뒤 후식으로 먹어도 좋다. 배는 껍질이 팽팽하고 무거운 것이 상품이며, 향기가 뛰어난 것이 맛도 최고이다.

복숭아 | 복숭아는 백도와 황도로 분류된다. 백도는 7~8월에 나오며, 껍질이 연한 황백색이다. 붉은색의 끝 부분에는 피부 노화를 억제하고 염증을 없애주는 항산화 성분인 폴리페놀이 들어 있다. 황도는 9월 중순에서 10월까지가 제철인 '늦복숭아'이다. 육질이 치밀하면서도 부드럽고 당도가 높다. 복숭아는 펙틴 등 식이섬유가 풍부해 배변을 원활하게 해준다.
복숭아는 보관 기간이 짧아 여름 한철에만 신선하게 먹을 수 있다는 것이 단점이다. 백도는 8~10℃에서 1~2주간 보관할 수 있다. 이보다 낮은 온도에서 보관하면 육질이 질겨지고 과즙의 양이 줄어든다. 황도는 3~5℃의 냉장고에 보관하면 된다. 보관 기간은 15~20일로 백도보다 길다.

토마토 | 서양에는 '토마토가 빨개지면 의사 얼굴이 파래진다'는 격언이 있다. 그만큼 토마토가 건강에 이롭다는 뜻이다. 붉은 토마토

의 대표적인 웰빙 성분은 라이코펜이다. 카로티노이드의 일종인 라이코펜은 항산화 성분으로 몸속 유해 산소를 제거하고 자외선으로부터 피부를 보호한다.

토마토는 생으로 먹는 것보다 올리브유 등 식용유를 넣어 조리해 먹는 것이 좋다. 라이코펜은 지용성이기 때문에 기름과 함께 섭취하면 체내에 더 잘 흡수된다. 또 가열하면 껍질에서 라이코펜이 더 많이 나온다. 구입할 때는 색이 고르고 꼭지 주변에 녹색이 남아 있지 않은 것을 고른다. 또 꼭지가 짙은 녹색을 띠고 모양이 둥글며 무게감이 있으면 신선한 것이다.

딸기 | 딸기는 비타민 C가 풍부해 피부 미용에 좋고 피로 해소에도 효과적이다. 비타민 C 함량은 100g당 개량종은 71mg, 재래종은 82mg에 달한다. 또한 딸기는 식이섬유의 일종인 펙틴이 풍부해 콜레스테롤 수치를 낮춘다. 딸기는 색이 선명하고 표면에 광택이 있으며, 꼭지가 싱싱하고 진한 녹색을 띠는 것이 좋다. 꼭지 주변이 하얀 것은 다 익지 않은 것이다. 딸기를 씻을 때는 꼭지를 떼지 않은 상태로 씻어야 비타민 C와 단맛이 빠져나가지 않는다.

감 | 감은 면역력을 높여주는 비타민 C와 눈 건강에 좋은 비타민 A가 풍부하다. 하지만 떫은맛 성분인 타닌이 변비를 일으키기도 한다. 떫은맛을 없애려면 감을 두꺼운 종이에 싸서 10일쯤 방치하면 된다. 감을 고를 때는 껍질에 광택이 있으며 색이 진하고 균일하며, 꼭지가 싱싱한 것이 좋다.

플러스 영양 정보

아이들에게 인기 만점인 열대 과일, 영양은 어떨까?

1970년대까지 바나나, 파인애플 등 열대 과일은 '귀족 과일'이라 했다. 그만큼 서민이 일상적으로 먹기 힘든 과일이었다. 그런데 요즘은 스타애플, 구아바 등 이름도 생소한 열대 과일을 쉽게 먹을 수 있게 됐다. 아이들에게 인기가 높은 열대 과일에 대해 자세하게 알아보자.

바나나 | 비타민 C가 풍부해 여름철 더위에 지쳐 무기력해진 몸을 회복하는 데 효과적이다. 먹으면 기분도 좋아진다. 이는 아미노산의 일종인 트립토판 함량이 높기 때문인데 트립토판은 심신의 안정을 돕는 신경전달물질인 세로토닌의 원료가 된다. 장운동을 활발하게 하는 식이섬유도 많이 들어 있어 변비 예방에도 좋다. 단, 열량이 높아 너무 많이 먹으면 살이 찔 수 있다.

파인애플 | 새콤달콤한 맛이 무더위에 지친 입맛을 되살려준다. 수분 함량이 90% 이상으로 갈증 해소에도 그만이다. 생과일로 즐겨도 맛있지만 음식을 만들 때 넣어도 좋다. 탕수육, 돈가스 소스 등을 만들 때 설탕 대신 파인애플 즙을 넣으면 향미를 높일 수 있다. 파인애플은 육류와도 '찰떡궁합'이다. 브로멜린이라는 단백질 분해 효소가 소화를 돕기 때문이다. 생선, 치즈 등 단백질 식품을 먹은 뒤 파인애플을 디저트로 먹으면 소화가 잘된다. 불고기 등 고기를 재울 때도 파인애플을 넣으면 육질이 연해진다.

파파야 | 콜럼버스가 처음 맛본 후 '천사의 열매'라고 감탄한 과일이다. 모양이 길쭉하고 맛이 달다. 열량은 100g당 25kcal에 불과하다. 영양적으로는 면역력을 높이는 비타민 A, 노화를 늦추는 비타민 C, 변비를 예방하는 식이섬유가 풍부하다.

망고 | 원산지인 인도에서는 성스러운 과일이라 부른다. 과육이 노란색을 띠고 즙이 많으며 단맛이 강하고 독특한 향이 난다. 100g당 열량은 약 68kcal이다. 영양적으로

는 변비 예방을 돕는 식이섬유, 항산화 효과가 있는 비타민 C, 뼈를 튼튼하게 하는 비타민 D 등이 풍부하다. 특히 눈 건강에 유익한 비타민 A가 과일 중 가장 많이 들어 있다.

람부탄 | 말레이시아어로 '털이 있는 열매' 라는 이름 그대로 껍질에 가시 같은 붉은색 털이 많다. 작은 달걀만 하며 언뜻 보면 성게를 연상시킨다. 과육은 반투명한 흰색으로 새콤달콤한 과즙이 많다. 패밀리 레스토랑, 뷔페 등에서 디저트용으로 자주 오른다.

아보카도 | '밀림의 버터' 로 통한다. 영양적으로는 염분 함량이 적고 혈압을 조절해주는 칼륨이 100g당 634mg으로 열대 과일 중 가장 많이 들어 있다. 열량은 100g당 177kcal이고 지방 함량은 17.3g이다. 과일치고는 지방 함량이 높은 편이지만 지방의 85%가 혈관에 유익한 불포화 지방이다.

코코넛 | 공 모양의 과일이다. 대개 윗부분을 자른 뒤 빨대를 꽂아 액체를 마시는데 차게 먹어야 제 맛이 난다. 과육을 긁어 먹으면 맛이 구수하다. 영양적으로는 지방 함량이 100g당 33.6g으로 무척 높은 편이다. 게다가 지방의 89%가 혈관에 해로운 포화지방이다. 열량도 100g당 353kcal에 달한다.

구아바 | 비타민 C가 귤의 세 배 이상(100g당 183mg) 들어 있어 '자연의 감기약' 이라 불린다. 혈압을 내리는 효능이 있는 칼륨이 풍부하고 항산화 성분인 라이코펜이 토마토보다 두 배 이상 많이 들어 있다.

롱간 | '용의 눈' 이라는 뜻이다. 거봉만 한 크기로 얇은 껍질을 벗기면 반투명한 흰색 또는 옅은 핑크색 과육이 드러난다. 쫄깃한 과육 안에는 제법 큰 씨가 들어 있다. 단맛이 나고 은은한 사과 향이 나는 것이 특징이다.

7 유제품
키가 쑥쑥, 뼈가 튼튼

🍵 '칼슘 왕' 우유의 아킬레스건을 알아두자

영국의 처칠 수상은 '장래를 위한 가장 훌륭한 투자는 아이에게 우유를 마시게 하는 것'이라고 말했다. 고대 그리스의 명의 히포크라테스는 우유를 '완전식품'이라고 예찬했다. 최고의 칼슘 공급원이자 뼈, 이, 근육의 발달을 돕는 건강식품이기 때문이다. 미국의 케네디 대통령은 하루 1l의 우유를 마실 정도의 우유 애호가로, 우유가 그의 정력의 비결이었다는 이야기도 있다.

우유는 아이들을 위한 가장 효과적인 칼슘 공급원이다. 두부, 콩, 시금치, 브로콜리, 케일, 오렌지 등에도 칼슘이 많으나 아이들이 매일 다량의 채소를 먹기란 힘든 일이다. 그러나 완전식품 우유에도 아킬레스건은 몇 가지 있다.

첫째, '칼슘의 왕' 우유에는 몸 안에서 칼슘의 흡수를 방해하는 인이 칼슘 못지않게 들어 있다. 따라서 우유를 마시는 아이의 경우에는 더더욱 인스턴트식품, 가공식품, 탄산음료, 적색육 등 인이 많이 든 음식을 적게 먹어야 한다. 그래야만 기껏 섭취한 칼슘을 몸 밖으로 헛되이 내보내지 않게 된다. 세계에서 우유 소비량이 가장 많은 미국 등 다섯 나라의 골다공증 발생률이 세계 최고인 것은 인을 과잉 섭취한 것과 관련이 있다는 주장도 나왔다.

둘째, 우유에는 철분, 비타민 B_1·C·D 등이 적게 들어 있다. 게다가 우유의 살균 과정에서 비타민 B_1은 25%, 비타민 C는 20%가 손실된다. 결국 이들 영양소는 다른 식품을 통해 공급받아야 한다. 또 탈지우유나 저지방 우유의 경우에는 제조 과정에서 지용성 비타민(비타민 A·D·E·K)이 제거되므로 이를 따로 보충할 필요가 있다.

셋째, 우유 지방의 40%는 혈관에 해로운 포화 지방이다. 따라서 2세 이후 아이들에게는 포화 지방의 섭취를 줄이기 위해 전유 대신 무지방이나 저지방 우유를 마시게 한다. 무지방이나 저지방 우유는 칼슘 함량은 전유와 같으면서 포화 지방 함량과 열량은 낮다.

넷째, 초콜릿 우유, 커피 우유 같은 가공 우유는 충치 등 아이의 치아 건강을 해칠 수 있다. 일반 우유는 가공 우유보다 값이 쌀 뿐만 아니라 영양이 더 우수하고 담백한 맛이 일품이다.

다섯째, 2세 이하 아이에게는 알레르기가 나타날 수 있으므로 주의한다.

여섯째, 우유는 햇볕에 노출시키지 말고 반드시 냉장 보관해야 한다. 우유에 든 비타민 B_2가 햇볕에 약하기 때문이다.

일곱째, 우유를 마시면 배에 가스가 차고 설사를 하는 등 배탈이 날 수 있다. 대개는 나이가 들면서 우유 속에 든 유당을 분해시키는 효소가 덜 분비되기 때문이다. 이를 '유당 불내증'이라고 하는데 주로 노인에게 나타나지만 아이들한테도 간혹 생길 수 있다.

이런 경우에는 우유를 하루 반 컵씩 마시기 시작해 매일 조금씩 섭취량을 늘려가면 해결된다. 장에 부담을 덜 주기 위해 우유를 따뜻하게 데워 소량씩 음식을 씹듯이 마시는 것도 도움이 된다. 원유를 유당 분해 효소로 처리해 만든 '유당 분해 우유'를 마시거나, 유산균이 장에서 유당을 분해하는 요구르트와 함께 마시는 것도 방법이다. 유당 분해 우유로는 서울우유의 '락토프리', 매일유업의 '소화가 잘되는 우유' 등이 있다. 아이가 하루에 마시는 우유의 양은 2팩400㎖ 정도가 적당하다.

🍵 쇠고기보다 1.5배나 단백질이 많은 치즈

버터와 치즈는 태생이 같다. 둘 다 우유가 원재료이다. 우유에 충격을 가하면 지방층이 위로 뜨는데 이 층을 걷어낸 것이 버터이다. 치즈는 어린 소의 위에서 얻어낸 린넨단백질을 응고시키는 효소이나 유산균을 넣어 우유를 응고시킨 뒤 맑은 유청을 뽑아내고 밑에 남은 것만 발효시켜 얻은 것이다. 버터의 지방 함

> **마가린과 트랜스 지방**
>
> 마가린은 버터의 인기를 '시샘'해 태어난 동생 격이다. 유럽에서 산업화가 본격화되면서 공장 근로자와 군인에게 버터를 충분히 공급할 수 없게 되자 그 대안으로 나온 것이 마가린이다. 나폴레옹 3세의 명령으로 프랑스 과학자가 1860년대에 개발했다. 지금은 콩기름, 옥수수기름 등 식물성 식용유를 인공적으로 굳혀서 만들지만 당시에는 돼지기름(라드)에 열을 가해 흘러나온 기름에 물을 섞어 제조했다.
> 오랫동안 사람들은 식물성 기름으로 만든 마가린이 버터보다는 건강에 덜 해로울 것으로 생각했다. 그러나 트랜스 지방의 존재가 확인되면서 이런 믿음이 깨졌다. 트랜스 지방은 마가린을 경화(硬化, 수소 첨가)하는 과정에서 생긴다.

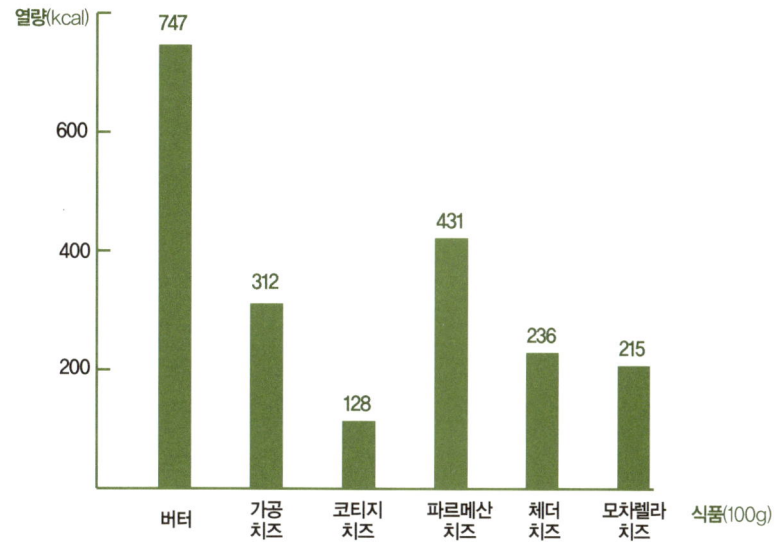

치즈와 버터의 열량 비교

량 84.5%이 높고 치즈의 단백질 함량 18.3~38.5%이 높은 것은 이 때문이다.

둘 중에서 열량은 치즈가 더 낮다. 가공 치즈는 100g 어린이 치즈 5장당 열량이 312kcal 정도이고, 자연 치즈는 종류에 따라 열량이 다르다. 코티지치즈는 100g당 128kcal로 열량이 낮은 편이고, 파르메산치즈는 431kcal로 열량이 높은 편이다. 수분 함량이 적은 체더치즈는 열량이 236kcal, 피자용 치즈로 널리 알려진 모차렐라치즈는 215kcal이다.

버터는 열량이 100g당 747kcal이며 80% 이상이 지방이다. 버터에 든 지방은 대부분 혈관에 해로운 포화 지방이다. 따라서 아이의 건강을 생각한다면 버터보다 치즈를 먹이는 것이 좋다.

치즈의 별명은 '흰 고기'이다. 쇠고기보다 단백질이 1.5배나 많이 들어 있기 때문이다. 또 뼈와 이 건강에 중요한 칼슘과 악성 빈혈을 예방하는 비타민 B_{12}가 풍부하다. 치즈는 또 치아에서 산의 형성을 방해해 충치 예방을 돕는다. 제조할 때 발효 과정을 거치므로 소화도 잘 된다. 그러나 포화 지방이 상당량 들어 있고 열량이 꽤 높으며 일부 예민한 아이들에게는 편두통, 알레르기를 일으킬 수 있으므로 유의해야 한다.

마시는 유산균, 요구르트

다음에서 공통적으로 가리키는 식품은 무엇일까?

첫째, 미국의 저명한 영양학자 스티븐 프랫 박사가 꼽은 14가지 슈퍼 푸드 가운데 하나이다. 그는 이것을 매일 2컵씩 먹으라고 추천했다. 둘째, 프랑스 여성에게 가장 인기 높은 다이어트 식품이다. 셋째, 20세기 초 러시아의 미생물학자 메치니코프는 불가리아의 장수촌을 여행한 뒤 이것을 장수 비결로 꼽았다.

이 질문의 답은 바로 요구르트다. 요구르트는 우유를 발효시킨 식품이다. 덕분에 '완전식품'인 우유와 유산균의 장점을 두루 갖추었다. 우선 칼슘 함량이 우유 못지않게 높다. 또 유산균은 대장 내의 부패 세균과 병원균, 식중독 균 등 유해 균의 증식을 막는다. 요구르트를 마시면 설사가 줄어들고 속이 편해지는 것은 이 때문이다.

요구르트는 체중 관리에도 효과적이다. 2005년 『국제비만저널』에 실린 논문에 따르면 비만한 사람이 저지방 요구르트를 하루 세 번 먹으면 평소보다 열량을 500kcal나 덜 섭취할 수 있다. 요구르트는 입 냄새도 막아준다. 미국에서 24명의 지원자에게 요구르트를 한 번에 80ml씩 하루 두 번 6주간 먹게 했더니 입 냄새 성분인 황화수소의 발생량이 80%나 감소했다. 또 방귀, 습진, 알레르기도 완화한다.

아이에게는 살아 있는 유산균이 많이 들어 있는 요구르트를 먹이는 것이 좋다. 유산균 음료에는 1ml당 1000만 마리 이상의 유산균이 들어 있으며 농후 유산균 발효유에는 1ml당 1억 마리 이상 들어 있다. 일반적으로 액상 요구르트보다 떠먹는 요구르트에 유산균이 더 많다. 또 열처리한 제품에는 유산균이 적고 유기농 요구르트에는 많다. 과일 요구르트에는 설탕이 많이 들어 있다는 사실도 기억하자.

맛보다 건강을 생각한다면 저지방 · 플레인감미료 무첨가 · 생 · 유기농 요구르트가 최선의 조합이다. 요구르트는 오래될수록 유산균 수가 크게 줄어들기 때문에 유통기한이 많이 남아 있는 것을 선택하는 것도 중요하다.

위산의 농도가 높은 아침 식사 전에 요구르트를 먹는 것은 좋지 않다. 식후에 바로 먹거나 물을 먼저 마셔 위산 농도를 묽게 한 뒤, 또는 과일, 샐러드 등에 뿌려 먹는 것이 유산균의 대장 안 도착률을 높이는 방법이다.

아이의 '숨은 키 10cm'를 키워라

우리 사회는 큰 키에 대한 열망이 무척 크다. 요즘은 아이들에게도 키는 정말 예민한 문제이다. 초등학생 아이들도 키가 작으면 스트레스를 받고, 편식하는 아이도 키가 크는 음식이라고 말해 주면 솔깃해한다.

아이의 키를 자라게 하기 위해 성장호르몬을 투여하거나 성조숙증을 치료하는 등 의료 기술에 의존하는 경우도 있다. 그러나 시술받기 힘들고 비용이 만만찮은 데다 효과도 신통치 않다. 성장호르몬을 투여한다 해도 아이의 타고난 유전자를 바꾸지는 못한다.

키의 결정 인자는 유전자이다. 부모의 키가 절대적인 영향을 미치는 것이다. 남아가 성인이 됐을 때 최종적인 예상 키는 부모의 키(합)에서 13㎝를 더한 뒤 2로 나눈 값이다. 여아의 최종 예상 키는 부모의 키에서 13㎝를 뺀 뒤 2로 나눈 수치 정도이다. 유전적으로 동일한 사람인 일란성 쌍둥이를 대상으로 한 연구를 통해 최종 키에 대한 유전자의 기여도는 70~80%로 추정되었다. 나머지 20~30%는 영양, 운동, 수면, 스트레스, 질병 등 후천적인 요인이다.

아이를 롱다리로 만드는 영양소

전문가들은 영양, 운동, 수면 등 생활 습관을 '성장 친화적'으로 개선하면 '숨은 키 10㎝'를 키울 수 있다고 본다. 과거에는 한국 남성의 평균 키가 160㎝였다. 영양 상태가 워낙 나빠서 유전자에 의해 정해진 키보다도 덜 자란 것이다. 최근 20년 동안 한국인의 평균 키는 3㎝가량 성장했는데 이는 영양 개선과 관련이 있다.

키 성장에 필수적인 4대 영양소는 단백질, 칼슘, 아연, 철분이다. 이 중 **단백질**은 근육, 혈액의 재료가 되는 영양소이자 뼈를 지지하는 근육, 인대의 구성 성분이기도 하다. 단백질은 육류와 생선, 된장·두부·두유 등 콩 식품, 유제품과 조개류에 풍부하다.

키가 크려면 뼈가 자라야 하는데 여기에는 인과 칼슘이 필수적이다. 이 중 **인**은 일반 식품에 많이 들어 있어서 섭취가 부족한 경우가 거의 없다. 문제는 **칼슘**이다. 아이들의 하루 칼슘 권장량은 700~800mg인데, 대다수의 아이들이 이보다 적게 섭취한다. 칼슘은 우유 등 유제품, 멸치·뱅어포·전어 등 뼈째 먹는 생선이나 콩류, 미역 등 해조류에 풍부하다. 특히 우유, 치즈, 요구르트 등 유제품에 든 칼슘은 체내 흡수율이 높아 가장 훌륭한 칼슘 공급원으로 꼽힌다.

아연과 철분도 키와 관련이 있는 미네랄이다. 키가 작은 멕시코 아이들에게 아연, 철분을 먹였더니 먹이지 않은 아이에 비해 1년 후 평균 키가 1㎝ 더 커졌다는 연구 결과가 이를 뒷받침한다. 특히 가난하거나 영양 장애가 심할수록 아연, 철분 섭취의 효과가 뚜렷했다.

아연은 아이들 몸 조직의 성장과 재생에 필요한 미네랄로 단백질 합성에도 필수적이다. 연골 형성과 콜라겐 합성에도 기여한다. 따라서 어린이나 청소년이 아연을 충분히 섭취하지 못하면 성장은 물론 골격 형성, 성적(性的) 발달이 지연된다. 가벼운 아연 결핍도 성장을 늦출 수 있다. 아연은 굴과 조개류, 육류, 간, 우유, 달걀 등 주로 동물성 식품에 많이 들어 있다. 아이의 하루 아연 권장량은 5~10mg이다.

철분 섭취가 부족해도 성장에 장애가 생긴다. 철분 결핍은 빈혈을 초래하고 빈혈은 식욕부진으로 이어져 발육을 지연시킨다. 간, 육류, 닭고기, 생선, 달걀노른자, 녹색 채소, 콩, 견과류 등이 철분 함유 식품이다. 철분은 칼슘보다 체내 흡수율이 더 떨어진다. 과일, 채소 등 비타민 C가 풍부한 식품과 함께 섭취하면 철분의 체내 흡수율이 높아진다. 반면 커피나 곡류와 함께 먹으면 흡수율이 떨어진다.

콩나물을 먹으면 콩나물처럼 키가 큰다?

키와 관련해 가장 자주 언급되는 식품은 우유와 콩나물이다. 우유는 분명히 키 성장에 이로운 식품이다. 키가 자라는 데 필요한 4대 영양소 중 철분을 제외한 나머지 셋(단백질, 칼슘, 아연)이 풍부하기 때문이다. 우유 한 컵(250ml)에는 약 8g의 단백질이 들어 있다. 하루 세 컵을 마시면 아이의 하루 적정 단백질 공급량(25~60g)을 상당 부분 충족시킨다. 그러나 콩나물의 키 성장 효과는 근거가 없다. 콩나물에는 칼슘, 인이 소량 들어 있으나 양이 적어서 성장에 직접적으로 도움을 준다고 볼 수 없다.

아이들의 '롱다리 작전'에 방해가 되는 것은 탄수화물과 지방, 특히 트랜스 지방이다. 지나친 탄수화물과 지방 섭취는 비만을 유발한다. 비만으로 인해 피하지방이 축적되면 비만 세포에서 여성호르몬이 분비되고 그만큼 성장호르몬이 덜 분비되어 키가 정상적으로 자라지 않는다.

지금까지 과학자들은 키를 크게 하는 식품에 주목하기보다 영양소가 부족할 때 왜 키가 자라지 않는지를 규명하는 연구에 주력해왔다. 단백질, 철분, 칼슘, 아연 중 한 가지만 부족해도 성장에 장애가 오기 때문이다. 여러 영양소의 상호작용이 원활하게 이루어져야만 키가 잘 자란다. 결국 키를 크게 하는 비결은 균형 잡힌 식사다.

8 생선, 단백질과 오메가-3 지방이 풍부

🍵 흰 살 생선 vs 붉은 살 생선

생선 가운데서도 흰 살 생선은 아이들이 선호하는 식품이다. 살이 연하고 맛이 담백해 별다른 거부감 없이 먹는다. 고단백 식품인 데다 소화도 잘되고 열량과 지방 함량이 낮다.

흰 살 생선과 붉은 살 생선의 단백질 함량은 비슷하다. 흰 살 생선이 100g당 19~23g, 붉은 살 생선이 20~26g으로 둘 다 고단백 식품이다. 하지만 열량은 흰 살 생선이 100g당 96~104kcal인 데 반해 붉은 살 생선은 135~240kcal로 거의 두 배 가까이 높다. 지방 함량의 경우에도 흰 살 생선은 100g당 0.6~2g인 반면 붉은 살 생선은 5~17g에 달한다. 따라서 비만인 아이의 경우 다이어트를 위해서 흰 살 생선을 먹이는 것이 좋다.

흰 살 생선은 맛에서, 붉은 살 생선은 건강에서 우위를 점한다. 흰 살 생선은 지방이 적어 맛이 담백하고 붉은 살 생선에는 EPA, DHA 등 오메가-3 지방이 풍부하게 들어 있다.

아이가 붉은 살 생선을 먹은 뒤 두드러기 등 알레르기 증세를 보이면 흰 살 생선으로 바꾸도록 한다. 흰 살 생선에는 알레르기 유발 물질인 히스타민이 존재하지 않기 때문이다. 그리고 붉은 살 생선은 살이 물러 부패가 더 빨리 진행된다. 따라서 붉은 살 생선은 신선한 것을 사서 바로 먹어야 한다.

🍵 불포화 지방, DHA 풍부한 고등어

'가을 고등어와 가을 배는 며느리에게 주지 않는다'는 속담이 있다. 가을 고등어는 며느리에게 주기 아까울 정도로 맛있다는 이야기이다. 여름에 산란을 마친 고등어는 겨울을 대비하기 위해 가을 무렵이면 먹이를 양껏 먹는다. 그 결과 지방 함량이 20%가 넘게 되어 감칠맛이 뛰어나다. 등 쪽보다 지방이 많은 배 쪽이 더 맛있다.

지방이 많이 들어 있다고 해서 너무 걱정할 필요는 없다. 고등어의 지방은 대부분 혈관에 유익한 불포화 지방이다. 특히 오메가-3 지방의 일종인 DHA, EPA가 풍부하다. DHA는 뇌신경을 활성화해 머리를 좋게 하고, EPA는 콜레스테롤 수치를 낮추고 혈액순환을 촉진해 심장을 튼튼하게 해준다. 아이가 고등어 한 토막_{100g}만 먹어도 DHA, EPA의 하루 권장량인 1g을 충분히 섭취할 수 있다.

고등어에 들어 있는 지방이 두뇌와 혈관에 이로운 DHA, EPA 등 불포화 지방이긴 하지만 이같은 장점은 생선이 신선할 때만 유효하다. 불포화 지방이 산화되면 암, 노화를 일으키는 과산화지질로 변한다. 다행히도 고등어에는 지방의 산화를 막는 항산화 비타민인 비타민 E가 함께 들어 있다.

불포화 지방이 풍부한 것은 고등어를 비롯한 정어리, 꽁치, 청어, 참치 등 회유어_{해류를 따라 이동하는} 생선의 공통점이다. 회유어는 대부분 등 쪽이 푸르고 배

쪽이 은백색이어서 등 푸른 생선이라고 한다.

'고등어는 살아서도 부패한다'는 말이 있다. 신선해 보이는 것이라도 잘못 먹으면 식중독을 일으킬 수 있으므로 주의해야 한다. 고등어는 낚아 올리는 즉시 죽고, 특히 붉은 살 부위의 부패가 빠르게 진행된다. 이때 고등어에 든 히스티딘(아미노산의 일종)이 히스타민으로 바뀐다. 히스타민은 두드러기, 복통, 구토 등 알레르기 증상을 유발하는 성분이다. 이처럼 부패가 빠른 고등어를 오래 두고 먹기 위해 우리 선조가 지혜를 발휘한 것이 자반고등어이다. 소금에 절여놓으면 장기 보관이 가능하다는 점을 활용한 것이다. 자반은 원래 '좌반(佐飯)'으로 밥 먹는 것을 도와준다는 뜻이다.

하지만 아이들은 고등어 비린내에 거부감을 느껴 잘 먹으려 하지 않는 경우가 많다. 고등어를 조리하기 전에 식초를 뿌려두면 비린내를 효과적으로 제거할 수 있다. 조리할 때는 열을 너무 오래 가하지 말아야 한다. DHA 등 건강에 유익한 지방이 빠져나갈 수 있는 데다 탄 부위에 벤조피렌 등 발암물질이 생성될 수도 있기 때문이다. 또 고등어구이를 낼 때는 식탁에 올리기 전에 비타민 C가 풍부한 레몬즙을 뿌리면 비린내를 없앨 수 있을 뿐만 아니라 탄 부위에 생긴 발암물질도 제거할 수 있다. 굽기 전에 소금을 약간 뿌리면 수분이 빠져나가 살이 단단해지고 맛이 한결 좋아진다.

고등어는 광택이 나며 눈이 촉촉한 것, 손으로 눌러봐서 탄력이 느껴질 만큼 살이 단단한 것으로 고른다.

🍵 DHA가 풍부하지만 열량도 높은 참치

등 푸른 생선 중에서 참치는 아이들이 좋아하는 생선에 속한다. 원래 이름은 참다랑어인데, 흔히 참치라고 부른다. 1957년 인도양에 처음 고기를 잡으러 간 선원들이 '진짜 고기'라는 뜻으로 참치라고 부르기 시작한 데에서 유래되었다. 참치는 덩치가 크고 영양이 풍부하다. 참치는 태어나서 죽을 때까지 잠시도 수영을 멈추지 않는다. 밤에도 속도를 낮춰 잠든 채로 유영한다. 그래서 별명이 '대양의 항해자'이다.

참치 살이 붉은 것은 근육에 혈액이 많기 때문이다. 혈액이 많은 만큼 부패하기 쉬우므로 어부들은 잡은 즉시 내장과 머리를 제거한 뒤 영하 60℃ 이하로 냉동 보관한다. 참치는 과거에는 붉은 살을 최고로 쳤으나 지금은 뱃살이 더 인기 있는 부위이다. 참치의 지방 함량은 겨울에 가장 높은데 겨울철에 잡은 참치 뱃살에는 100g당 지방이 40g 이상 들어 있다. 입안에서 스르르 녹을 정도로 맛이 좋지만 지방 함량이 높은 만큼 열량도 높다.

참치에는 DHA가 들어 있어 두뇌 발달에 좋다. 하지만 열량이 꽤 높기 때문에 적당히 먹어야 한다. 참치 캔 1개150g의 열량은 살코기만 130kcal 정도이다. 면실유를 포함한 전체 열량은 300kcal에 육박한다. 밥 한 공기나 자장면 반 그릇과 비슷한 열량이다.

참치 캔은 제조일부터 3~6개월가량 지난 것이 가장 맛있다. 이 무렵이면 참치 살에 면실유가 적당히 스며들어 숙성된 맛을 느낄 수 있기 때문이다.

🍵 칼슘 덩어리 생선, 멸치

멸치는 생선이 맞을까 싶을 정도로 작고 보잘것없어 보이지만 우리 식탁에서 빼놓을 수 없는 식품이다. 멸치를 우려내 국을 끓이고, 멸치젓을 넣어 김치를 담그는 것은 어느 집에서나 흔한 일이다. 멸치 하나로 음식의 풍미가 배가된다. 마른 멸치는 고추장에 찍어 먹으면 맛이 일품이고 멸치소금구이도 별미이다. 갓 잡은 굵은 알배기 멸치는 회로도 먹는다.

한방에서는 멸치같이 한입에 먹을 수 있는 생선이 관절 건강에 유익하다고 본다. 통째로 먹으면 생선의 껍질과 비늘, 뼈, 머리, 지느러미, 내장 등에 함유된 콜라겐을 빠짐없이 섭취할 수 있기 때문이다. 멸치는 아이에게 훌륭한 칼슘 공급원이다. 멸치 100g한 공기당 칼슘 함량이 2g이나 된다. 같은 양의 우유에 비하면 거의 20배에 달하는 수치이다. 그러나 아쉽게도 멸치는 우유에 '칼슘의 왕'이라는 칭호를 내줄 수밖에 없는데, 멸치에 든 칼슘은 우유의 칼슘에 비해 체내 흡수율이 떨어지기 때문이다. 멸치는 단백질도 풍부한데 단백질 함량이 100g당 47g이나 된다.

아이가 자주 불안해하거나 신경질을 낸다면 칼슘이 부족하기 때문일 수도 있다. 칼슘은 신경안정제 역할을 하므로 매일 칼슘을 충분히 섭취하면 짜증이나 불안이 줄어드는 등 정서적으로 안정된다. 칼슘은 어릴 때 가능한 한 많이 섭취하는 것이 좋다. 어른도 늘 섭취해야 하는 중요한 영양소지만 어릴 때 섭취하는 것이 효과가 크다.

플러스 영양 정보

영양소의 균형을 찾아주자

아이가 어떤 영양소를 얼마나 먹어야 하는지 알고 있으면 보다 균형 잡힌 식단을 짤 수 있다. 하지만 일일이 음식에 든 영양소를 계산하는 것은 쉽지 않다. 아이들의 하루 평균 영양소 섭취량과 섭취 기준 대비 평균 섭취 비율을 보면 아이들이 대략 어떤 영양소를 많이 섭취하고 어떤 영양소를 부족하게 섭취하고 있는지 파악할 수 있다. 또 아이들의 영양소별 주요 섭취 음식과 내 아이가 주로 먹는 음식을 비교해보자. 내 아이에게 알맞은 영양 섭취 전략을 세우는 데 도움이 될 것이다.

아이들의 하루 영양 섭취 권장량

	성별		남녀	남				여			
	연령		3~5세	6~8세	9~11세	12~14세	15~19세	6~8세	9~11세	12~14세	15~19세
영양성분	단백질(g)	권장섭취량	20	25	35	50	60	25	35	45	45
	식이섬유(g)	충분섭취량	17	19	23	29	32	18	20	24	24
	수분(ml)	충분섭취량	1400	1700	2000	2400	2700	1600	1800	2000	2100
	비타민 C(mg)	권장섭취량	40	60	70	100	110	60	70	90	100
	비타민 A(ug RE)	권장섭취량	300	400	550	700	850	400	500	650	700
	비타민 D(ug)	충분섭취량	10	10	10	10	10	10	10	10	10
	칼슘(mg)	권장섭취량	600	700	800	1000	1000	700	800	900	900
	나트륨(g)	충분섭취량	1	1.2	1.5	1.5	1.5	1.2	1.5	1.5	1.5
	칼륨(g)	충분섭취량	3	3.8	4.7	4.7	4.7	3.8	4.7	4.7	4.7
	철(mg)	권장섭취량	7	9	12	12	16	9	12	12	16
	아연(mg)	권장섭취량	4	5	7	8	10	5	7	7	9

권장 섭취량 아이에게 권장되는 하루 영양소 섭취량이다. 평균 필요량을 근거로 하여 산출한다.
충분 섭취량 권장 섭취량을 산출할 수 없는 경우 역학 조사 결과를 토대로 건강인의 영양소 섭취 수준을 기준으로 산출한다.

자료 : 한국영양학회 「한국인 영양 섭취 기준」

1일 평균 영양소 섭취량 (7~12세)

영양소	평균 섭취량
에너지(kcal)	1732.3
단백질(g)	63.3
칼슘(mg)	473.9
인(mg)	1041.3
철(mg)	10.5
나트륨(mg)	3511.3
칼륨(mg)	2349.4
비타민 A(RE)	596.5
티아민(mg)	1.2
리보플라빈(mg)	1.2
나이아신(mg)	13.3
비타민 C(mg)	83.3
지방(g)	42.1
탄수화물(g)	276.5

자료 : 식품의약품안전청

영양소별 섭취 기준 대비 평균 섭취 비율 (7~12세)

영양소	평균 섭취 비율(%)
에너지	97.2
단백질	192.3
칼슘	60.2
인	124.1
철	96.4
나트륨	250.2
칼륨	53.5
비타민 A	119.7
티아민	150.1
리보플라빈	120
나이아신	123.3
비타민 C	119.5

자료 : 식품의약품안전청

표 보는 법 에너지의 평균 섭취 비율이 97.2라는 것은 에너지 권장량의 97.2%를 먹고 있다는 의미이다. 또 단백질 섭취 비율이 192.3이란 것은 단백질 권장량의 192.3%를 먹고 있다는 뜻이다. 이를 통해 7~12세 아이들은 평균적으로 단백질을 과잉 섭취한다는 사실을 알 수 있다. 반면 칼슘은 60.2%, 칼륨은 53.5%로 권장량보다 훨씬 적게 먹고 있는 것으로 나타났다.

7~12세 아이들의 주요 영양 공급원 음식

순위	열량		탄수화물		단백질		지방	
	음식명	섭취량(kcal)	음식명	섭취량(g)	음식명	섭취량(g)	음식명	섭취량(g)
1	쌀밥	366.24	쌀밥	80.57	잡곡밥	6.49	우유	6.49
2	잡곡밥	317.47	잡곡밥	68.21	쌀밥	6.39	돼지고기구이	4.61
3	우유	120.07	빵	14.59	우유	5.38	과자	3.85
4	빵	90.96	라면	12.42	닭튀김	4.34	라면	3.21
5	라면	87.05	보리밥	11.93	돼지고기구이	3.27	달걀말이	2.85
6	과자	79.76	볶음밥	10.78	생선구이	3.12	빵	2.48
7	볶음밥	60.7	과자	10.28	달걀말이	2.84	돼지고기튀김	2.36
8	돼지고기구이	57.53	우유	9.66	빵	2.28	닭튀김	1.96
9	보리밥	54.16	비빔밥	7.22	라면	2.03	생선구이	1.55
10	닭튀김	43.98	김밥	7.09	김치찌개	1.79	만두	1.39

자료 : 식품의약품안전청

9 브레인 푸드로 똑똑하게

🍵 두뇌에 활력을 주는 음식

뇌는 몸에서 가장 복잡한 기관이다. 몸이 교향악단이라면 지휘자는 당연히 뇌이다. 뇌는 또 늘 배고파하는 부위이다. 음식을 섭취해 얻는 열량의 첫 번째 소비자가 바로 뇌이다. 하루에 음식을 통해 공급하는 열량의 20%를 뇌가 소비한다. 뇌는 '식성'이 까다롭기로도 정평이 나 있다. 늘 '프리미엄'급 최고급 연료만을 요구한다. 그러나 아이들은 뇌의 이런 요구를 충족시키지 못하고 '레귤러'급 평범한 연료를 공급하기에 급급하다.

'브레인 푸드brain food'란 많이 먹으면 뇌 기능, 기억력, 집중력이 향상되는 음식을 말한다. 뇌를 위한 프리미엄급 연료인 셈이다. 두뇌에 좋은 브레인 푸드 식품을 소개한다.

들기름 | 두뇌 발달에 효과적인 오메가-3 지방이 풍부하다. 우리 국민의 두뇌가 우수한 것은 들기름을 많이 먹고 자랐기 때문이라고 주장하는 학자도 있

다. 들깨 가루도 뇌를 건강하게 하는 식품인데, 들깨 가루에 든 ALA는 체내에 들어와 DHA, EPA로 변환돼 아이들의 기억력과 학습 능력을 높여준다. 각종 무침 요리에 들깨 가루를 넣으면 아이의 두뇌 발달을 도울 수 있다.

연어 | 뇌는 60%가 지방이다. 연어에는 뇌 기능에 필수적인 DHA 등 오메가-3 지방이 풍부하다. 오메가-3 지방의 섭취가 부족하면 주의력결핍과잉행동장애ADHD, 우울증, 치매 등 정신이나 신경성 질환의 발생률이 높아진다는 연구 결과도 있다. 최근 연구에서는 오메가-3 지방을 충분히 섭취한 사람은 그렇지 않은 사람에 비해 의식이 더 명료하고 정신 능력 검사에서 더 높은 점수를 받은 것으로 밝혀졌다.

DHA는 두뇌 발달을 돕고 기억력을 높이는 데 효과적이다. DHA는 등 푸른 생선에 풍부하다. 생선 구이를 할 때는 생선 표면에 식용유를 직접 발라 굽지 말고 센 불에서 빨리 굽거나 알루미늄 포일로 싸서 굽는 것이 DHA의 손실을 줄이는 방법이다. 생선을 튀길 때는 튀김옷을 두껍게 해야 DHA가 덜 빠져나간다.

오메가-3 지방이 혈중 콜레스테롤 수치를 낮춰 혈관 질환을 예방한다는 사실은 널리 알려졌다. 그러나 과다 섭취하면 혈액을 지나치게 묽게 해서 뇌졸중 위험을 높일 수 있다. 연어 등 등 푸른 생선을 통해 오메가-3 지방을 하루 1g가량 섭취하면 충분하다. 참치에도 오메가-3 지방이 들어 있지만 연어만큼 많지는 않다.

블루베리 | 블루베리의 별명은 '브레인 베리brain berry'이다. 블루베리에는 기억

을 저장하는 뇌 세포를 만드는 데 필요한 영양소가 들어 있다. 매일 꾸준히 섭취하면 기억력 회복에 효과가 있다는 연구 결과도 나왔다. 또한 영국의 한 연구 팀은 블루베리를 섭취했을 경우 오후 시간대의 집중력이 20%나 향상됐다고 발표했다. 이는 블루베리의 플라보노이드 성분이 뇌로 가는 혈관을 넓혀 뇌에 다량의 혈액이 공급된 덕분이라고 한다.

블루베리가 단지 뇌 건강에만 좋은 것은 아니다. 블루베리의 대표 웰빙 성분은 보라색 색소 성분이자 항산화 성분인 안토시아닌이다. 안토시아닌은 암, 노화의 주범인 유해 산소를 제거해 준다. 안토시아닌은 특히 씨와 껍질에 많이 들어 있으므로 블루베리를 되도록 생과로 껍질째 먹는 것이 좋다. 블루베리는 우유, 요구르트 등과 함께 믹서에 갈아 음료로 마시기도 한다. 와플, 팬케이크, 스콘 등을 만들 때 새콤달콤한 맛을 더하는 재료로도 쓴다.

딸기, 산딸기, 복분자, 블랙베리, 체리 등도 '브레인 베리'로 손색이 없다. 딸기류에는 비타민 C 등 항산화 성분이 풍부하다. 색이 짙을수록 유익한 영양소가 더 많이 들어 있다.

달걀 | 완전식품으로 통하는 달걀은 훌륭한 단백질 공급 식품이다. 달걀노른자에 든 콜린은 기억력 발달을 돕는다. 최근에 부쩍 건망증이 심해졌다면 콜린 결핍을 의심해볼 수 있다. 콜린은 아세틸콜린이란 신경전달물질의 원료가 되며, 세포막을 구성하는 레시틴의 재료로도 쓰인다. 달걀노른자에 함유된 레시틴은 기억력을 향상시키며 IQ, EQ를 높이는 데에도 도움을 준다. 콜린이 달걀보다 더 많이 든 식품은 돼지 간 정도이다.

견과류 | 뇌는 우리 몸에서 지방 비율이 가장 높은 부위인데 지방은 유해 산소의 공격을 받아 산화되기 쉬운 영양소이다. 지방이 산화되면 과산화지질이라는 유해 물질로 변한다. 따라서 뇌를 건강하게 유지하려면 지방이 산화되지 않도록 항산화 성분을 계속 공급해줘야 한다. 호두, 땅콩, 잣, 아몬드, 피칸, 피스타치오 등 견과류에는 항산화 성분인 비타민 E가 풍부하다. 강력한 항산화 성분이면서 숙면을 돕는 멜라토닌도 제법 들어 있다.

단단한 견과류를 먹을 때 씹는 행위 자체가 뇌의 혈류량을 늘려 두뇌 발달을 돕는다고 주장하는 학자도 있다.

한국인과 미국인은 호두를 보면서 서로 다른 신체 부위를 연상한다. 한국인은 뇌를 떠올리는데, 단단한 껍데기가 뇌를 닮았다고 보기 때문이다. 그래서 호두를 많이 먹으면 머리가 좋아진다고 생각한다. 그러나 미국인은 심장을 떠올린다. 껍데기를 깨고 알맹이를 뺀 내부를 보면 영락없는 심장 모양이다. 호두에는 불포화 지방, 스테롤, 비타민 E 등 심장 건강에 유익한 성분도 많이 들어 있다.

땅콩과 땅콩버터도 유용한 브레인 푸드이다. 비타민 $B_1 \cdot E$가 풍부하기 때문이다. 비타민 B_1은 뇌와 신경계가 당질을 에너지화하는 과정을 돕는다. 비타민 E는 항산화 비타민으로 신경의 산화를 막아준다. 두뇌 활동에 좋은 땅콩버터의 효과를 더 높이려면 바나나를 곁들여 샌드위치를 만들어보자. 바나나 역시 두뇌에 에너지를 공급하는 데 도움을 주는 비타민 B군이 풍부하다.

10 한 그릇 음식에 담긴 골고루 먹기의 지혜

🥣 5대 영양소가 모두 담긴 비빔밥 한 그릇

우리 조상은 음력 섣달 그믐날에 남은 음식을 모두 모아 골동반(骨董飯)을 먹었다. 골동반은 비빔밥을 가리키는 한자어이다. 1960년대에 전주비빔밥이 서울로 진출해 인기를 끌면서 비빔밥이라는 음식명이 차츰 골동반을 대신하게 됐다. 이처럼 예부터 지금까지 즐겨 먹는 비빔밥은 다른 나라에서는 찾아보기 힘든 영양식이다. '비빔밥의 힘'은 맛과 영양의 절묘한 조화에서 나온다. 한 그릇에 다양한 음식 재료가 섞여 있어 영양이 골고루 들어 있을 뿐만 아니라 맛도 기막히다. 아이가 비빔밥을 먹으면 평소 좋아하지 않는 채소까지 별 거부감 없이 먹게 된다.

아이들 메뉴로 비빔밥의 최대 강점은 성장에 필수적인 5대 영양소를 고루 섭취할 수 있다는 점이다. 비빔밥 한 그릇을 먹으면 탄수화물(밥), 단백질(쇠고기, 육회, 달걀 등), 비타민과 미네랄(각종 채소)은 물론 지방(참기름, 들기름)까지 섭취할 수 있다. 게다가 비빔밥에 들어가는 참기름은 혈관에 유익한 불포화 지방이다.

비빔밥의 영양을 더욱 풍부하게 하려면 궁합이 맞는 식재료를 함께 넣어야 한다. 쌀밥을 이용해 비빔밥을 만들 때는 쑥을 넣는 것이 좋다. 백미에는 탄수화물과 단백질이 풍부한 반면 쑥에 많은 칼슘과 식이섬유, 비타민 등은 부족하기 때문이다. 비빔밥 재료로 쇠고기를 쓸 때는 배를 같이 넣는 것이 좋다. 배에는 전분 분해 효소와 단백질 분해 효소가 있어서 쇠고기를 연하게 만들고 소화도 돕는다.

궁합이 맞지 않아 비빔밥에 함께 넣으면 좋지 않은 식품도 있다. 미역과 파는 둘 다 훌륭한 웰빙 식품이지만 미역 요리에 파를 넣으면 식감이 떨어지고, 파가 미역의 웰빙 성분인 알긴산(식이섬유의 일종)의 효과를 떨어뜨린다. 시금치와 근대는 둘 다 수산 함량이 높기 때문에 함께 먹으면 결석의 원인이 될 수 있다. 시금치를 비빔밥에 넣을 때는 칼슘이 풍부한 참깨를 뿌리면 결석 예방에 도움이 된다. 문어가 들어간 진주비빔밥의 경우 고사리를 넣는 것은 피해야 한다. 문어와 고사리를 함께 먹으면 소화가 잘 안 되기 때문이다.

비빔밥은 체중 감량에도 효과적이다. 비빔밥 한 그릇의 평균 열량은 580kcal로 볶음밥 730kcal, 잡채밥 650kcal, 돈가스 정식 980kcal, 햄버거 스테이크 890kcal보다 낮다. 세계보건기구의 필립 제임스 비만대책위원장은 "비만을 예방하려면 비빔밥 같은 한국 전통 식단을 잘 지켜나가야 한다"라고 말했다.

🍵 다채로운 향신료의 만남, 커리

우리가 흔히 '카레'라고 부르는 '커리curry'는 인도의 대표 음식이지만 카레라이스는 일본에서 개발한 메뉴이다. '커리'라는 이름은 남인도, 스리랑카에서 사용하는 타밀어 '카리kari'에서 비롯되었는데 '여러 종류의 향신료를 넣어 만든 스튜'라는 뜻이다. 말 그대로 고수, 쿠민, 강황, 후추, 계핏가루, 겨자, 생강, 마늘, 박하 잎, 칠리 페퍼, 사프란, 월계수 잎, 정향, 육두구 등 20여 가지 재료를 섞어 만든 복합 향신료다. 석가모니가 고행할 때 즐겨 먹었다는 커리가 몸에 유익한 것은 이런 다양한 향신료의 '비빔밥 효과' 때문일 것이다.

커리에서 가장 중요한 재료는 강황이다. 강황에는 커큐민이 많이 들어 있는데 커큐민은 피로 해소, 암과 치매 예방 등에 효과가 뛰어난 것으로 알려져 있다. 따라서 커리 제품을 구입할 때는 강황이나 커큐민 함량을 확인하는 것이 좋다.

커리는 조리하기도 쉽다. 감자, 당근, 고기, 양파 등을 프라이팬에 볶은 뒤 물을 붓고 푹 끓이다가 커리 가루를 뿌려 걸쭉하게 졸이기만 하면 완성된다. 커리는 육류, 해산물, 채소 등 다양한 식품과 잘 어울린다.

미네랄과 비타민이 풍부한 오곡밥

아이가 쌀밥만 먹을 경우에는 식이섬유, 칼슘, 철분, 비타민 A · B_1 · B_2 · C가 부족하기 쉽다. 이를 해소하는 방법은 잡곡을 충분히 먹이는 것이다. 잡곡 중에서도 정월 대보름에 먹는 오곡밥은 쌀밥의 영양상 약점을 보완해주는 훌륭한 음식이다. 한방에서는 오색五色이 포함된 오곡밥을 '오장육부를 조화시키고 각 사상 체질에 맞는 곡류가 골고루 섞여 있는 음식'이라고 말한다. 오곡밥은 찹쌀, 찰수수, 팥, 차조, 콩 등 5가지 곡물을 섞어 짓는다. 하지만 반드시 5가지 곡물일 필요는 없다. 오곡에 대추, 잣, 밤 등을 추가하기도 한다.

오곡밥이 건강에 좋은 이유는 무엇일까?

첫째, 오곡밥은 서양에서 건강식으로 각광받는 전곡과 유사한 효과를 나타낸다. 팥, 콩, 수수 등 전곡의 영양을 그대로 섭취할 수 있기 때문이다. 게다가 쌀밥, 밀가루 빵보다 식이섬유, 미네랄, 비타민, 단백질이 훨씬 많다.

둘째, 채소, 생선과 함께 먹으면 '종합 영양식'으로 손색이 없다. 묵은 나물상원채과 오곡밥이 대보름의 명콤비가 된 것은 이런 이유에서다. 영양학자들은 오곡밥에 고등어, 두부, 버섯 등을 반찬으로 먹으면 최고의 웰빙 식사라고 말한다. 거의 모든 영양소를 고루 섭취하는 '비빔밥 효과'를 얻을 수 있는 것이다.

셋째, 식이섬유가 풍부해 변비를 해소하고 혈당 조절을 돕는다. 특히 콩, 팥의 식이섬유 함량은 쌀의 두 배 이상이다. 식이섬유를 섭취하면 장에서 당탄수화물이 흡수되는 시간이 지연되어 혈당이 서서히 오른다. 따라서 오곡밥의 당 지수는 쌀밥보다 낮다. 단, 오곡밥은 차지고 식이섬유 함량이 높아 소화가 잘 안 될 수도 있다. 따라서 쉽게 체하는 아이에게는 주의해서 먹이도록 한다.

넷째, 콩과 팥에는 쌀에 부족한 비타민 B군이 풍부하다. 비타민 B군은 몸 안에서 에너지가 빨리 생성되도록 돕는다. 지치거나 피로할 때 콩밥이나 팥밥, 오곡밥을 먹으면 금세 생기를 되찾게 된다.

- 허약한 뚱보를 만드는 패스트푸드
- 달콤함 속에 숨은 식품첨가물의 정체
- 나쁜 콜레스테롤을 몰고 오는 트랜스 지방

PART 5

아이 몸을 해치는
식품의 비밀

1 허약한 뚱보를 만드는 패스트푸드

🍚 달고 짜고 기름진 맛의 유혹

아이들이 좋아하는 노란색 옷을 입고 경쾌한 음악에 맞춰 다정하게 손을 흔드는 피에로. 미국 최고의 패스트푸드업체 맥도날드의 캐릭터 '로날드' 이다. 1950년대 미국에서 시작된 패스트푸드의 대표 주자인 맥도날드는 미국 아이들에게 산타클로스 다음으로 인지도가 높다. 아이들은 왜 패스트푸드에 열광하는 것일까?

전문가들은 패스트푸드가 빠르고 간편한 데다 달고 짜고 기름진 맛이 원초적인 미각을 자극하기 때문이라고 분석한다. 게다가 예전에는 메뉴가 햄버거나 프렌치프라이 등으로 한정되어 있었지만, 요즘에는 피자, 프라이드치킨, 멕시칸 타코, 샐러드 등으로 다양해져 아이들이 입맛대로 골라 먹을 수 있다.

패스트푸드fast food는 '패스트fast'라는 표현에서도 알 수 있듯이 식당에서 고객이 주문하면 단 몇 분 만에 나오는 음식을 가리킨다. 값싸고 간편한 음식으로, 상차림에 시간이 걸리는 '슬로푸드slow food'와는 상반되는 개념이다. 가격이 크게 부담스럽지 않고 매장이 깨끗하며, 1회용 용기로 포장해 다른 장소로 가져가서 먹을 수도 있기 때문에 많은 이들이 찾는다.

최근 패스트푸드의 유해성이 널리 알려지면서 아이에게 되도록 패스트푸드를 먹이지 않으려는 부모들이 늘고 있다. 그러나 이미 패스트푸드에 입맛이 길들여진 아이들은 달고 짜고 기름진 맛의 유혹을 뿌리치기가 힘들다. 부모들은 바쁜 데다 아이가 좋아하니 그냥 먹여야 할지, 몸에 해롭다고 하니 절대 먹이지 말아야 할지 혼란스럽다. 먼저 패스트푸드가 어떤 점에서 해로운지 짚어보자.

첫째, 같은 양이라도 열량이 높다

보통 쌀밥 한 공기210g는 열량이 348kcal인데 비슷한 양의 햄버거는 510kcal나 된다. 프렌치프라이 역시 작은 것 6개만 먹어도 갈치 두 토막을 먹은 것과 비슷한 열량207kcal을 얻게 된다. 이런 고열량식은 먹은 만큼 열량을 소비하지 않을 경우 문제가 된다. 체내에 남은 열량이 고스란히 지방으로 바뀌어 비만을 부르기 때문이다.

둘째, 소금이 많이 들어 있다

아이가 음식을 너무 짜게 먹으면 어른이 되어 고혈압이나 뇌졸중 등에 걸릴 위험이 높다. 하루에 나트륨소금의 한 성분은 2g 이하로 섭취하는 것이 건강에 이롭다. 이를 소금으로 환산하면 하루 5g 이하가 된다. 5g이면 한 숟갈에도 훨씬 미치지 못하는 양이다.약 15g이 1큰술 그런데 햄버거나 치킨 한 조각만 먹어도 소금을 3~4g 섭취하게 된다.

셋째, 지방 함량이 너무 높다

한식을 먹을 경우에는 하루 섭취 열량의 16%가량을 지방에서 얻게 된다. 이 정도의 지방 섭취량은 양호한 편이다. 이에 반해 패스트푸드의 경우 햄버거와 프렌치프라이, 콜라를 함께 먹는다면 전체 열량의 40% 이상을 지방에서 얻게 된다. 아이가 하루에 필요한 열량의 20% 이상을 지방에서 얻는 것은 피해야 한다. 지나친 지방 섭취는 비만은 물론 어른이 되어서 고혈압, 뇌졸중 등을 유발한다.

넷째, 영양소가 거의 없다

칼슘, 철분, 비타민 A 등 아이에게 필요한 영양소의 함량이 낮은 데다 그나마 있는 영양소도 조리 과정에서 대부분 파괴된다.

다섯째, 고온에서 튀긴 음식이 많다

패스트푸드 중에는 치킨, 프렌치프라이, 감자 칩 등 고온에서 튀긴 음식이 많은데 튀기는 과정에서 트랜스 지방이 많이 생기는 것이 문제이다. 트랜스 지방은 혈관에 이로운 HDL고밀도 지단백 콜레스테롤의 혈중 농도를 낮추고, 해로운 LDL저밀도 지단백 콜레스테롤 수치는 높여 심장병이나 동맥경화 등 혈관 질환을 일으킨다.

🍵 패스트푸드와 비만의 상관관계

혹시 〈슈퍼 사이즈 미Super Size Me〉라는 영화를 보았는가? 미국의 영화감독 모건 스펄록이 한 달 동안 맥도날드의 '슈퍼 사이즈' 햄버거만 먹었더니 체중이 11kg나 늘어났다는 사례를 담은 다큐멘터리 영화이다. 이 영화는 맥도날드 매장에서 한때 슈퍼 사이즈가 사라지게 할 정도로 엄청난 파장을 불러일으켰다.

우리나라에서도 환경 단체인 '환경정의' 간사 윤광용당시 31세 씨가 패스트푸드와 체중과의 관계를 밝히기 위해 자신을 실험 대상으로 삼은 적이 있다. 그는 24일 동안 햄버거와 프렌치프라이, 콜라만 먹고 지내면서 자신의 신체 변화를 측정했다. 이 기간에 체중이 3.4kg, 체지방량이 4.8kg 늘어난 반면 근육 양은 1.3kg 줄었다.

두 이벤트는 잠깐 우리나라에서 대중의 관심을 모으다가 곧 잊혀졌다. 〈슈퍼 사이즈 미〉는 국내에서 관객 동원 실패로 개봉 2주 만에 막을 내렸다. 미국과 영국, 호주 등에서 다큐멘터리 영화 사상 최고 수익1100만 달러을 올린 것과는 대조적이다. 이는 아직까지 패스트푸드의 유해성을 심각하게 여기지 않는 우리 국민의 정서가 반영된 것으로 풀이된다. 윤광용 씨의 실험은 간 GPT 수치간의 건강 상태를 반영, 정상은 44 이하가 22에서 75로 높아져 한 달을 채우지 못하고 끝났다.

〈슈퍼 사이즈 미〉와 윤광용 씨의 실험에서 보듯 패스트푸드를 즐겨 먹으면 체중이 불어난다. 패스트푸드는 열량과 지방 함량이 높기 때문이다. 만약 아이가 밥과 국, 갈치 한 토막, 시금치나물과 김치 한 접시 등으로 한 끼 식사를 하면 559kcal의 열량과 10g의 지방을 섭취하게 된다. 반면 햄버거와 프렌치프라이, 콜라 등 패스트푸드로 한 끼를 해결하면 804kcal의 열량과 36g의 지방을 섭취한다. 한식에 비해 열량은 약 1.5배, 지방은 3.6배이다.

미국에서 실시한 연구 결과도 이를 뒷받침한다. 6000명의 아이들을 대상으로 패스트푸드와 비만의 상관관계를 조사한 결과, 패스트푸드를 즐기는 아이는 그렇지 않은 아이에 비해 하루 평균 187kcal를 더 섭취하며 체중이 평균 2.7kg 더 나가는 것으로 나타났다.

문제는 이렇게 열량만 높고 달고 짜고 기름진 패스트푸드를 아이들이 너무 많이 먹는다는 데 있다. 2009년 식약청과 교육과학기술부가 16개 광역 지자체 내 초등학교 5학년생 2700여 명을 면접 조사한 결과 주 1회 이상 패스트푸드를 섭취하는 어린이가 69.8%에 달했다. 또 주 1회 이상 탄산음료를 섭취하는 어린이는 74.6%, 주 1회 이상 컵라면을 먹는 어린이는 47.9%, 주 1회 이상 과자와 초콜릿을 먹는 어린이는 80.8%로 조사됐다. 우리 아이들이 패스트푸드를 얼마나 무분별하게 섭취하고 있는지 잘 알 수 있다.

경기도 성남의 한 초등학교 교사는 급식 때 아이들에게 우유를 마시게 하는 일이 '전쟁'이라고까지 표현한다. 우유가 건강에 이로워도 콜라나 초콜릿 우유에 익숙해진 아이들을 설득하기는 어렵다는 것이다.

또 서울 강남의 한 초등학교 영양 교사는 "햄 모둠 찌개, 스파게티, 돈가스, 스테이크, 감자튀김, 치킨이 학교 급식으로 나오면 거의 남기지 않지만 흑미나 검정콩, 나물, 김치는 손도 대지 않는 아이가 많아요"라며 고충을 털어놓았다. 그는 궁여지책으로 아이들이 싫어하는 음식으로 식단을 짤 때는 인스턴트식품과 냉동식품을 함께 섞는다고 한다. 아이들 입맛에 맞추려다 보니 설탕과 소금, 지방도 자연스레 많이 넣게 된다고 했다.

이런 것만 보아도 우리 아이들의 입맛이 얼마나 병들었는지 알 수 있다. 달고 짜고 기름진 음식 아니면 먹으려 들지 않는다. 이런 음식은 체중을 늘리는 주범이다. 또한 어릴 때 이런 음식을 즐기면 자라서 비만이나 고혈압, 암, 당뇨병, 위장 질환, 신장 질환, 성격 장애가 올 수 있다.

🍵 가공 음료, 열량만 높고 영양은 제로

탄산음료, 과일 주스, 유산균 음료, 과채 음료, 스포츠 음료 등은 음식일까 아닐까? 많은 엄마들이 헷갈릴 것이다. 음료는 분명 열량과 영양소가 있는 음식이지만 음료를 마실 때는 음식이란 사실을 자주 망각하게 된다. 따라서 그 열량과 영양소에 대해서도 크게 신경 쓰지 않는다.

아이들이 설탕이나 과자 등 단 음식을 먹으면 바로 저지하는 부모들도 음료에 대해서는 너그러운 태도를 보인다. 심지어는 아이가 잘한 일이 있으면 상으로 음료를 주기도 한다. 아이가 설탕 7숟갈을 앉은자리에서 먹는다면 절대 허용하지 않겠지만, 그만한 양의 설탕이 든 탄산음료는 마셔도 내버려둔다. 음료는 생각보다 열량이 꽤 높다. 과일 맛이 나는 한 우유 제품은 200ml 한 팩당 열량이 거의 200kcal이다. 산책이나 집 안 청소를 족히 1시간은 해야 소모되는 열량이다. 탄산음료, 과채 음료, 과채 주스도 대부분 열량이 100kcal가 넘는다. 유산균 발효유나 유산균 음료도 마찬가지이다. 가볍게 마시는 음료치고는 열량이 과다하다.

특히 아이들이 즐겨 마시는 콜라 한 캔의 열량은 100kcal가량이다. 아이스크림 1개, 크래커 5개, 김밥 2개의 열량과 비슷하다. 이를 소모하려면 빨리 걷기, 테니스, 자전거 타기 같은 운동을 20분, 농구나 수영, 등산, 축구같이 강도 높은 운동도 17분이나 해야 한다.

탄산음료는 열량은 높지만 영양은 제로이다. 아이들의 성장에 필요한 단백질, 비타민, 칼슘 등은 거의 없고 당분만 많다. 다이어트 콜라가 아닌 일반 콜라 한 캔에는 설탕 등 단순 당이 약 27g이나 들어 있다. 단순 당을 과다 섭취하면 활동 에너지로 쓰고 남은 잉여분이 지방으로 바뀌기 때문에 비만을 부른다. 따라서 비만인 아이가 굳이 콜라를 마시겠다고 떼를 쓰면 열량이 0kcal실제로는 5kcal 미만인 다이어트 콜라를 주는 것이 나은 선택이다.

탄산음료에는 인산과 당분이 들어 있기 때문에 치아 건강에도 해롭다. 인산은 탄산음료의 톡 쏘는 맛을 내는 성분인데 산(酸)의 일종이므로 치아와 뼈에 나쁜 영향을 미친다. 콜라에 치아나 생선 뼈를 담가놓으면 수십 일 뒤 녹

각종 음료의 열량

제품명	1회 제공량(ml)	1회 제공량당 열량(kcal)
환타 오렌지	250	135
코카콜라	245	110
킨 사이다	200	90
포카리스웨트	200	53
요플레 오리지널	220	240
앙팡 200	200	140
윌	150	150
뼈를 생각한 우유 엠비피	200	140
빙그레 바나나맛 우유	240	195
참 맛있는 저지방 우유	200	90
큰집 식혜	238	116
콜드 제주 감귤	200	100
초록매실	180	100
쿨피스 파인애플 맛	100	40

※ **1회 제공량** 식품을 섭취할 때 평균적으로 한 번에 먹게 되는 양   자료 : 식품의약품안전청

는 것을 볼 수 있다. 그리고 콜라에 들어 있는 당분단순 당은 충치를 유발한다. 탄산음료를 마신 후에는 곧바로 칫솔질을 하도록 가르쳐야 한다.

'100% 과일 주스' 등 과채 주스는 건강에 이롭다고 여겨 아이에게 양껏 마시게 하는 경우가 많다. 하지만 과채 주스에는 식이섬유가 부족하기 때문에 결코 과일과 채소를 대신할 수 없다. 오렌지나 키위를 짜서 주스를 만든다고 하더라도 제조 과정에서 식이섬유는 거의 제거되고 과당 등 단순 당만 남는다. 또 과채 주스에는 과당이 많아 생각보다 열량이 높다. 따라서 과채 주스를 많이 마시면 열량을 과다 섭취하게 된다. 아이들이 주스를 너무 많이 마시면 한꺼번에 많은 양의 과당 등 탄수화물을 소화시키지 못해 복통이나 설사, 복부 팽만 같은 증상을 일으킬 수도 있다.

식사 후 약간의 과일과 함께 과채 주스를 한 잔 정도 마시게 하는 것은 괜찮다. 또 입이 짧거나 편식이 심해 과일과 채소를 잘 먹지 않는 아이에게는 아침 식사에 곁들이거나 간식으로 줄 수 있다. 물론 과일과 채소를 매일 충분히 먹는 아이라면 과채 주스를 따로 마실 필요가 없다.

반드시 기억해야 할 것은 음료도 음식이라는 사실이다. 음식 배 따로, 음료 배 따로 두면 만병의 근원인 비만을 부르게 된다. 아이가 하루에 섭취하는 음료의 열량은 전체 섭취 열량의 10%를 넘지 않도록 해야 한다. 따라서 음료를 줄 때는 열량을 체크하고 하루에 마실 분량을 제한하는 것이 좋다. 갈증과 배고픔은 뇌에서 각기 다른 메커니즘으로 조절되기 때문에 음료의 유혹을 뿌리치기란 쉽지 않다. 값싼 물보다 나은 음료는 세상에 없다는 사실을 기억하자.

대안은 미각과 건강을 살리는 슬로푸드

패스트푸드가 아이들의 건강을 위협한다면 그 반대편에 있는 음식이 슬로푸드이다. 곡류나 채소, 과일 등 식재료의 생산 과정에서부터 절대 서두르지 않는 것이 슬로푸드의 기본 정신이다. 발효 등 수고스러운 과정도 기꺼이 거친다. 우리의 전통 식품 중 김치, 된장 등 발효 식품도 슬로푸드에 속한다. 슬로푸드는 제조 과정은 물론 먹는 데에도 시간이 꽤 오래 걸린다. 따라서 아이들에게 건강은 물론 인내심도 길러준다.

슬로푸드 운동은 1986년 이탈리아 로마의 스페인 광장에 패스트푸드의 상징인 '맥도날드'가 진출한 것에 반발해 시작됐다. 당시 이 운동을 이끌었던 카를로 페트리니는 '슬로푸드를 통해 식사와 미각의 즐거움을 높이고 전통 음식을 보전하는 것'을 기치로 내세웠다. 이 운동의 지지자들은 슬로푸드가 인간성 회복에도 도움이 된다고 믿는다. '빠른 것'에 대한 추구가 자원 고갈, 환경 파괴, 비인간화를 초래했다고 보기 때문이다. 이 운동이 국제적인 운동으로 발돋움하게 된 계기는 1989년 파리에서 채택된 '슬로푸드 파리 선언문'인데, 이 선언문에는 슬로푸드의 지향점이 잘 드러나 있다.

"우리는 속도의 노예가 돼 있다. 패스트푸드를 먹도록 하는 '패스트 라이프fast life'라는 지독한 바이러스에 걸렸다. 속도가 인류를 멸종시키기 전에 속도로부터 벗어나야 한다. 이에 대한 저항은 슬로푸드 식탁에서부터 시작돼야 한다. 우리는 지역 요리의 맛과 향을 다시 발견하고 패스트푸드를 추방할 것이다. 대안은 슬로푸드이다."

'느림'을 의미하는 달팽이를 상징 동물로 내건 이와 같은 슬로푸드 운동의 첫 번째 목표는 패스트푸드의 추방이다. 그렇다면 슬로푸드에 대한 국내의 관심은 어떨까? 우리 국민의 슬로푸드에 대한 관심은 세계 평균을 웃돈다. 2002년에는 '슬로푸드 운동 한국 지부'가 설립됐다. 한국 지부는 채소의 재배부터 생산, 가공, 조리 등을 학교에서 가르치고 학교 급식용 식재료로 지역 농산물로컬 푸드을 사용하자는 운동을 펼치고 있다. 또 사라질 위기에 놓인 우리 토종 음식 리스트를 작성하고 전통 음식의 맛을 되살리는 운동도 벌이고 있다.

우리 전통 음식은 전형적인 슬로푸드이다. 한식은 밥과 함께 다양한 반찬을 곁들여 먹는 균형식이다. 채식 대 육식의 비율이 8대 2의 황금 비율이고 김치나 청국장 등 발효 음식이 발달했다. 육류를 삶고 찌며 생선을 찜, 조림, 회로 이용하는 등 조리법도 건강 친화적이다.

특히 김치는 유산균이 풍부한 발효 식품이자 대표적인 슬로푸드이다. 한국인은 김치를 통해 매일 100억 마리의 유산균을 섭취한다. 젓갈 역시 소금에 절여 볼품없어 보이지만 발효 식품이자 영양 덩어리이다. 특히 단백질과 칼슘, 지방 등이 풍부해 쌀밥을 주식으로 하는 식생활에서 결핍되기 쉬운 영양을 보충해준다. 설렁탕, 곰탕, 삼계탕, 해장국 등도 슬로푸드로 손색이 없다. 이런 음식은 오래 씹을수록 더 맛이 난다. 각종 영양소도 골고루 들어 있다.

사료 대신 여물을 먹여 키운 가축의 고기나 유기농 방식으로 재배한 곡물, 채소, 과일 등도 슬로푸드이다. 항생제나 호르몬제가 든 사료를 먹여 키운 가축에서 얻은 고기, 달걀, 우유 등은 슬로푸드로 인정하지 않는다. 유전자 변형 작물이나 화학비료, 농약을 사용해 재배한 곡물, 채소, 과일도 슬로푸드가 아니다.

🍵 패스트푸드 현명하게 즐기기

건강에 이로울 것이 없는 패스트푸드는 가능한 한 먹지 말고 슬로푸드를 즐기는 것이 올바른 식생활이다. 하지만 바쁜 현대 생활에서 패스트푸드에 완전히 등 돌리고 살기 힘든 게 사실이다.

이미 패스트푸드에 길들여진 아이에게 갑자기 패스트푸드를 못 먹게 하면 심한 스트레스를 받을 수도 있다. 따라서 처음부터 완전히 금지하기보다는 차츰 줄여나가는 게 좋다. 가끔은 아이들의 즐거움을 위해 패스트푸드를 허용하는 것도 현명한 일이다. 다만 패스트푸드를 먹더라도 좀 더 건강을 생각하는 방법으로 섭취하도록 가르치자. 우선 사이즈는 아이에게는 주니어용 패스트푸드가 적당하다. '메가'나 '슈퍼' 사이즈는 어른에게도 부담스러운 양이다. 이런 빅 사이즈를 먹는 것은 비만으로 가는 지름길이다. 그리고 되도록 '라이트'가 붙은 제품을 먹도록 한다.

패스트푸드로 두 끼 이상을 잇달아 먹게 해서도 안 된다. 만약 아이가 점심을 패스트푸드로 먹었다면 저녁은 반드시 우리 전통 음식을 먹인다. 식약청은 패스트푸드를 주 1회 이상 섭취하지 말 것을 권장한다.

또한 콜라 등 탄산음료와 패스트푸드를 함께 먹지 말도록 가르쳐야 한다. 대신 열량은 적고 패스트푸드의 부족한 영양소를 보충할 수 있는 우유나 주스와 함께 먹게 한다. 프렌치프라이나 감자 칩 등 튀긴 음식 대신 샐러드나 구운 감자를 선택하는 것도 아이 건강에 이롭다.

패스트푸드에 토핑이나 드레싱을 올리면 전체 열량이 상상 이상으로 높아진다는 사실도 아이에게 교육한다. 간혹 아이가 치킨 샐러드나 치킨 샌드위치를 주문하면 그래도 괜찮은 선택이라며 안심하는 부모들이 있다. 물론 치킨닭고기 자체는 햄버거쇠고기보다 열량이나 지방 함량이 낮지만 그 위에 토핑이나 드레싱을 올리면 이야기가 달라진다. 미국에서 조사한 결과에 따르면 열량 120kcal, 지방 함량 3g인 치킨 샐러드에 일반 드레싱과 아몬드 등을 토핑했더니 열량630kcal과 지방 함량35g이 엄청나게 높아졌다. 패스트푸드점에서 파는 치킨 샌드위치에는 겨자 소스를, 치킨 샐러드 등 각종 샐러드에는 저지방 드레싱을 곁들여 먹는 것이 좋다.

'푸드 마일리지'를 아시나요?

푸드 마일리지(food mileage)는 1994년 영국 환경운동가 팀 랭이 처음 사용한 용어이다. 우리가 매일 먹는 쌀, 옥수수, 토마토, 시금치, 사과 등 식재료가 얼마나 멀리서부터 온 것인가를 보여주는 지표이다. 식품의 양(t)에 이동 거리(km)를 곱한 값으로 단위는 t·km이다.

미국 네브래스카 주에서 재배된 밀이 뉴멕시코 주 산타페에 위치한 식료품점에서 '케이크 믹스'로 팔릴 때까지 5000마일 이상 장거리 여행을 한다는 추적 결과가 있다. 네브래스카 농장의 밀 → 인근 곡물 저장고(40마일) → 애리조나 주에 있는 제분소(1206마일) → 일리노이 주에 있는 케이크 믹스 제조공장(1860마일) → 유타 주에 있는 물류센터(1406마일) → 산타페의 식료품점(598마일)에 이르는 긴 여정이다.

이렇게 이동하기 위해 대형 트럭이 무수히 동원됐을 것이 뻔하다. 트럭의 배기구에서는 온실가스인 이산화탄소는 물론 각종 환경 유해 물질이 쏟아져 나왔을 것이다. 장거리 여행에는 긴 시간이 걸리게 마련이다. 밀, 케이크 믹스 같은 농산물과 가공식품은 시간이 흐르면 상품성을 잃는다. 그러니 보존료 등 건강에는 별로 이로울 것이 없는 첨가물을 사용할 수밖에 없다.

식량자급률이 27%에 불과한 우리나라에서 푸드 마일리지가 높은 것은 당연지사이다. 국립환경과학원의 발표에 따르면 2007년 한국의 수입식품 푸드 마일리지는 1인당 5121t·km에 달한다. 조사한 한국, 일본, 영국, 프랑스 4개국 중 2위로, 영국의 2배, 프랑스의 6배였다.

푸드 마일리지가 높을수록 온실가스 배출량도 증가한다. 수입식품 수송에 따른 한국인 1인당 이산화탄소 배출량은 114kg(2007년)으로 4개국 중 일본 다음이었다.

건강과 환경을 위해 푸드 마일리지를 줄이려면 다음 3가지를 실천해야 한다.

첫째, 로컬 푸드(local food)를 사랑한다. 로컬 푸드는 지역 농산물을 뜻한다. 생산자와 소비자 사이의 물리적 거리를 줄이면 식품의 영양, 신선도는 극대화된다. 생산자는 복잡한 유통 단계를 거치지 않아 소득이 늘어난다.

둘째, 제철 음식을 즐긴다. 제철에 나온 식품은 맛, 영양이 최고다. 또 소비자가 제철 과일, 채소를 선호하고 정당한 대가를 지불하면 생산자는 비닐하우스에 투입되는 에너지를 절약할 수 있다. 셋째, 각 식품의 라벨에 푸드 마일리지를 표시하도록 한다. 그래야 소비자의 적극적인 참여가 가능해진다.

2 달콤함 속에 숨은 식품첨가물의 정체

🍵 식품첨가물은 화학물질일 뿐

알록달록 예쁜 과자를 보면 도대체 이 색깔을 어떻게 냈을까 하는 호기심이 앞선다. 게다가 바나나, 딸기, 포도 등의 맛과 향은 신기할 만큼 그 과일을 닮았다. 과일은 냉장고에 보관해도 얼마 가지 않아 상하기 일쑤인데 이런 과자는 한두 달이 지나도 상하지 않고 그대로이다. 도대체 어떤 마술을 부린 것일까? 이 마술의 비밀은 다름 아닌 '식품첨가물'이다.

우리나라 식품위생법에 따르면 '식품을 제조, 가공 또는 보존함에 있어 식품에 첨가, 혼합, 침윤, 기타의 방법으로 사용되는 물질'을 식품첨가물이라고 한다. 즉 식품을 만들거나 가공할 때 영양소를 더하거나 부패를 막거나 색과 모양을 좋게 하려고 식품에 넣는 여러 가지 화학물질을 말한다.

현재 우리나라에서는 화학적 합성품 400여 종, 천연 첨가물 200여 종 등 총 600여 종의 식품첨가물이 허가받아 사용되고 있다. 우리가 흔히 알고 있는 조미료, 향료, 감미료, 착색제, 표백제, 살균제 등이 여기에 해당한다. 우리가 먹는 식품에 사용할 수 있도록 허가되었으니 안전성은 기본이다. 하지만 최근 이런 식품첨가물을 지속적으로 섭취할 경우 건강에 지장이 있을 뿐만 아니라 심한 경우 정신적 장애까지 일으킬 수 있다는 주장이 나와 안전성 논란이 일고 있다. 과연 식품첨가물의 정체는 무엇일까?

식품첨가물은 크게 화학적 합성품과 천연 첨가물로 분류된다. 석탄에서 뽑은 타르 색소는 화학적 합성품이다. 치자 색소를 착색료로 사용한다면 이는 천연 첨가물이다. 둘 중에서 안전성 논란에 자주 휘말리는 것은 화학적 합성품이다. 인간이 전에 먹어본 경험이 없기 때문이다.

우리가 먹는 모든 가공식품에는 다양한 식품첨가물이 들어 있다. 식품첨가물을 일절 섭취하지 않으려면 사과나 오렌지 등 천연 식품만 먹는 방법 외에는 없다. 시판하는 오렌지 주스나 사과 주스를 마신다면 식품첨가물을 섭취하는 것이다. 주스를 만드는 과정에서 몇 가지 식품첨가물이 들어가기 때문이다. 우리가 먹는 식품은 자연식품 아니면 가공식품이다. 식품업체, 식품 산업은 식품첨가물 없이는 존재할 수 없다.

세계보건기구WHO와 국제식량농업기구FAO의 식품첨가물합동전문위원회는 식품첨가물을 '식품의 외관, 향미, 조직, 저장성을 향상시키기 위해 식품에 보통 미량으로 첨가하는 비非영양물질'이라고 정의했다. 여기에서 '미량'과 '비영양물질'이라는 표현에 주목해야 한다. 이는 식품첨가물의 사용이 불가피한 경우라도 되도록 적게 쓰라는 의미이다. 비영양물질로 규정한 것은 식품첨가물을 먹어도 탄수화물, 지방, 단백질 등 영양소를 섭취할 수 없기 때문이다.

🍵 안전성 논란이 끊이지 않는 식품첨가물 4인방

아이들이 많이 먹는 식품에 들어가는 식품첨가물 가운데 안전성 문제로 자주 거론되는 것은 아황산염, 아질산염, 인공색소, 인공감미료이다.

아황산염 | 아황산나트륨 등 아황산염_{이산화황}은 표백제와 보존료, 산화방지제로 사용하는 식품첨가물이다. 채소를 하얗게 표백하는 효과가 있어 일부 중국산 마늘, 도라지 등에 들어 있다. 식품에 따라 허용 기준치가 정해져 있는데 일부 중국산 식품이 기준치를 초과해 부적합 판정을 받곤 한다. 아황산염은 과량 섭취할 경우 기관지 천식, 비염, 알레르기성 질환을 악화시키고 위장을 자극할 수 있다.

아질산염 | 아질산나트륨 등 아질산염은 햄이나 소시지 등 육류 가공품에 들어가는 발색제이다. 발색제는 식품의 색깔을 선명하게 하기 위해 쓰는 식품첨가물이다. 일부 소비자단체는 '아질산나트륨을 과다 섭취하면 발암물질_{니트로사민}이 생성되고 유아의 경우 입술이나 귓불 등이 암청색으로 변하는 청색증에 걸릴 수 있다'고 주장한다. 이에 대해 육가공업체에서는 아질산나트륨은 육류를 장기 보관할 때 발생할 수 있는 보툴리누스균_{치사율이 높은 식중독 균}을 억제하고 지방이 산화되는 것을 막아 고기가 상하지 않게 하는 등 순기능이 많다'고 반박한다.

아질산염 자체가 발암성 물질은 아니다. 그러나 아질산염이 2급 아민_{생선 등에 존재}과 반응할 때 발암물질인 니트로사민이 생길 수 있다. 식약청 조사 결과 우리 국민은 대부분 아질산나트륨을 하루 섭취 허용량보다 훨씬 적게

253

섭취하는 것으로 밝혀졌다. 그러나 햄과 소시지를 즐겨 먹을 경우에는 이를 초과할 수 있으므로 주의해야 한다.

인공색소 | 아이들이 즐겨 먹는 알록달록한 색깔의 과자에는 인공색소가 들어 있다. 대표적인 것이 타르 색소인데 석탄의 콜타르에서 추출한 벤젠, 톨루엔, 나프탈렌 등으로 만든다. 타르 색소는 천식, 암 등을 유발한다는 연구 결과가 있다. 식약청이 2006년 타르 색소에 대해 안전성 평가를 실시했는데, 우리 국민의 타르 색소 섭취량은 하루 섭취 허용량의 10% 이하로 우려할 만한 정도는 아니었다. 문제는 아이들이다. 식약청이 2007년 전국 초등학교 104곳 주변의 문방구 등에서 판매하는 과자류를 수거해 조사한 결과 상당수 제품에서 타르 색소 적색 2호가 검출됐다.

당시에는 적색 2호가 식품첨가물 공전에 수록된 상태였기 때문에 법적으로는 문제가 없었다. 식약청의 안전성 평가를 통과한 식품첨가물은 식품첨가물 공전에 등록된다. 그러나 2007년 식약청은 적색 2호를 더 이상 아이들 대상 식품에 사용할 수 없도록 기준을 강화했다. 미국은 적색 2호의 안

> **알레르기 있는 아이들은 식품첨가물을 특히 주의!**
> 식용 색소 황색 4호와 아황산나트륨, 아스파탐(인공감미료) 등은 예민한 아이들에게 알레르기를 일으킬 수 있다. 따라서 아이에게 알레르기가 있는 경우 가공식품의 라벨에서 이러한 식품첨가물이 포함돼 있는지 확인해야 한다.
> 우유나 메밀, 땅콩, 대두, 달걀, 밀, 고등어, 돼지고기, 복숭아, 토마토 등도 식품 알레르기를 유발할 수 있다. 이들 식품이나 이를 원료로 해 만든 식품첨가물의 존재 여부도 식품 라벨에서 확인하도록 한다.

전성이 확보되지 않았다는 이유로 식품에 사용하는 것을 허용하지 않고 있다. 식품첨가물 공전에 등록된 식품첨가물이라 하더라도 아이가 먹는 식품에 들어 있다면 조금 더 깐깐하게 살펴봐야 한다.

인공감미료 | 과자와 탄산음료에는 설탕 대신 인공감미료가 들어 있다. 사카린, 아스파탐, 수크랄로스 등 인공감미료를 사용하면 설탕보다 훨씬 적은 양으로도 단맛을 낼 수 있다. 인공감미료는 설탕보다 200배에서 무려 600배까지 강한 단맛을 낸다. 예로 사카린의 감미도_{단맛의 세기}는 설탕의 400배 이상이다. 사카린 1g이면 설탕 400g과 비슷한 단맛을 낼 수 있다. 이런 인공감미료는 과다 섭취하면 설사나 위장 장애 등을 일으킬 수 있다. 사카린은 과거에 발암물질로 알려져 시장에서 퇴출되기도 했지만 그 후 여러 연구를 통해 '누명'이 벗겨졌다. 식약청은 2008년 인공감미료에 대한 안전성 평가를 실시했는데, 우리 국민이 가장 많이 섭취하는 인공감미료는 수크랄로스로, 음료 제품을 통해 주로 섭취하는 것으로 밝혀졌다.

🍵 식품첨가물에 대한 오해와 진실

흔히 식품첨가물은 화장품에 비유된다. 식품의 외양과 색, 향 등을 바꿔 상품성을 높인다는 점에서 화장품과 유사하다. 그러나 식품첨가물에 대한 소비자의 시선은 화장품과는 비교도 되지 않을만큼 부정적이다. 건강에 해롭고 암을 유발할 것이라는 불안감 때문이다. 그럼에도 현실적으로 식품첨가물을 완전히 배제한 식생활을 하기는 힘들다.

식품첨가물은 식중독 균처럼 복통이나 설사 같은 증상을 바로 일으키지 않는다. 식품첨가물 사용을 반대하는 사람들은 식품첨가물을 단기간에 다량 섭취하면 천식이나 아토피성 피부염 등 알레르기 질환을, 오래 먹으면 암을 일으킬 위험이 있다고 주장한다.

    그러나 국내에서 사용이 허용된 식품첨가물은 안전성 평가 결과 적합 판정을 받은 것이다. 허용된 식품첨가물을 하루 섭취 허용량 이하로 섭취한다면 문제 될 것이 없다. 하루 섭취 허용량은 일생에 걸쳐 먹더라도 위험하지 않다고 간주하는 양이기 때문이다. 하루 섭취 허용량은 체중을 기준으로 하므로 체중이 적은 아이의 하루 섭취 허용량은 성인보다 훨씬 적다는 점을 기억하자. 따라서 아이에게는 되도록 식품첨가물이 들어 있지 않은 천연 식품을 먹이는 것이 좋다. 그렇다면 어떤 식품에 어떤 식품첨가물이 들어 있고 허용량은 어느 정도인지 자세히 살펴보자.

보존료를 사용한 식품

식품	종류
햄, 치즈, 소시지	소르빈산
탄산음료, 기타 음료	안식향산
버터, 마가린	데히드로초산
간장, 소스류	파라옥시안식향산
빵, 치즈	프로피온산

인공감미료를 사용한 식품

식품	종류
뻥튀기, 과일 음료, 채소 음료, 절임 식품	사카린나트륨
과자, 껌, 캔디, 발효 식품	아스파탐
과자, 껌, 캔디, 기타 음료, 탄산음료	아세설팜칼륨
캔디, 차, 기타 음료, 유산균 발효유(요구르트)	수크랄로스

식품첨가물, 하루 어느 정도의 양까지 안전한가?

식품첨가물	주요 식품	하루 섭취 허용량에 근접한 식품의 양
아질산염, 질산염(발색제)	햄	햄 통조림(340g) 1통
	소시지	비엔나소시지(8g) 46개
식용색소 적색3호(착색제)	초콜릿	초콜릿(100g) 4개
	캔디	캔디(5g) 260개
소르빈산(보존료)	어묵꼬치	어묵(42.4g) 40개
	치즈	슬라이스 치즈(20g) 64장
	소시지	비엔나소시지(8g) 211개
안식향산(보존료)	음료류	캔 음료(250ml) 4개
에르소르빈산(산화방지제)	소시지	비엔나소시지(8g) 251개
사카린나트륨(인공감미료)	절임류	김밥용 단무지(16.5g) 50개
	과일 음료, 채소 음료	캔 음료(250ml) 9개
아스파탐(인공감미료)	탄산음료	캔 탄산음료(250ml) 56개
	기타 음료	캔 음료(250ml) 32개
수크랄로스(인공감미료)	유산균 발효유(요구르트)	유산균 발효유(80ml) 48개
	과일 음료, 채소 음료	캔 음료(250ml) 10개
	과자	과자(100g) 12개

※ **표 보는 법** 이 표는 체중이 55kg인 성인을 기준으로 산출한 것이다. 체중이 55kg인 성인이 햄 통조림 1통을 먹으면 식품첨가물의 일종인 아질산염과 질산염의 하루 섭취 허용량에 거의 근접한다는 뜻이다. 체중이 이보다 더 많이 나가면 약간 더 먹어도 되고 덜 나가면 덜 먹어야 한다.

자료 : 식품의약품안전청, 서울교육대학

식품첨가물이 존재하는 이유

앞서 살펴보았듯이 우리가 식품첨가물에 대해 과하게 걱정하는 부분이 있는 것은 사실이다. 하지만 아이가 먹는 음식인 이상 이런 논란이 있다는 것 자체만으로도 부모로서는 찜찜하다. 그렇다면 식품첨가물을 왜 사용할 수밖에 없나? 굳이 가공식품에 식품첨가물을 넣어야 하는 이유는 무엇일까? 식품첨가물의 존재 이유 중 하나는 유해균으로부터 식품을 보호하기 위해서이다.

소르빈산, 안식향산 등 보존료는 식중독 균과 부패균, 곰팡이 등의 유해균으로부터 식품을 보호한다. 보존료의 옛 명칭은 방부제인데, 방부제에 대한 국민의 인식이 너무 나빠서 개명한 것이다. 보존료를 첨가하면 식품의 신선도가 오래 유지되고 저장 기간이 연장된다. 따라서 '무보존료' 또는 '무방부제'라고 표시된 식품은 가능한 한 빨리 먹어야 한다.

2007년 식약청 조사에서는 음료를 즐겨 마시는 사람은 보존료의 일종인 안식향산을 허용량 이상으로 섭취할 가능성이 있는 것으로 밝혀졌다. 따라서 음료를 즐겨 마시는 사람은 음료 라벨에 안식향산이 포함돼 있는지 확인하는 것이 좋다.

BHT, BHA, 에리스로마이신 등 산화방지제는 식품이 산화되지 않도록 하는 것이 주 역할이다. 식품에 첨가하면 식품의 산화 속도가 지연돼 유통기한, 보관 기간이 길어진다. 대개 마요네즈와 햄, 껌, 과자 등에 들어 있다.

식품첨가물은 두부와 햄, 과자 등 다양한 가공식품의 대량생산을 돕고, 식중독 사고와 식량 자원의 손실을 억제하는 순기능도 있다. 과다 섭취할 경우에만 문제가 되는 것이다. 따라서 식품업계는 되도록 식품첨가물을 적게 사용하고 소비자는 가급적 덜 먹는 것이 최선이다. 이것이 식품첨가물에서 가장 중요한 '최소량의 원칙'이다. 사실 100% 안전한 식품이나 식품첨가물을 기대하는 것은 무리이다. 식품첨가물의 안전성에서 가장 중요한 것은 '양'이므로 무조건 거부하기보다는 얼마나 들어 있는지, 어떻게 해야 적게 먹을 수 있는지에 관심을 가져야 한다.

우리나라에서는 사용이 가능한 식품첨가물을 모두 식품첨가물 공전에 올려놓았다. 사용 가능한 모든 식품첨가물의 기준과 규격이 기록된 식품첨가물 공전은 식품첨가물의 안전성 여부를 판가름하는 유일한 잣대이다. 공전에 등록되지 않은 첨가물을 사용하는 것은 불법이다. 현재 우리나라에서 사용되고 있는 600여 종의 식품첨가물은 모두 공전에 실려 있다. 식품첨가물 공전에 등록된 첨가물은 식약청의 안전성 평가를 통과한 것이므로 두려워할 필요가 없다.

방송이 지어준 이름 '사고뭉치'

식품첨가물은 사람이 먹을 수 있다고 허용된 것인데도 왜 논란이 끊이지 않는 것일까? 식품첨가물은 수많은 식품 안전성 논란에 직간접적으로 연루돼 바람 잘 날이 없다. 사실 식품첨가물은 방송에서 '사고뭉치'이다.

2006년 3월 8일 KBS TV 〈추적 60분〉에서는 '과자의 공포, 우리 아이가 위험하다' 라는 주제로 식품첨가물을 집중적으로 다뤘다. 과자 속에 들어가는 색소와 보존료, 조미료 등 식품첨가물이 아토피성 피부염을 악화시키는 요인이라는 것을 환자 인터뷰와 임상 검사를 통해 보여줬다. 이 방송을 시청한 엄마들이 막연한 공포감을 보이자 식약청은 바로 사실 규명을 위한 조사에 나섰다.

그 결과는 이듬해 1월 발표됐다. 당시 식약청의 의뢰를 받은 서울대병원 연구 팀은 아토피성 피부염 환자 37명에게 문제의 식품첨가물이 든 음료와 오미자차를 마시게 한 뒤 알레르기 양성 반응의 차이를 비교했다. 결과는 식품첨가물 7종을 먹었을 때는 10%가 양성 반응을 보인 데 반해, 오미자차를 마신 경우에는 8%가 양성 반응을 보인 것으로 나타났다. 두 집단 간에 통계적으로 유의한 차이는 없었다. 이를 근거로 식약청은 식품첨가물 7종이 아토피성 피부염 환자에게 알레르기 과민 반응을 일으킨다는 내용을 확인할 수 없었다는 결론을 내렸다. 하지만 〈추적 60분〉 팀은 이를 반박했다. 식품업체는 '법적으로 허용된 식품첨가물만으로 과자를 만드는데 왜 우리가 당해야 하느냐'며 불만을 표시했다.

이 밖에도 방송에서 식품첨가물의 유해성을 지적한 사례는 수없이 많다. 재미있게도 식품첨가물을 다루기만 하면 시청률이 쑥쑥 올라간다. 식품첨가물을 불가피하게 사용할 수밖에 없는 식품 회사는 물론 식품 전문가들은 과장·허위 보도의 전형이라며 항의했다.

논란의 대상은 KBS 2TV의 〈스펀지 2.0〉. 이 프로그램은 254회(2008년 10월 18일 방영)부터 266회(2009년 1월 10일 방영)까지 잇달아 식품첨가물의 해악을 지적했다. 그중에는 햄에 들어가는 발색제인 아질산나트륨을 적게 섭취하려면 데쳐서 먹으라는 등 유익한 내용도 포함돼 있다. 그러나 간단한 과학 실험까지 곁들인 상당수의 내용이 과장됐다는 것이 전문가들의 중론이다. 먹을거리에 대한 불안을 해소하려면 소비자가 먼저 똑똑해져야 하는 법. 올바른 판단을 위해 당시 보도된 내용 중 오류인 것을 소개한다.

1. 기준 밑돌아도 문제다?

'비타민 C 음료' 편(2008년 11월 8일 방영)에서는 비타민 C와 보존료(안식향산나트륨)가 결합하면 발암물질인 벤젠이 생성된다는 것을 지적했다. 맞는 말이다. 이런 사실이 2006년 언론에 알려져 비타민 C 음료 회사들이 이미 타격을 입었다. 그러나 이 사건 이후 비타민 C 음료의 벤젠 허용 기준(10ppb 이하)이 설정됐다. 업체들은 이 기준을 맞추기 위해 노력했고, 현재 시판 중인 비타민 C 음료의 벤젠 함량은 기준치 이하라는 것이 식약청의 설명이다. 그러나 당시 방송에선 0.007ppb만 검출돼도 위험한 것처럼 과장했다.

2. 사실관계의 오류

'설탕의 진실' 편(2008년 12월 20일 방영)에서는 쥐가 설탕물과 견과류 중 무엇을 선호하는지 알아보는 실험을 했다. 쥐가 설탕에 끌리자 이를 설탕의 중독성 탓으로 풀이했다. 그리고 이를 설탕 공급을 중단하면 금단증상을 일으키며 설탕이 아이의 과잉행동을 유발하는 것으로 확대 해석했다. 그러나 설탕 등 단것을 많이 먹으면 ADHD(주의력결핍과잉행동장애)가 발생한다는 과학적인 근거는 아직 없다.

'커피 프리머' 편(2008년 10월 25일 방영)에서는 '우유는 비싸니까 우유 맛을 내기 위해 카세인나트륨을 넣어 커피 프리머를 만든다'는 관계자의 인터뷰를 내보냈다. 그러나 당시 카세인나트륨은 톤당 국제 가격이 1만 2000달러로 전지분유 가격(2900달러)보다 4배 이상 비쌌다.

3. 부적절한 표현과 화면

'과일 통조림' 편(2008년 12월 13일 방영)에서는 "과일 통조림을 만들 때 양잿물을 사용한다"라고 표현했다. 과일 통조림에 양잿물 성분인 수산화나트륨이 포함돼 있기는 하지만 '수산화나트륨=양잿물'은 아니다. 또 최종 제품에는 수산화나트륨 성분이 다 제거돼 남아 있지 않는데도 마치 통조림에 양잿물이 들어 있는 것처럼 느끼게 했다.

방송에서 과학 실험을 하면서 실험용 시약을 화면에 잡고, 해골 마크 등 독극물 위험 마크를 보여주는 것도 식품첨가물에 대한 건전한 논의를 방해한다.

3 나쁜 콜레스테롤을 몰고 오는 트랜스 지방

🍵 부드러운 맛에 숨은 위험한 작용

트랜스 지방은 최근 새롭게 부상한 골칫덩이다. 우리가 즐겨 먹는 많은 식품에는 트랜스 지방이 숨어 있다. 달콤한 케이크, 부드러운 도넛, 바삭바삭한 치킨…. 생각만으로도 고소한 맛이 떠올라 입맛이 돌며 입안 가득 침이 고인다. 하지만 건강을 생각한다면 멀리해야 할 음식이다. 혈관에 나쁜 LDL_{저밀도 지단백} 콜레스테롤 수치를 높이고, 건강에 좋은 HDL_{고밀도 지단백} 콜레스테롤 수치는 낮추는 트랜스 지방 때문이다.

트랜스 지방 섭취를 2% 늘리면 심장병 발생률이 25%나 급증한다는 연구 논문까지 나왔다. 미국 식품의약국도 식품 제조업체가 마가린에 트랜스 지방을 사용하지 않고, 구운 식품의 트랜스 지방 함량을 3% 이하로 낮추면 미국에서 매년 5000명씩 살릴 수 있다는 구체적인 수치까지 제시했다.

일반인이 트랜스 지방의 유해성에 대해 관심을 갖기 시작한 것은 서양에서도 2000년대 중반 이후이다. 미국 하버드 대학교 공중보건대학원은 혈중 콜레스테롤에 관한 한 트랜스 지방의 해악이 포화 지방의 두 배라고 발표했는데, 이를 근거로 '마가린트랜스 지방 다량 함유이 버터포화 지방 다량 함유보다 건강에 더 해롭다'고 주장하는 학자도 있다.

그렇다면 트랜스 지방이란 무엇일까? 트랜스 지방의 '트랜스trans'는 무엇인가를 바꿨다는 의미이다. 가령 하리수는 자신의 성性을 바꾼 트랜스젠더이고, 차의 속도를 바꾸는 장치는 트랜스미션이다. 마찬가지로 트랜스 지방도 뭔가가 바뀐 지방이다. 즉 자연적으로 존재하지 않는 것으로, 실온에서 액체 상태인 불포화 지방식물성 기름을 고체 상태인 포화 지방처럼 만드는 과정에서 생겨난 지방이다.

자연계에 존재하는 지방 대부분이 시스cis형인데, 액체 상태인 식물성 기름을 마가린이나 쇼트닝 등 고체 혹은 반고체 상태로 만들고 산패를 억제하기 위해 수소를 첨가하는 과정에서 시스형이 다른 형태인 트랜스형으로 바뀐 것이다. 쉽게 말해 트랜스 지방은 액체인 식물성 기름을 고체 지방경화유으로 바꾸는 과정에서 생긴다. 그래서 경화유인 마가린이나 쇼트닝은 트랜스 지방 함량이 높다. 트랜스 지방은 또 식물성 기름으로 음식을 튀길 때도 많이 발생한다. 따라서 튀긴 음식이나 패스트푸드에는 트랜스 지방이 많이 들어 있다.

트랜스 지방은 불포화 지방이지만 마치 포화 지방인 동물성 지방처럼 혈관에 해롭다. 세포막을 딱딱하게 만들고 LDL 콜레스테롤의 혈중 농도를 증가시키는 반면 HDL 콜레스테롤의 혈중 농도는 감소시켜 심장병이나 동맥경화를 유발하고 악화시킨다.

이런 이유로 트랜스 지방은 대중의 오래된 믿음 두 가지를 깨뜨렸다. 하나는 '불포화 지방=혈관에 유익한 지방'이라는 등식이다. 트랜스 지방이 불포화 지방인데도 혈관에 해롭다는 것이 알려지자 인식이 바뀐 것이다. 또 하나는 '버터동물성 지방가 마가린식물성 기름보다 건강에 해롭다'는 통념을 깬 것이다. 트랜스 지방의 유해성이 알려지면서 미국에서는 버터와 마가린 중 어느 것이 더 나쁜지를 놓고 학자들 간에 의견이 엇갈리고 있을 정도이다.

최근에는 트랜스 지방이 알레르기나 면역력 저하, 당뇨병의 발병과 악화와 관련이 있다는 주장도 나오고 있다. 신생아의 시력 저하, 아토피성 피부염, 천식, 불임, 유방암, 전립선암, 대장암, 위암, 간암의 원인으로 지목되기도 한다. 심지어 노화를 촉진한다는 논문까지 나왔지만 아직은 증거가 충분하지 않다.

특히 아이들은 알게 모르게 많은 양의 트랜스 지방을 먹고 있으므로 더욱 주의를 기울여야 한다. 대표적인 트랜스 지방 함유 식품은 마가린과 쇼트닝으로, 딱딱한 스틱 마가린의 트랜스 지방 함량은 부드러운 마가린보다 월등히 높다. 자연히 아이들이 즐겨 먹는 피자나 팝콘, 토스트, 튀김류, 페이스트리, 햄버거, 도넛, 케이크, 파이, 쿠키 등에도 트랜스 지방이 들어 있다. 소처럼 되새김질하는 동물의 위에서는 트랜스 지방이 합성되므로 우유와 유제품에도 소량 들어 있다.

국내의 한 조사「한국식품영양과학회지」1999년 12월호에 따르면 트랜스 지방 함량이 가장 높은 것은 전자레인지용 즉석 팝콘이었다. 다음은 냉동 피자, 버터와 마가린이 많이 든 페이스트리나 토스트, 모카 케이크 순으로 대부분 아이들이 좋아하고 간식으로 즐기는 식품이다.

세계보건기구는 하루에 섭취하는 전체 열량 가운데 트랜스 지방을 통해 섭취하는 열량이 1%를 넘지 않도록 권고한다. 매일 평균 2000kcal의 열량을 섭취한다고 가정하면 트랜스 지방의 하루 섭취량은 2.2g 이하여야 한다는 뜻이다. 아이들에게는 더 엄격한 기준을 정해놓았다. 만 1~3세는 트랜스 지방을 하루에 1.3g, 4~6세는 1.8g 이상 섭취하지 말도록 제한했다.

2006년 식약청이 국립암센터에 의뢰해 한국인의 하루 트랜스 지방 섭취량을 조사한 결과 평균 0.37g으로 나왔으며, 성인하루 0.18g에 비해 어린이 0.36g와 청소년0.48g이 더 많이 섭취하는 것으로 밝혀졌다. 이는 미국5.3g, 캐나다8.4g, 영국2.8g, 스페인2.1g 등 서구인의 섭취량보다 훨씬 낮은 수준이다. 하지만 한국식품연구원의 조사2005년에서는 세계보건기구의 권고치2.2g보다 높은 2.6g으로 나왔다. 식약청 조사에서도 어린이나 청소년이 성인보다 트랜스 지방을 2~3배 더 많이 섭취하는 것으로 드러났다.

🍚 트랜스 지방, 어떻게 줄일까?

트랜스 지방은 유해성이 확인된 만큼 아이에게 되도록 덜 먹이는 것이 최선이다. 그렇다면 우리 아이가 트랜스 지방을 덜 먹게 하려면 어떻게 해야 할까?

첫째, 트랜스 지방 함량을 확인한다

요즘은 제품마다 그 식품에 포함된 성분과 열량이 잘 표시되어 있다. 아이에게 먹일 식품이라면 제품 라벨에 표시된 트랜스 지방 함량을 꼼꼼히 확인한 뒤 구입한다. 1회 제공량당 트랜스 지방 함량이 0.2g 이상인 식품은 가급적 구입하지 않는 것이 좋다. 쇼트닝이나 마가린도 트랜스 지방 함량을 대폭 낮춘 제품이 나와 있으니 확인하고 구입한다.

둘째, 튀긴 음식은 되도록 먹이지 않는다

트랜스 지방이 생기는 대표적인 경우가 바로 튀기는 과정이다. 특히 감자튀김을 적게 먹는 것이 중요한데, 식약청이 2005년에 조사한 감자튀김의 트랜스 지방 함량은 100g당 2.9g이었다. 2006년에는 트랜스 지방 함량이 100g당 2g으로 약간 줄었지만 감자튀김의 트랜스 지방 함량은 더 이상 낮아지기 어렵다. 트랜스 지방을 줄이면 감자튀김 특유의 고소한 맛을 유지하기 힘들기 때문이다.

셋째, 튀김에는 식물성 기름을 사용한다

음식을 튀길 때는 쇼트닝 대신 콩기름과 같은 식물성 기름을 사용한다. 끓는 온도가 높아 가열해도 트랜스 지방이 덜 생기는 포도씨유도 좋다. 올리브유는 튀김용 기름으로는 적당하지 않다. 발연점이 낮아 쉽게 타기 때문이다.

넷째, 기름을 여러 번 사용하지 않는다

튀김을 만들 때는 기름을 여러 번 사용하는데 이 과정에서 트랜스 지방이 생성된다. 따라서 음식을 튀길 때 기름을 여러 번 사용하지 말고 튀긴 음식은 바로 먹도록 한다. 식물성 기름인 올리브유 역시 여러 번 튀김에 사용하면 트랜스 지방이 생기므로 주의해야 한다.

콩기름을 24시간 튀김에 사용했더니 트랜스 지방이 5~10% 늘었다는 국내 조사 결과도 있다. 튀김을 하고 남은 기름은 아깝더라도 재사용하지 않는 것이 좋다.

다섯째, 개봉한 식용유는 뚜껑을 닫아 어두운 곳에 냉장 보관한다

식용유가 햇빛에 노출되거나 열을 받아도 트랜스 지방이 생길 수 있다. 올리브유의 '엑스트라 버진'처럼 열을 가하지 않고 눌러 짜는 방식으로 만든 식용유를 사용하는 것도 좋은 방법이다.

여섯째, 마가린 사용을 줄인다

토스트나 볶음밥을 만들 때 마가린을 사용하지 않도록 한다. 마가린은 트랜스 지방 함량이 높다. 원재료명에 쇼트닝이나 마가린, 정제 가공유지 등 경화유를 사용했다고 표시된 식품은 가급적 조리에 사용하지 않는 것이 좋다.

일곱째, 쇼트닝과 마가린의 함량을 확인한다

아이들이 즐겨 먹는 빵이나 과자에는 쇼트닝이나 마가린이 들어 있는 경우가 많으므로 이들 식품을 구매할 때는 반드시 함유 여부를 확인하도록 한다. 보통 부드럽고 페이스트리, 케이크 고소하며 전자레인지용 팝콘, 감자튀김 바삭바삭한 프라이드치킨 음식에는 트랜스 지방이 많으니 특히 주의한다.

· 알레르기로부터 아이를 지키는 방법
· 소리 없는 성장 방해꾼, 카페인
· 아이의 입맛을 사로잡은 소금과 설탕의 진실
· 비만을 부르는 고지방·고열량 식품
· 탄 음식 경계경보

PART 6

밥상에서 치워야 하는 위험한 성분들

1 알레르기로부터
아이를 지키는 방법

🍵 알레르기, 왜 생길까?

어느 날 갑자기 아이가 몸을 벅벅 긁거나 분명 감기는 아닌데 심하게 기침을 해댄다면 대개 부모들은 알레르기를 의심한다. 아이가 뭘 먹었는지 따져보고, 집 안 청결 상태를 살피거나 애완동물을 의심하기도 한다. 하지만 그 원인을 정확히 밝히기는 쉽지 않다.

알레르기는 그리스어로 '변형된 것'을 뜻하는 'allos'에서 유래된 말이다. 말 그대로 우리 몸이 외부 물질과 접촉했을 때 이상 반응이 나타나는 것을 알레르기라고 한다. 요즘 아이들이 흔히 앓는 알레르기 질환은 아토피성 피부염, 기관지 천식, 알레르기성 비염이다.

그런데 이 중 한 가지에 걸리면 다른 두 질환을 뒤따라 앓게 될 가능성이 40~80%에 달한다. 보통 아토피성 피부염_{생후 3개월~3세에 흔히 발병}, 기관지 천식_{5~6세에 흔히 발병}, 알레르기성 비염_{7~10세에 흔히 발병} 순서로 진행되는데 의사들은 이를 '알레르기 행진'이라고 부른다. 따라서 아이가 이 중 한 가지 질환을 앓고 있다면 부모는 세 가지 질환 모두에 관심을 가져야 한다.

부모 세대가 어렸을 때만 해도 알레르기 질환은 희귀한 질병이었는데 2000년대에 들어서는 감기처럼 흔해졌다. 실제로 우리나라 어린이 10명 중 2명이 알레르기 질환을 앓고 있는 것으로 추정된다. 생활수준이 향상되고 의학 기술이 발전했음에도 오히려 발병률이 더욱 높아지고 있다. 과연 그 원인은 무엇일까?

"아이를 너무 깨끗한 환경에서만 키우려 하지 마세요. 흙이나 가축, 애완동물을 만지고 친구와 잘 뛰노는 아이들이 아토피성 피부염 등 알레르기 질환에 걸릴 위험이 적습니다."

필자는 몇 년 전에 만난 스웨덴 룬트 대학교 호흡기·알레르기 내과 레이프 비에르머 교수의 말이 꽤 인상적이었다. 그는 요즘 어린이 알레르기 환자가 급증하는 것은 자녀를 지나치게 깨끗하게 키우려는 부모들의 청결 집착증 때문이라고 진단했다. 비에르머 교수는 '호주 백인의 30%가 천식 증상의 하나인 천명쌕쌕거림을 보이지만 원주민에게는 1%만이 이런 증상이 나타난다'는 조사 결과를 그 근거로 제시했다. 똑같은 알레르기 유발 물질양털에 노출되더라도 생활환경이 깨끗하지 않은 원주민이 백인보다 훨씬 잘 적응한다는 이야기였다.

그는 또 독일 통일 전 동독의 드레스덴을 사례로 들었다. 드레스덴은 서독의 함부르크보다 공기 오염도가 높았지만 아이들의 알레르기 질환 발생률이 훨씬 낮았다. '더러운 옷과 신발'이 알레르기 질환에 대한 적응력을 길러주었기 때문이라고 했다. 그러나 독일 통일 후에는 알레르기 질환 발생률이 드레스덴 아이나 함부르크 아이나 별반 차이가 없어졌다. 드레스덴 아이들이 패스트푸드를 즐겨 먹게 되면서 결국 알레르기에 취약해졌기 때문이라고 했다.

비에르머 교수는 알레르기 질환으로부터 아이를 보호하기 위한 해법으로 전통을 중시할 것을 강조했다.

"스웨덴에는 항생제를 거부하는 등 현대 문명과 벽을 쌓고 지내는 사람이 늘어나고 있어요. 그들은 거의 알레르기 질환에 걸리지 않습니다. 자연의 식재료로 만든 전통 음식이나 유산균이 풍부한 발효 음식 등을 먹기 때문이지요. 패스트푸드 대신 전통 음식을 먹는 것이 알레르기 질환을 막는 최선의 방법입니다."

비에르머 교수의 주장은 '늘 직장 생활로 바빠 아이를 청결하게 챙겨주지 못한 탓에 아이가 알레르기 질환을 앓는다'고 생각하는 부모들의 자책감을 상당히 덜어줄 듯싶다. 그의 주장은 과학적으로도 설득력이 있다. 어린이 알레르기 질환의 원인과 관련해 비에르머 교수의 의견과 맥을 같이하는 것이 바로 '위생 가설hygiene hypothesis'이다. 이 가설은 도시 사람들이 깨끗한 주거 환경에서 백신과 항생제를 과할 정도로 사용하면서, 또 핵가족화 등으로 가족 수가 줄어들면서 사람들끼리 세균이나 바이러스 등을 옮길 기회가 줄어들었다는 것을 전제로 한다.

위생 가설은 아이의 면역 체계를 튼튼하게 하려면 세균을 포함한 외부 물질의 자극이 필요한데, 아이가 자라면서 이런 자극을 받지 못하면 면역 체계가 부실해져 아토피성 피부염이나 천식, 알레르기성 비염과 같은 알레르기 질환에 걸리기 쉽다는 이론이다. 먹고살기 바빠 위생에 소홀했던 부모 세대에 비해 요즘 아이들은 너무 청결한 환경에서 자라 알레르기 질환에 오히려 민감해졌다는 이야기이다. 지금 아이들은 오염된 물이나 흙 등을 접할 기회가 없어 세균, 집먼지 진드기, 곰팡이 등 알레르기 유발 물질이 몸에 들어왔을 때 이에 잘 대응하지 못한다는 것이다.

이 가설은 과거보다 위생 상태가 훨씬 좋아진 요즘에 알레르기 질환이 증가하고 있는 원인을 잘 설명해준다. 이를 근거로 여러 나라에서 '흙으로 돌아가자'는 슬로건을 내걸고 환경 운동을 벌이고 있다. 그러나 반론도 만만찮다. 이 이론에 반대하는 사람들은 "그렇다면 아이들을 마구간에서 살게 하는 것이 더 낫다는 말이냐"라고 반박한다.

사실 어린이의 알레르기 질환 발병률이 높아진 이유를 모두 위생 가설로 설명하기는 힘들다. 위생 가설은 아직 가설일 뿐이다. 이를 맹신해 아이를 일부러 비위생적이고 불결한 환경으로 내몰 필요는 없다. 다만 면역 체계의 균형을 깨뜨릴 만큼 지나친 위생 환경이나 청결 습관은 오히려 해가 될 수 있다는 사실을 기억하고 있으면 충분하다. 위생 가설을 극단적으로 받아들여 아이가 자주 손을 씻고 몸을 청결히 하는 것까지 막아서는 안 된다. 아이의 면역력을 높이려면 다양한 자연환경과 접촉할 수 있게 해야 한다는 것이 위생 가설의 핵심이다.

이 밖에도 어린이 알레르기 질환이 늘어나는 이유는 다양하다. 대표적인 것으로 생활 패턴의 변화, 부모의 흡연, 식생활의 변화 등을 꼽을 수 있다. 요즘 아이들은 예전보다 많은 시간을 실내에서 보내기 때문에 집먼지 진드기 등 알레르기 유발 물질과 접촉할 기회가 많아졌다. 가임 여성이나 엄마들의 흡연율이 높아졌고, 모유를 먹고 자란 아이들의 비율은 감소했다. 또 서구식 식습관을 따르고 인스턴트식품을 많이 먹게 되었다. 이에 따라 아이들의 면역 체계가 약해지고 알레르기 질환 발병률이 높아졌다.

알레르기 질환의 원인은 크게 환경적 요인과 유전적 요인으로 나뉜다. 환경적 요인으로는 나쁜 공기, 실내 곰팡이, 꽃가루, 집먼지 진드기, 애완동물의 털, 식품첨가물 등을 들 수 있다. 환경적 요인 못지않게 중요한 것이 유전적 요인이다. 부모가 과거에 알레르기 질환을 앓았거나 현재 앓고 있다면 아이가 알레르기 질환에 걸릴 확률은 60~80%에 달한다.

이 두 가지 요인 외에 심리적인 요인도 무시할 수 없다. 요즘 아이들은 학원 등을 돌며 과외 활동을 해야 하고, 부모가 바빠 많은 시간을 혼자 보낸다. 따라서 늘 심리적 불안감과 스트레스에 시달린다. 결국 마음의 병이 몸의 병을 부르는 것이다.

알레르기 주의보가 필요한 8대 식품군

아이가 알레르기 반응을 보일 때 그 원인이 식품이라면 절대 가볍게 넘겨서는 안 된다. 드물기는 하지만 극소량의 알레르기 유발 식품에 노출된 뒤 생명을 잃는 경우도 있기 때문이다. 식품이 알레르기 질환을 일으키는 비율이 높은 것도 신경이 쓰인다. 아토피성 피부염에 걸린 아이의 35%, 천식에 걸린 아이의 10%가 식품 알레르기로 인해 발병한다.

그렇다면 아이가 어떤 식품에 알레르기가 있는지 어떻게 확인할 수 있을까? 방법은 알레르기 증상이 나타났을 때 알레르기내과 혹은 소아청소년과에서 혈액 검사나 피부 반응 검사를 받는 것이다. 이들 검사를 통해 몸 안에서 높아진 항체의 농도를 확인한다. 그런 다음 의심이 가는 식품을 일정 기간 먹지 않다가 알레르기 증상이 사라지면 다시 그 식품을 섭취한다. 다시 먹었을 때 증상이 재발하면 그 식품이 알레르기의 진범이다.

식품 알레르기는 유전적 소인가족력 때문인 경우가 많고, 모든 식품이 알레르기를 일으킬 수 있다. 물론 유난히 알레르기를 잘 일으키는 식품들이 따로 있다. 한국식품연구원 조사에 따르면 달걀10%(알레르기 질환자 중 달걀이 원인인 비율), 우유10%, 콩1.9%, 땅콩1.5% 등이 대표적인 알레르기 유발 식품이다. 특히 아이들에게는 달걀, 우유, 갑각류새우, 게, 바닷가재, 달팽이, 조개류, 견과류, 밀, 땅콩, 콩 등이 알레르기 질환을 잘 일으킨다. 이 중 우유나 달걀, 콩에 대한 알레르기는 아이가 자라면서 이런 식품을 기피하면 다섯 살 무렵에 대부분 사라진다. 하지만 견과류나 땅콩, 갑각류에 대한 알레르기는 평생 지속될 수도 있다. 알레르기를 일으키는 식품은 수없이 많다. 그중에서 대표적인 8대 식품군에 특히 세심한 주의를 기울여야 한다.

우유 등 유제품ㅣ 우유 알레르기는 어린이보다 유아에게 훨씬 많이 발생한다. 유아의 약 2%가 우유 알레르기를 보이는데, 아직 장이 덜 발달해 알레르기 유발 성분에 민감하게 반응하기 때문이다. 최선의 우유 알레르기 예방법은 아기가 첫돌을 맞을 때까지 모유를 먹이는 것이다. 알레르기를 일으키는 단백질이 가수분해된 우유를 먹이는 것도 방법이다.

간혹 우유 알레르기가 있는 아이에게 우유 대신 산양유나 염소젖을 먹이라고 권하는 사람도 있는데 그리 좋은 대안이 아니다. 우유에 민감한 아이는 산양유나 염소젖에도 예민하게 반응한다. 대부분 우유 알레르기는 2~4세가 되면 자연 치유된다. 유제품인 치즈에는 티라민이라는 알레르기 유발 성분이 들어 있으니 주의해야 한다. 일부 예민한 아이들은 치즈를 먹은 뒤 편두통을 일으키는데 이것도 알레르기 반응의 일종이다.

달걀 | 달걀 알레르기도 영아나 유아에게 흔히 발생한다. 부모에게 달걀 알레르기가 있거나 아이가 아토피성 피부염을 앓고 있는 경우 흔히 달걀에 알레르기 반응을 보인다. 대개 아이가 처음 달걀을 먹은 뒤 곧바로 알레르기 반응이 나타난다. 얼굴이 붉어지거나 입술과 얼굴이 부으며, 심하면 목이 붓고 쌕쌕 소리를 낸다. 달걀 알레르기가 있는 경우 달걀이나 달걀 함유 식품을 만지기만 해도 증상이 나타날 수 있으므로 주의해야 한다. 또 신종 플루 백신이나 계절성 독감 백신 등을 만들 때 유정란을 사용하므로 이런 백신은 달걀 알레르기가 있는 아이에게 함부로 주사하면 안 된다.

밀 | 밀에 함유된 글루텐식물성 단백질의 일종은 알레르기 유발 성분이다. 글루텐은 보리, 귀리, 호밀에도 들어 있다. 이들 식품에 들어 있는 글루텐은 밀의 글루텐보다 알레르기 유발 능력이 떨어진다. 밀 알레르기도 주로 영아나 유아에게 문제가 되며 아이가 자라면서 대부분 자연 치유된다. 아이가 밀 알레르기를 보이면 글루텐이 포함된 곡류는 절대로 먹이지 않는다. 글루텐은 식품첨가물로도 이용되므로 식품을 구입할 때 라벨을 꼼꼼하게 살핀다. 외식을 할 때는 미리 직원에게 아이가 밀 알레르기가 있다고 알린다.

콩 | 웰빙 식품인 콩의 약점 중 하나가 바로 알레르기를 일으킬 수 있다는 것이다. 콩 알레르기가 있으면 콩은 물론 두부·유부 등 콩 가공품, 콩나물, 콩가

루, 콩기름을 이용해 튀긴 음식에도 민감한 반응을 보인다. 하지만 된장, 고추장, 청국장 등 발효 식품까지 기피할 필요는 없다. 콩의 발효 과정에서 알레르기 유발 성분이 거의 사라지기 때문이다. 콩 알레르기도 대부분 3세 이후에 자연 치유된다.

땅콩 | 땅콩은 알레르기를 일으키는 대표 식품으로 잘 알려져 있다. 땅콩을 견과류로 오인하는 사람이 많지만 땅콩은 콩과 식물이다. 따라서 아이가 땅콩 알레르기를 보인다면 콩 알레르기도 함께 가지고 있을 가능성이 크다. 땅콩 알레르기는 심하면 사망에 이를 만큼 위험하다. 땅콩에 렉틴이라는 독성 성분이 들어 있기 때문이다.

과일 | 사과, 살구, 바나나, 체리, 키위, 멜론, 복숭아 등도 알레르기를 일으킬 수 있다. 하지만 과일 알레르기가 나타나는 경우는 드물고 비교적 증상도 가볍다. 과일 알레르기를 예방하려면 무엇보다 알레르기 유발 과일을 찾아내 먹지 않는 것이 상책이지만, 과일 알레르기를 일으키는 단백질은 가열 과정에서 알레르기 유발 능력을 상실하므로 열을 가해 먹는 것은 괜찮다. 과일의 알레르기 유발 성분은 껍질에 몰려 있으므로 껍질을 깎아 먹는 것도 방법이다. 과일 알레르기가 있다면 구입한 지 오래된 과일은 먹지 않는 것이 좋다. 과일은 농익을수록 알레르기 유발 성분이 증가하기 때문이다.

견과류 | 호두나 아보카도, 밤 등 견과류도 알레르기를 일으킨다. 호두와 아보카도의 세로토닌 · 티라민, 밤의 히스타민 · 콜린 등이 알레르기 유발 성분이

다. 견과류 알레르기는 어릴 때는 물론 어른이 된 뒤에도 지속되는 경우가 많다. 모든 견과류에 알레르기 반응을 보이는 사람이 있는가 하면, 특정 견과류에만 반응을 보이는 사람도 있다. 견과류 알레르기를 예방하려면 처음 접하는 견과류는 소량 먹어본 뒤 증상이 나타나지 않는 경우에만 계속 먹는다.

해산물 | 조개, 새우, 게, 문어, 낙지, 고등어, 꽁치 등 해산물도 알레르기를 유발한다. 특히 생선은 흰 살 생선보다 고등어나 정어리, 꽁치 같은 등 푸른 생선이 알레르기를 일으키기 쉽다. 등 푸른 생선에 알레르기 반응을 보이면 갑각류에도 알레르기 반응을 보일 가능성이 크다.

해산물 알레르기는 아이와 어른 모두에게서 나타날 수 있다. 특히 어른의 경우는 여성, 아이의 경우는 남아에게 더 잦다. 아이에게 해산물 알레르기가 있으면 해산물을 만지거나 해산물 요리 냄새만 맡아도 알레르기 증상이 나타날 수 있다. 외식을 할 때는 직원에게 반드시 해산물 알레르기가 있다는 사실을 알린다. 부득이하게 해산물 가까이 있을 경우에는 해산물과 2m 이상 거리를 두게 한다.

🍲 가공식품 속 알레르기 유발 식품도 확인하자

아이에게 어떤 식품 알레르기가 있는지 알았다면 최선의 예방법은 그 식품을 피하는 것이다. 이른바 회피 요법이다. 식약청은 달걀을 비롯해 우유와 메밀, 땅콩, 콩대두, 밀, 고등어, 게, 새우, 돼지고기, 복숭아, 토마토 등 12가지 식품이 함유된 가공식품의 제품 라벨에 그 존재 여부를 의무적으로 표기하도록 했다. 만약 아이가 이 중 특정 식품에 알레르기 반응을 보인다면 가공식품을 구입할 때 제품 라벨을 꼼꼼히 확인해야 한다. 만일 알레르기를 일으키는 식품이 하나라도 들어 있다면 그 가공식품은 장바구니에 담아서는 안 된다.

가령 아이가 우유 알레르기가 있는 경우에는 모든 낙농 제품을 피해야 한다. 우유는 물론 치즈나 요구르트, 버터 등 유제품과 우유가 든 빵, 과자도 먹지 않도록 한다. '비낙농 제품'이라고 표기된 식품이라도 제품 라벨에 '카세인우유 단백질'이 포함돼 있으면 사지 않는다.

유기농 식품도 알레르기를 일으키기는 마찬가지다. 달걀 알레르기가 있는 아이라면 유기농법으로 키운 닭이 낳은 달걀을 먹어도 알레르기를 일으킨다. 유기농 식품이 아이 건강에 더 좋을 수는 있지만 그것을 먹는다고 해서 알레르기 질환이 치유되는 것은 아니다.

아이가 콩이나 우유에 알레르기 반응을 보인다면 더욱 세심한 주의를 기울여야 한다. 콩과 우유는 성장기 아이에게 필수적인 식품인데 알레르기가 있어서 부득이하게 피해야 할 경우 영양이 부족해지지 않도록 신경 쓴다. 콩이나 우유 등에 든 영양소를 보충할 수 있는 대체 식품을 찾아 먹이는 것이 좋다. 콩 대신 고기나 생선으로 단백질을 보충하고, 우유 대신 멸치나 녹황색 채소로 칼슘을 공급한다.

아이에게 알레르기 질환이 있으면 식물성 식품만 먹여야 한다고 생각하는 엄마들이 많다. 하지만 고기와 생선 등 동물성 단백질을 완전히 배제하면 성장에 필요한 영양소가 결핍될 수 있다. 실제로 아토피성 피부염이 있는 아이들은 건강한 아이들보다 키가 덜 자라기 쉽다. 따라서 알레르기 증상을 일으키는 식품만 빼고 동물성 식품과 식물성 식품을 골고루 먹이도록 한다.

선식이나 숯이 알레르기 질환 치료에 효과적이라고 생각하는 엄마들도 많다. 하지만 선식이나 숯의 치료 효과를 과학적으로 입증한 연구 결과는 없다. 선식은 수수나 조 등 탄수화물 식품으로 구성되어 있다. 따라서 지나치게 선식 위주로 먹을 경우 지방과 단백질 등 성장과 지적 발달에 필요한 영양소를 제대로 섭취할 수 없다. 게다가 탄소 덩어리일 뿐인 숯을 먹는 것은 백해무익하다. 숯이 공기 정화 등에 유익한 측면은 있지만 그것을 먹는다고 해서 알레르기 치유에 도움이 된다는 연구 결과는 전무하다.

특정 식품을 먹은 후 두드러기 등 가벼운 알레르기 증상이 나타났다면 특별히 치료할 필요는 없다. 대개는 시간이 지나면 저절로 사라지기 때문이다. 간혹 아이의 얼굴에 생긴 두드러기가 잘 가라앉지 않으면 병원에서 처방을 받아 항히스타민제를 먹이거나 피부 진정용 크림을 발라준다. 아직까지 식품 알레르기를 예방하는 백신예방주사은 없다.

어떤 부모들은 아이에게 알레르기 유발 식품을 소량씩 먹여 저항력을 길러주는 것이 좋다고 생각하는데 이는 아주 위험한 발상이다. 알레르기가 있는 식품은 극소량만 섭취해도 아나필락시스 쇼크알레르기 증상이 심해져 갑자기 쓰러지는 증상 등 생명을 위협하는 상황까지 일어날 수도 있기 때문이다. 거듭 강조하지만 아이가 특정 음식에 알레르기가 있으면 철저하게 그 식품을 피하는 것이 최선책이다.

아토피성 피부염, 식품에 가장 민감하다

아토피성 피부염은 '유아 습진'이나 '태열'이라고 부르는 난치성 피부 질환이다. '아토피(atopy)'는 그리스어로 '이상한', '기묘한'이라는 뜻이다. 병명에 '아토피'가 붙은 것은 정확한 원인을 파악하고 치료하는 것이 어렵기 때문이다.

아토피성 피부염의 원인은 식품을 비롯해 실내 곰팡이, 꽃가루, 집먼지 진드기, 애완동물의 털, 식품첨가물, 정신적인 스트레스, 과도한 땀 등 다양하다. 그중 가장 큰 비율을 차지하는 것이 식품인데 아토피성 피부염의 35%는 알레르기 유발 식품을 섭취한 결과로 생긴다.

나이가 어리거나 치료해도 잘 낫지 않는 심한 아토피성 피부염 환자라면 식품 탓일 가능성이 더욱 크다. 아토피성 피부염이 식품으로 인한 것인지 확인하려면 병원에서 아토피 유발 검사를 받아야 한다. 검사 기간은 2~6개월 정도 걸린다. 이 검사를 통해 아토피성 피부염을 유발하는 식품을 알아냈다면 철저하게 그 식품을 배제하고 아이의 식단을 짜야 한다.

인공 조미료가 아토피성 피부염을 일으킨다고 믿는 엄마들도 있는데 아직까지 과학적인 증거는 없다. 그래도 왠지 꺼림칙하다면 천연 조미료나 맛국물을 만들어 쓴다.

아토피성 피부염 아이를 위한 천연 조미료 제조법

- **새우 가루** 마른 새우를 마른 행주로 닦고 햇볕에 바짝 말린 뒤 팬에 넣어 타지 않게 볶는다. 이것을 분쇄기로 곱게 갈아 체에 한 번 거른다.
- **다시마 가루** 다시마를 마른 행주로 닦고 팬에 넣어 타지 않게 구운 다음 분쇄기로 곱게 간다.
- **멸치 가루** 멸치 머리와 내장을 손질한 뒤 팬에 넣어 타지 않게 볶은 다음 분쇄기로 곱게 간다.
- **콩가루** 콩을 볶아 껍질을 벗기고 분쇄기로 곱게 간다.
- **들깨 가루** 들깨를 팬에 볶아 분쇄기로 곱게 간 뒤 체에 한 번 거른다.
- **표고버섯 가루** 마른 표고버섯을 햇볕에 하루쯤 바짝 말린 뒤 분쇄기로 갈거나 절구로 곱게 빻는다.

자료 : 서울 알레르기 클리닉

2 소리 없는 성장 방해꾼, 카페인

🍵 커피 한 모금, 먹여도 괜찮을까?

모처럼 커피라도 한잔 마시려 들면 아이가 "나도!" 하며 커피 잔으로 달려들 때가 한두 번이 아니다. 그러면 엄마는 잠깐 망설이다가 '한 모금쯤이야 괜찮겠지' 하며 아이에게 커피를 허락한다. 엄마가 아이에게 커피를 줄까 말까 망설이는 이유는 바로 '카페인' 때문이다. 카페인이 각성 작용을 할 뿐만 아니라 심할 경우에는 중독을 부른다는 것을 알기 때문이다. 그렇다면 이런 사실을 알고도 한 모금쯤은 괜찮다고 판단하는 것은 또 왜일까? 부모 자신이 커피나 녹차 등을 일상적으로 마시면서 카페인에 관대해졌기 때문일 수도 있고, 자신에게 별문제가 없으니 아이에게도 괜찮겠지 하는 안일한 생각 때문일 수도 있다. 이처럼 엄마도 알쏭달쏭하기만 한 것이 카페인이다.

혹시 '우리 집에서는 아이에게 커피는 먹이지 않으니까 카페인은 안심해도 되겠지'라고 생각한다면 큰 오산이다. 엄마가 생각하는 것보다 아이는 훨씬 더 많은 양의 카페인을 섭취하고 있는지도 모른다. 커피나 녹차뿐만 아니라 초콜릿, 탄산음료, 커피 맛 우유, 녹차 아이스크림 등에도 카페인이 들어 있기 때문이다. 사실 커피나 녹차 등은 쓴맛이 나므로 아이들이 별로 찾지 않는다. 하지만 탄산음료나 초콜릿, 녹차 아이스크림 등은 단맛이 있어 아이들이 좋아한다. 아이가 이런 식품을 즐기다 보면 알게 모르게 엄마가 생각하는 것보다 많은 양의 카페인을 섭취하게 되는 것이다.

사실 카페인은 긍정적인 측면도 있다. 피로를 덜어주고 학업 수행 능력을 높여준다. 또 졸음을 쫓아주며 충치를 예방하고 입 냄새도 없애준다. 하지만 아이에게 과량의 카페인은 분명 해롭다. 아이가 카페인을 과다 섭취하면 밤에 잠을 못 잔다. 오래 자지 못할 뿐 아니라 수면 도중 자주 깨고 낮에는 졸음에 시달린다. 또 신경이 예민해져 떼를 쓰거나 주의가 산만해질 수도 있다. 가슴이 두근두근 뛰어 심장 박동 수가 늘어나거나 불규칙해질 수 있으며, 이로 인해 불안, 두통, 신경과민 증세가 나타나기도 한다.

아이가 하루에 카페인을 100mg 이상 청소년의 경우 200mg 이상 섭취하면 두통이나 우울증 같은 증상이 나타난다는 연구 결과도 있다. 보통 캔커피 한 캔 175ml에는 74mg, 콜라 한 캔 250ml에는 23mg의 카페인이 들어 있다. 설령 100mg 이하의 양이라도 카페인이 아이의 몸에 장기간 쌓이면 성장 장애까지 유발할 수 있다. 이는 카페인 자체가 성장을 억제한다기보다 카페인이 다른 음식에 들어 있는 칼슘이나 철분의 흡수를 막아 뼈의 성장을 방해하거나 빈혈을 일으키기 때문이다.

아이가 카페인을 과다 섭취하면 카페인의 이뇨 작용 때문에 몸 안에 있던 수분이 소변과 함께 몸 밖으로 빠져나간다. 이때 칼슘, 철분, 마그네슘, 칼륨 등 유용한 미네랄이 함께 배출된다. 카페인은 위에도 좋지 않다. 과다 섭취하면 위산 분비가 늘어나 위염이나 위궤양을 유발한다.

또한 카페인을 지나치게 섭취하면 오히려 학습 능력이 떨어질 수 있다. 콜라 등 탄산음료나 초콜릿 등을 많이 먹던 아이가 섭취량을 줄이면 집중력이 떨어져 학습에 지장을 받는 일종의 금단현상을 겪게 된다. 이처럼 카페인은 습관성, 탐닉성이 있다. 커피를 늘 끼고 살던 사람이 갑자기 끊으면 두통과 짜증, 무기력증 등이 나타나는 것도 이 때문이다. 이러한 상태를 카페인 의존증 또는 카페인 중독이라 한다.

그렇다면 커피나 탄산음료를 통해 몸 안에 들어온 카페인은 어떻게 될까? 우리 몸은 카페인을 분해하는 능력이 있다. 건강한 성인 남자의 경우 4~6시간이 지나면 섭취한 카페인의 반 정도가 분해되어 소변과 함께 몸 밖으로 배출된다. 하지만 아이들의 경우는 카페인의 각성 효과가 거의 6시간이나 지속된다. 아이들은 또 카페인을 분해하는 속도가 느려서 탄산음료 등 카페인 함유 음료를 마시면 카페인이 몸 안에서 3~4일이나 머물 수 있다. 따라서 같은 양의 카페인을 섭취해도 그 부작용이 성인보다 훨씬 강하게 나타난다.

아이에게 적절한 하루 카페인 양은?
식약청이 정한 아이의 하루 카페인 섭취 기준은 체중을 기준으로 1kg당 2.5mg이다. 예를 들어 체중이 30kg인 아이는 하루에 75mg 이하로 섭취하라는 뜻이다. 하루 카페인 섭취 기준이 400mg인 성인, 300mg인 임산부, 133mg(여)과 160mg(남)인 청소년에 비하면 확실히 적은 양이다.
캐나다 정부는 미취학 아이들은 하루에 카페인을 45mg 이상 섭취하지 말라는 가이드라인을 설정해놓고 있다. 그 이상 먹을 경우 몸에 해롭다는 것이다.

카페인은 명백한 약물 성분이며 각성제이다. 이런 성분을 아이들이 섭취해서 좋을 리 없다. 게다가 아이가 카페인 음료를 즐겨 마시면 우유 등 건강 음료를 덜 마시게 된다. 아이가 섭취하는 카페인의 양을 줄이려면 부모가 모범을 보여야 한다. 아이들은 부모를 따라 하는 경향이 강하기 때문이다. 식품을 구입할 때는 라벨을 잘 살펴 카페인 함유 여부를 확인하도록 한다. 또 오후 4시 이후에는 아이가 카페인을 섭취하지 않도록 간식 메뉴에서 탄산음료나 초콜릿 등을 제외시키는 것이 좋다.

음료와 초콜릿에 든 카페인 함량은?

탄산음료, 녹차 등 음료와 초콜릿에는 카페인이 얼마나 들어 있고 아이에게 어떤 영향을 미칠까?

콜라 등 탄산음료 | 아이들에게 주 카페인 공급원은 콜라 등 탄산음료이다. 카페인은 콜라의 향미를 돋우려는 목적으로 첨가된다. 아이가 콜라를 많이 마셨을 때 일어나는 가장 심각한 문제는 탈수 증세이다. 카페인의 이뇨 작용 때문이다. 또 카페인에 예민한 아이가 콜라를 끼고 살면 불안감, 불면증, 혈압 상승 등의 부작용이 나타날 수 있다.

녹차 | 녹차는 열량이 거의 없지만 배고플 때 마시면 금세 포만감을 준다. 녹차의 항산화 성분인 카테킨은 중성지방과 콜레스테롤을 체외로 배출시키고 몸의 부기도 빼준다. 하지만 녹차가 아이에게도 이로운 식품인지에 대해서는 찬반양론이 있다. 녹차에도 각성·이뇨 작용을 하는 카페인이 들어 있기 때문이

다. 녹차를 마신 뒤 화장실에 자주 들락거리게 되는 것도 카페인 때문이다.

초콜릿 | 아이들이 좋아하는 초콜릿뿐만 아니라 코코아, 커피 우유, 커피 아이스크림에도 카페인이 들어 있다. 초콜릿의 원료는 카카오나무에서 얻은 카카오 콩인데 카카오 콩을 빻아 가루로 만든 것이 코코아다. 코코아에는 카페인이 들어 있다. 초콜릿은 코코아 함량에 따라 다크 초콜릿, 밀크 초콜릿, 화이트 초콜릿 등으로 분류되는데, 다크 초콜릿은 코코아 함량이 30% 이상이라 쓰거나 떫게 느껴진다. 가장 많이 팔리는 밀크 초콜릿은 코코아 함량이 7~17%이고 여기에 우유와 설탕 등이 들어간다. 화이트 초콜릿에는 코코아가 없으므로 아이가 카페인을 덜 섭취하게 하려면 화이트 초콜릿을 먹이는 것이 개중 낫다.

각종 가공식품의 카페인 함량

식품·음식명	눈대중 양	카페인 함량(mg)
캔 커피(150ml)	1캔	74
커피 우유(200ml)	1개	47
커피 맛 빙과(150ml)	1개	29
콜라(250ml)	1캔	23
초콜릿(30g)	1개	16
녹차(티백 1개)	1잔	15

자료 : 식품의약품안전청

3 아이의 입맛을 사로잡은 소금과 설탕의 진실

🍀 초등학생 소금 섭취량이 성인 권장량을 웃돈다

소금은 인류의 가장 오래된 조미료로 고대에서는 화폐 대용으로 쓰일 만큼 귀했다. 지금도 소금이 빠진 식생활은 상상이 되지 않는다. 소금은 우리 몸 안에서 전해질의 균형을 이루어준다. 소금이 부족하면 전해질 균형이 깨져 건강이 나빠진다. 따라서 매일 일정량의 소금을 섭취해야 한다. 병원에서 음식 섭취가 어려운 환자에게 놓는 링거액에도 소금 성분이 들어 있다. 소금은 살균력이 있어 소금에 절인 음식은 오래 보존된다.

이렇게 중요한 소금이 요즘 문제가 많은 것처럼 거론되는 것은 왜일까? 지나친 섭취량 때문이다. 2008년 국민건강영양조사에 따르면 우리나라 초등학생의 하루 평균 소금 섭취량은 8.6g이고, 취학 전 아이의 경우에도 4.8g이나 된다. 그런데 세계보건기구는 성인이라도 소금을 하루 6g 이하로 섭취할 것을 권장한다. 식약청은 소금염화나트륨의 주성분인 나트륨을 하루에 2g 이하로 섭취할 것을 권장하는데, 이를 소금으로 환산하면 약 5g이다. 소금을 하루에 1작은술 이하로 섭취하라는 말이다. 사실 신체 기능을 정상적으로 유지하기 위해 꼭 필요한 소금의 양은 하루 1.3g에 불과하다. 그렇다면 소금을 많이 섭취하면 어떤 문제가 생기는 것일까?

　어릴 때부터 짜게 먹는 식습관을 들이면 성인이 돼서 고혈압에 걸리기 쉽다. 최근에는 어린이 고혈압도 늘고 있어 더욱 문제가 되고 있다. 고혈압은 심장병, 뇌졸중 같은 심각한 혈관 질환의 원인이 된다. 대개의 경우 고혈압은 어른이 돼서야 나타나기 때문에 굳이 어릴 때부터 소금 섭취를 제한할 필요가 있을까 생각할 수도 있다. 하지만 미각과 후각은 원초적인 감각이기 때문에 어릴 때 입맛이 평생을 간다. 짠맛에 한번 길들여진 아이가 나중에 음식을 싱겁게 먹기는 무척 힘들다.

　소금의 과다 섭취가 고혈압과 관련이 있다는 것은 이미 여러 연구를 통해 증명됐다. 한 예로 과거 뉴기니인에게는 고혈압이 극히 드문 병이었는데 이들은 소금을 거의 섭취하지 않았다. 반면 미소국, 염장 채소, 소금에 절인 생선을 즐기는 일본 아키타 현 주민은 40%(성인 기준)가 고혈압 환자이다. 또 이들의 사망 원인 1위는 뇌졸중인 것으로 조사됐다. 아키타 현 주민의 하루

가공식품에 함유된 소금의 양

식품(100g)	소금 양(g)	식품(100g)	소금 양(g)
간장	18	고등어자반	4
된장	11.7	연어자반	8.2
건대구	5.2	토마토케첩	3
멸치	5.1	베이컨	2.5
단무지	9.5	로스햄	2.3

자료 : 식품의약품안전청

평균 소금 섭취량은 22.5g이다. 이는 소금과 고혈압이 얼마나 밀접한 관계가 있는지 잘 보여준다.

아이가 하루에 10g의 소금을 섭취하는 것은 순식간이다. 소아 고혈압이 걱정된다면 일단 소금 섭취량부터 줄여야 한다. 다음으로는 칼륨과 칼슘, 마그네슘 등 혈압 조절을 돕는 미네랄을 충분히 섭취하는 것이 중요하다. 이 중 칼륨은 혈압을 높이는 나트륨을 몸 밖으로 배출시킨다. 우리 국민이 오랫동안 소금을 많이 섭취해왔음에도 적당한 혈압을 유지해온 것은 채식 위주의 식사로 칼륨을 충분히 섭취했기 때문이라는 주장도 있다. 칼륨은 감자, 콩, 감귤, 토마토, 멜론, 바나나, 해바라기 씨 등 자연식품에 풍부하게 들어 있다.

너무 짜게 먹으면 그렇지 않아도 부족한 칼슘이 몸 밖으로 많이 빠져나간다. 소금을 많이 섭취하면 뼈 건강에 이로운 칼슘이 부족해져 골다공증이 생길 수 있다. 칼슘은 뼈를 튼튼하게 해줄 뿐만 아니라 혈압을 낮추는 역할도 한다. 따라서 짜게 먹는 아이에게는 칼슘을 충분히 보충해야 한다. 칼슘은 우유 등 유제품과 콩, 두부, 정어리, 연어, 땅콩, 호두, 브로콜리, 멸치 등에 많이 들어 있다. 또 마그네슘을 섭취해도 좋은데, 마그네슘이 나트륨을 몸 밖으로 배출시키기 때문이다. 마그네슘은 도정하지 않은 곡물, 녹황색 채소, 우유, 육류, 견과류, 바나나, 아몬드, 무화과 등에 많이 들어 있다.

🍵 김치와 국에서부터 소금을 줄이자

그렇다면 소금 섭취량을 어떻게 줄여야 할까? 무엇보다 우리의 일상적인 식단을 다시 점검해볼 필요가 있다. 우리가 흔히 먹는 김치와 국은 영양상 장점이 많지만 소금 함량이 높다는 단점도 있다. 우리나라 사람들은 김치와 국, 찌개, 생선조림, 구이을 통해 하루 소금 섭취량의 67%를 섭취한다는 조사 결과도 있다.

따라서 아이의 소금 섭취량을 줄이려면 김치와 국, 찌개, 생선에 초점을 맞춰 대책을 세워야 한다. 김치 한 그릇작은 접시에는 소금이 0.6~1.4g 들어 있다. 그렇다고 김치를 안 먹을 수는 없다. 간을 조금 싱겁게 하거나 상대적으로 소금 함량이 낮은 김치를 선택한다. 가령 소금 함량이 높은 나박김치 1.4g 대신 갓김치0.3g를 먹는 것이다.

국에도 소금이 엄청 들어 있다. 한 그릇당 1.4~3.5g에 달한다. 따라서 국은 작은 그릇에 담아 먹도록 한다. 된장국에는 소금이 1%가량 들어가므로 한 그릇270g에 대략 소금이 2.7g 함유돼 있다. 이에 비해 우리의 밥공기만한 그릇에 국을 담는 미소국일본 된장국의 경우 한 그릇150g에 든 소금 함량이 1.5g 정도이다. 소금 섭취를 줄이려면 하루 한 끼는 국 대신 숭늉이나 누룽지를 먹고 되도록 맑은 국을 즐기며, 국을 먹더라도 건더기 위주로 먹는 것

미네랄이 풍부한 천일염

천일염은 바닷물을 햇볕에 말려서 얻는 소금으로, 영어명은 'solar salt'이다. 우리나라에서 천일염은 광물로 분류되었다가 2009년 4월부터 식품으로 공식 인정됐다. 일부 전문가들은 간장, 된장, 고추장, 젓갈, 김치를 만들 때 천일염을 써야 맛과 풍미가 좋아진다고 주장하는데, 발효균이 정제염보다 천일염에서 더 활성화되기 때문이라고 한다.

정제염은 거의 100% 염화나트륨(NaCl)이지만 천일염은 85%가량만 염화나트륨이다. 나머지는 칼륨, 칼슘, 마그네슘 등 미네랄 성분으로 이루어졌다. 이 미네랄은 나트륨을 체외로 배출시켜 혈압을 낮춰준다. 그러나 천일염은 정제염과 달리 불순물을 소량 함유하고 있는데 불순물을 완전히 걸러낼 수 없다는 것이 약점이다.

이 좋다.

또 찌개 한 그릇에는 소금이 1.5~4.4g이나 들어 있다. 찌개나 국을 조리할 때는 펄펄 끓을 때보다 음식이 조금 식은 뒤에, 또는 먹기 직전에 소금 간을 한다. 음식이 뜨거울 때는 짠맛이 잘 느껴지지 않아 소금을 더 많이 넣을 수 있기 때문이다.

일반 생선은 소금 함량이 한 토막당 1~2g이지만 자반고등어 한 토막에는 소금이 3g이나 들어 있다. 생선에 소금 간을 하지 않고 구워 고추냉이와 무를 갈아 넣은 간장에 찍어 먹으면 소금 섭취량을 줄일 수 있다.

아이들의 인기 간식거리인 라면에도 소금이 많다. 라면의 소금은 주로 스프에 들어 있다. 스프 한 개당 2~5g의 소금이 포함되어 있으므로, 스프를 반만 넣거나 국물은 먹지 않고 버리도록 한다. 라면 외에 즉석 국 등 가공식품도 스프를 다 넣지 않는 것이 좋다. 또 젓갈, 장아찌 등 고염·염장 식품의 섭취를 줄이고 식탁에서 소금을 추가로 뿌리지 않는다.

음식을 만들 때는 소금 대신 양파나 마늘, 고추 등 천연 허브를 양념으로 이용한다. 간장을 넣어야 하는 경우에는 일반 간장 대신 저염 간장을 쓴다. 또 쑥갓, 미나리, 피망, 당근, 파슬리, 셀러리, 들깻잎, 쑥 등 향이 강한 채소를 이용하면 그 자체로 향이 풍부하기 때문에 음식의 간을 세게 하지 않아도 된다. 참기름이나 들기름 등을 이용해 고소한 풍미를 살리는 것도 소금 섭취를 줄이는 효과적인 방법이다. 음식의 궁합을 잘 활용하면 특별히 간을 많이 하지 않아도 맛을 낼 수 있다. 생선과 무순, 생선구이와 레몬, 생선회와 들깻잎, 쇠고기와 피망볶음 등이 궁합이 잘 맞는다.

설탕, 빈껍데기 열량 식품

아이들은 단것을 좋아한다. 태아기에는 엄마가 섭취한 음식에서 유래한 포도당을 통해 에너지를 공급받고, 신생아 때는 모유를 먹으면서 유당을 통해 신체 발달에 필요한 에너지를 얻는다. 따라서 아이들에게 단맛은 가장 익숙하고 편안한 맛이다. 최근 한 연구에 따르면 인간은 선천적으로 단맛을 갈구하도록 프로그래밍되어 있다고도 한다. 또한 아이들은 미각 세포가 예민해 단맛의 달콤함은 진하게 느끼는 반면 쓴맛이나 매운맛에는 거부감을 보인다. 그러니 아이들이 단맛에 끌리는 것은 당연한 일이다.

설탕의 최대 약점은 충치나 비만을 일으킬 수 있다는 것이다. 충치 발생에 대해서는 학자들 간에 이견이 없다. 아이가 섭취한 설탕은 입안에서 구강 세균에 의해 이를 썩게 하는 산성 물질로 바뀐다. 이 산성 물질이 치아를 부식해 충치를 유발하는 것이다. 설탕은 또 구강 내 세균의 훌륭한 먹이가 된다. 설탕과 전분이 든 부드러운 쿠키나 케이크는 단단한 캔디, 박하사탕보다 치아에 더 해로운 것으로 알려져 있다. 또 설탕을 과다 섭취하면 체중이 늘어나는데 당분이 몸 안에서 지방으로 바뀌어 쌓이기 때문이다. 만약 기름진 음식 섭취를 대폭 줄였는데도 아이의 살이 빠지지 않는다면 이유는 단 음식을 너무 많이 먹기 때문일 수 있다.

설탕 등 단 음식을 먹으면 영양소 없이 열량만 얻을 뿐이다. 그래서 영양학자들은 설탕이나 캔디 등을 '빈껍데기 열량 식품 empty calories food' 이라고 한다. 설탕 1큰술약 15g의 열량은 60kcal에 달한다. 따라서 아이가 사탕이나 과자, 탄산음료 등 단 음식을 먹었을 경우 이미 필요한 열량을 모두 얻어내

비타민과 미네랄 등 영양이 풍부한 다른 식품을 찾지 않게 된다.

지금 아이들이 단맛을 좋아하는 정도는 이미 위험 수위를 넘어섰다. 식약청이 2006~2007년 조사한 결과에 따르면 13~19세 아이들이 하루에 설탕을 비롯한 포도당, 과당, 꿀 등 단순 당을 섭취하는 양은 61g에 달한다. 특히 단맛을 선호하는 상위 5%는 매일 137g씩 섭취한다. 세계보건기구는 단순 당을 통해 섭취하는 열량을 하루 전체 섭취 열량의 10% 미만으로 권장하고 있다. 단순 당은 1g당 4kcal의 열량을 내므로 하루에 1600kcal를 섭취하는 아이라면 1일 단순 당 섭취량이 40g 미만이어야 한다는 뜻이다. 우리 국민의 하루 평균 단순 당 섭취량은 48g이므로 세계보건기구의 권장 수준을 밑돌지만 어린이나 청소년은 이미 과잉 상태이다.

이는 아이들이 즐겨 먹는 식품에 유독 설탕 등 단순 당이 든 것이 많기 때문이다. 초콜릿, 사탕, 탄산음료, 아이스크림 등 가공식품뿐만 아니라 그나마 안심하고 먹이는 요구르트, 두유, 과채 주스에도 설탕이 다량 들어 있다. 또 그다지 단맛이 나지 않는 시리얼이나 땅콩버터, 드레싱 등에도 설탕이 첨가되어 있다.

아이가 살이 너무 찌지 않게 하려면 설탕이 적게 든 식품을 꼼꼼하게 따져 골라 먹여야 한다. 과일 요구르트 대신 플레인 요구르트를, 과일 맛 우유나 초콜릿 우유 대신 흰 우유를, 콜라 대신 다이어트 콜라를 주도록 한다.

만약 아이가 흰 우유를 너무 싫어하고 딸기 우유나 초콜릿 우유만 찾는다면 엄마가 직접 만들어주는 것도 방법이다. 흰 우유에 과일을 갈아 넣거나 바닐라나 계피 등 천연 향료를 섞어 '엄마표 우유'를 만들어주는 것이다. 또 초콜릿 시럽이나 코코아 분말 등을 약간 넣어 초콜릿 우유를 만들어주어도 좋다. 물론 초콜릿 시럽이나 코코아 분말이 건강에 이로운 것은 아니지만 이렇게 만든 우유가 시중에서 파는 초콜릿 우유보다는 낫다.

과채 주스 역시 마트에서 사 먹이지 말고 조금 귀찮더라도 엄마가 직접 만들어주자. '엄마표 주스'는 만들자마자 먹이는 것이 좋다. 과일이나 채소를 갈면 시간이 지날수록 비타민 C 등이 점점 더 파괴되기 때문이다. 또 과일이나 채소를 당근이나 오이와 섞어 갈지 않도록 한다. 당근과 오이에는 비타민 C를 파괴하는 효소인 아스코르비나제가 들어 있기 때문이다. 밖에서 생과일주스를 사 먹을 때도 맛을 내기 위해 설탕을 넣는 경우가 많으므로 잘 살펴보고 구입하도록 한다.

음식을 만들 때는 설탕 대신 올리고당을 사용하는 것이 좋다. 올리고당은 1g당 1~2kcal로 설탕보다 열량이 낮다. 또 대장에서 유산균의 먹이가 되므로 장 건강에도 이롭다. 백설탕보다는 유기농 설탕을 조리에 사용하는 것이 낫다. 유기농 설탕은 비료와 농약을 쓰지 않고 유기농법으로 재배한 사탕수수에서 얻은 설탕이다. 하지만 유기농 설탕도 1g당 4kcal의 열량을 내고 충치와 비만의 원인이 되는 것은 일반 설탕과 마찬가지이다.

🍵 가공식품 속 설탕과 지방, 제로섬의 법칙

설탕의 문제점이 알려지면서 엄마들은 가공식품의 라벨을 꼼꼼하게 확인하고 당 함량이 낮으면 안심하는 경향이 있다. 하지만 가공식품의 지방과 당 함량 사이에는 '제로섬의 법칙'이 적용된다는 사실을 알아야 한다. 지방 함량이 높으면서 설탕 등 단순 당 함량도 함께 높은 가공식품은 그리 많지 않다. 둘 다 높으면 엄마들이 사주지 않기 때문이다. 그래서 가공식품은 지방 함량이 높으면 당 함량이 낮고, 반대로 당 함량이 높으면 지방 함량이 낮은 것이 일반적이다. 이는 식품 회사들의 고도의 판매 전략이다. 아이들 입맛을 사로잡기 위해 단맛이나 기름진 맛 둘 중 하나는 필요하기 때문이다. 식약청이 포화 지방이나 트랜스 지방 등 가공식품의 지방 함량을 낮추라고 제동을 걸자, 일부 식품 회사들은 포화 지방과 트랜스 지방 함량을 낮추는 대신 당 함량을 늘리고 있다.

엄마들은 건강 측면에서 백설탕보다 갈색 설탕이나 흑설탕이 더 나을 것이라고 여기지만 이 역시 오해이다. 영양소가 전혀 없는 백설탕과 달리 당밀이 섞인 갈색 설탕과 흑설탕에는 비타민과 미네랄이 들어 있긴 하지만 극히 미량이기 때문에 백설탕과 별 차이가 없다.

무가당, 무설탕이라고 표시된 식품도 안심할 수 없다. 무가당, 무설탕 표시는 설탕을 인위적으로 첨가하지 않았다는 의미일 뿐이다. 이렇게 표기된 제품에는 설탕 대신 액상 과당이 들어 있는 경우가 많다. 액상 과당은 설탕물이나 별로 다를 바 없다. 맛은 설탕보다 달고 값이 싸다.

과당의 정체는?

과당은 설탕과 함께 단맛의 대표 주자이다. 탄수화물의 일종으로 단순 당이라는 점도 설탕과 같다. 설탕은 사탕수수나 사탕무에서 추출하는 반면 과당은 과일과 꿀에 많이 들어 있다.
그러한 성질은 이름에도 나타난다. 설탕(雪糖)은 눈처럼 하얀 결정을 지녔다 해서 이름 붙여졌고, 과당은 과일 속에 든 당분이라는 뜻이다. 과당을 뜻하는 영어 프룩토오스(fructose)도 과일을 뜻하는 'fruits'에서 유래된 말이다. 열량은 여느 탄수화물과 마찬가지로 둘 다 1g당 4kcal이다. 당도(단맛)는 과당이 높은데 과당의 당도는 설탕의 거의 두 배로 천연 식품 가운데 가장 달다. 과일을 한 입 베어 무는 순간 입안에서 단맛이 확 느껴지는 것은 과당 때문이다.
과당의 최대 약점은 설탕과 마찬가지로 충치를 일으킨다는 것이다. 특히 치아 표면에 잘 달라붙어 설탕보다 더 치아 건강에 해롭다.

플러스 영양 정보

나트륨 함량을 꼭 확인하자

나트륨은 소금의 한 성분이다. 화학명이 NaCl(염화나트륨)인 소금은 나트륨(Na)과 염소(Cl)로 구성되어 있다.

소금에서 혈압을 높이는 성분은 나트륨이다. '저염식' 보다 '저나트륨식'을 더 강조하는 것은 이 때문이다. 그래서 나트륨 함량을 줄인 저나트륨 소금도 출시되고, 식품 라벨에는 대개 소금 함량 대신 나트륨 함량을 표시한다. 나트륨 함량에 2.5를 곱하면 소금 양이 얼추 계산된다.

아이들이 좋아하는 음식 중에는 칼국수나 라면 등 국물 음식에 나트륨이 많이 들어 있다. 식약청이 발표한 자료에 따르면 우리 국민이 즐기는 음식 중 나트륨 함량이 가장 높은 것은 칼국수였다. 한 그릇만 먹어도 하루 나트륨 섭취 기준(2g)을 초과하는 것으로 밝혀져 당시 칼국수 집 영업에 큰 타격을 주기도 했다.

칼국수 다음으로는 우동, 라면, 자반고등어(한 토막), 피자(한 조각) 순서로 나트륨 함량이 높았다. 칼국수의 나트륨 함량이 높은 것은 면을 반죽할 때 소금이 들어가고, 해물과 같이 맛을 내는 부재료와 인공 조미료가 첨가되기 때문이다.

나트륨은 아이들이 즐겨 먹는 식품 곳곳에 숨어 있다. 과자나 빵은 짜지 않지만 나트륨이 상당량 들어 있다. 집에서 조리한 음식은 괜찮겠지 하고 마음을 놓게 되지만 무심코 먹는 반찬 중에도 예상외로 나트륨 함량이 높은 것이 수두룩하다. 나트륨은 쇠고기, 돼지고기 등 육류에도 들어 있다. 인공조미료(MSG)와 베이킹파우더, 보존료, 소시지, 햄, 베이컨, 케첩, 칠리소스, 겨자, 간장 등 가공식품과 식품첨가물에도 숨어 있다.

각종 식품의 나트륨 함량

식품	단위(눈대중 양)	나트륨 함량(mg)
칼국수	1그릇	2900
가락국수(우동), 라면	1그릇	2100
소금	1작은술	2000
간장	2작은술	2000
된장, 고추장	1큰술	2000
케첩	4큰술	2000
물냉면	1그릇	1800
자반고등어	1토막	1500
된장찌개	1그릇	950
어묵, 찜	100g	685
햄	60g	650
피자	1조각	600
소시지	60g	500
배추김치	40g(1작은 접시)	460
베이컨	60g	420
오이지	20g	290
프렌치프라이	약 90g	268
깍두기	40g(1작은 접시)	240
감자칩	60g(1봉지)	230
치즈	1장	230
단무지	20g(1/2작은 접시)	224
식빵	2장	70

자료 : 식품의약품안전청

유해성 논란 끊이지 않는 단맛, HFCS

아이들이 좋아하는 과자, 탄산음료 등 각종 가공식품은 보통 향이 강하고 맛이 달콤한 것이 특징이다. 그중 단맛은 대부분 고과당 옥수수 시럽(HFCS, High Fructose Corn Syrup)으로 맛을 낸다.

HFCS는 가격이 비싼 설탕의 대체 물질을 찾던 중 1957년에 처음 개발했다. 포도당을 인공적으로 과당으로 바꾼 뒤 이를 포도당과 적절히 배합해 설탕과 비슷한 단맛을 내도록 한 물질이다. 원가가 저렴한 데다 액상이어서 보관과 유통이 편리하고 다양한 식품과 쉽게 혼합할 수 있어 탄산음료나 과자, 샐러드, 드레싱 등의 단맛을 내는 데 널리 사용하고 있다. 코카콜라와 펩시콜라도 1984년부터 설탕 대신 HFCS를 사용해왔다.

하지만 최근 HFCS가 아이들 건강에 해롭다는 연구 결과가 잇따라 나오면서 새롭게 논란이 되고 있다. 미국 조지아 대학교 연구팀은 실험용 쥐에게 하루 필요한 열량의 60%를 HFCS를 통해 섭취하도록 했다. 그 결과 쥐의 기억력이 현저히 떨어졌다. HFCS와 과당은 대부분 간에서 대사(분해)돼 혈중 중성지방의 농도를 높이는데, 연구 팀은 HFCS를 다량 섭취한 쥐에서 기억력 저하가 나타난 것은 중성지방이 뇌세포에 나쁜 영향을 미친 결과라고 풀이했다. HFCS가 비만이나 당뇨병 발생과 관련이 있다는 연구 논문도 많다.

반대로 HFCS가 전혀 건강상 문제를 일으키지 않는다는 연구 결과도 여럿 있다. 학자들 간에도 의견이 엇갈리는 것이 바로 HFCS이다. 따라서 HFCS의 유해성 여부에 대한 최종 결론은 가까운 미래에 내려질 것 같지 않다.

하지만 2009년 11월 펩시는 자사 스포츠 음료인 게토레이에 더 이상 HFCS를 넣지 않겠다고 선언했다. 유해성 여부는 아직 결론 나지 않았지만, 소비자의 HFCS에 대한 부정적 시각이 기업을 변화시킨 것이다.

설탕이 ADHD 증상을 일으킬까?

최근 들어 주의력결핍과잉행동장애(ADHD) 증상을 보이는 아이들이 늘어나고 있다. ADHD는 부주의, 충동적 행동, 과잉 행동 등이 주된 증상이다. 전문가들은 요즘 초등학생의 4~8%가 ADHD인 것으로 추정한다. 한 학급에 한두 명꼴로 수업 시간에 집중하지 못하고 충동적으로 행동하는 아이가 있으며, 이런 아이들이 ADHD 진단을 받을 가능성이 크다.

아직까지는 ADHD의 정확한 원인이 밝혀지지 않았다. 유전과 환경 등 복합적인 요인으로 발병하는 것으로 추정하고 있을 뿐이다. 한때는 설탕이 ADHD를 일으킨다는 주장이 제기됐다. 유난히 설탕 섭취가 많은 날 아이들이 흥분하는 경우가 많았기 때문이다. 영국 웨일스 대학교 연구 팀은 아이들의 행동에 영향을 줄 수 있는 식품 중 설탕을 집중적으로 연구했다. 연구 결과 설탕이 많이 든 음료를 즐겨 마신 아이들이 특별히 과잉 행동을 보이지는 않았다. 최근에는 설탕과 ADHD가 별로 관련이 없다는 견해가 더 우세하다. 설탕 자체가 흥분을 유발한다기보다 생일 파티 등 아이들이 들뜨기 쉬운 날 설탕을 많이 먹기 때문이라고 본다.

인공색소나 인공향미료, 인공감미료 등의 식품첨가물 또는 소금에 절인 음식, 카페인 등의 과다 섭취가 ADHD의 원인이 될 수 있다는 가설도 제기됐다. 하지만 이런 성분을 뺀 식사를 아이들에게 제공해봤지만 행동을 변화시키지는 못했다.

그러나 불규칙한 식생활과 영양 부족 등이 아이의 집중력과 학습 능력을 떨어뜨린다는 연구 결과가 나와 논란은 수그러들지 않고 있다.

4 비만을 부르는 고지방·고열량 식품

🍵 비만 아이, 우울하고 키도 작다

　사람의 몸은 체중이 줄어드는 것을 원치 않는다. 지방이 풍부한 음식을 탐닉하고 체지방 비율을 현상 유지하려는 게 우리 몸의 본능이다. 언제 닥칠지 모르는 기아에 대비해 가장 오래 타는 연료인 지방을 몸 안에 쌓아두려는 것이다. 살이 찐다는 것을 긍정적으로 보면 지방을 몸 안에 축적하는 능력이 뛰어나 먹을 것이 부족한 환경에서 더 오래 살아남을 수 있다는 뜻이다. 하지만 먹을거리가 풍족한 현대의 비만은 부정적인 측면이 훨씬 크다. 고혈압부터 당뇨병, 대장암에 이르기까지 각종 성인병의 출발점이 비만이기 때문이다. '만병의 근원'이란 꼬리표가 늘 따라 붙으며, 일부 국가에서는 아예 질병으로 분류한다.

　성인 비만보다 더 심각한 것이 어린이 비만이다. 지방 세포의 면적이 커지는 성인 비만과 달리 어린이 비만은 지방 세포 수까지 늘어나기 때문이다. 지방 세포 수가 늘어나면 정상 체중으로 되돌리기 힘들다. 어릴 때 체중 관리를 잘못해 늘어난 지방 세포 수는 평생 갈 수 있다는 사실을 기억하자. 또한 어린이 비만으로 인해 고혈압, 당뇨병, 동맥경화, 고요산혈증 같은 성인병이 20~30년 일찍 찾아올 수 있다. 어린이 비만의 40%, 청소년 비만의 70%가 성인 비만으로 이어지며 비만 어린이는 자라서 뇌졸중, 고혈압, 암에 걸릴 위험이 상대적으로 높다.

더욱 심각한 것은 어린이 비만이 정서적인 문제로 이어진다는 사실이다. 비만 어린이는 정상 체중인 아이보다 우울과 불안을 더 자주 겪는다. 늘 자신감이 없는 데다 또래에게 놀림을 받는 일도 흔하기 때문이다. 또한 성장기 비만은 성장판을 빨리 닫히게 하고 성호르몬 분비를 촉진시킨다. 따라서 사춘기를 앞당기는 성조숙증을 부를 수 있는데, 성조숙증은 더 이상 키가 자라지 않게 하거나 목·겨드랑이 피부를 검게 변색시키기도 한다.

우리나라 어린이 비만은 이미 위험 수위를 넘어섰다. 보건복지부에 따르면 어린이2~18세 비만율이 1998년 5.8%에서 2005년 9.7%로 증가했다. 같은 기간에 성인 비만율은 26.3%에서 31.5%로 높아졌다.

어린이 비만이 증가하는 이유는 아이들이 고열량·고지방 식품을 즐겨 먹기 때문이다. 삼겹살, 돼지갈비, 튀김, 피자, 치킨, 햄버거 등이 대표적인 고열량·고지방 식품으로, 이들 식품은 특유의 기름지고 고소한 맛으로 아이들을 유혹한다. 어린이의 지방 섭취량은 1998년 하루 53.7g에서 2005년 59.3g으로 늘었다. 정부가 정한 성인의 하루 지방 섭취 권장량인 50g을 이미 넘어섰다.

아이가 좋아하는 식품을 하루아침에 제한하는 것이 힘들겠지만 아이의 건강을 생각한다면 지금부터라도 양을 줄여야 한다. 그렇다면 어떻게 고열량·고지방 식품의 섭취를 줄일 수 있을까?

우선 집에서 식단을 준비할 때 또는 외식 메뉴를 선택할 때 고열량·고지방 식품의 비중을 낮춘다. 밥과 국, 나물, 생선 등이 중심인 한식을 기본으로 식탁을 차리는 것이 가장 손쉬운 방법이다. 아이에게 육류는 지방이 적은 살코기 위주로 먹인다. 삼겹살은 지방이 많으므로 되도록 먹이지 않는다. 쇠고기나 돼지고기 등 붉은색 고기는 지방이 고루 퍼져 있으므로 지방만 따로 떼어내기 힘들다. 따라서 껍질에만 지방이 몰려 있어 손쉽게 지방을 분리할 수 있는 닭고기를 먹이는 게 낫다.

음식을 조리할 때도 약간만 신경 쓰면 열량과 지방 섭취를 크게 줄일 수 있다. 식용유 1작은술의 열량은 50kcal이다. 따라서 음식을 만들 때는 식용유를 최대한 적게 사용한다. 잡채 등을 요리할 때 채소는 볶지 말고 데치며, 나물도 되도록 기름에 볶지 말고 데치거나 무친다. 또 볶더라도 식용유에 물을 섞어 볶는다. 찬 음식을 데울 때는 식용유를 사용해 볶지 말고 전자레인지를 이용한다. 아이 간식거리로는 지방이 거의 없는 과일이나 채소를 선택한다.

가공식품을 살 때도 제품의 라벨에서 지방 함량을 반드시 확인한다. 가공식품의 포장지에는 지방과 포화 지방, 트랜스 지방, 콜레스테롤 등 '지방 4종'의 함량이 모두 표시돼 있다. 되도록 이들 4가지 지방이 적게 든 식품을 선택한다.

비만을 예방하는 생활 수칙

첫째, 아침 식사를 꼭 챙긴다

아침을 굶는 아이들의 비만율이 아침을 먹는 아이들보다 1.4배나 높다.

아침을 거르면 방과 후에 학교 주변에서 값싼 먹을거리를 찾게 된다. 식약청이 전국의 초등학교 주변을 조사한 결과 아이들이 먹는 식품의 40%가 100~300원가량 하는 저가의 수입 식품이었다. 게다가 이런 식품은 대부분 위생 수준이 떨어지는 나라에서 수입한 제품이었다.

둘째, TV 시청과 PC 사용은 하루 2시간 이내로 줄인다

TV 시청 시간이 1시간 늘면 비만율이 1.2~2.9%나 증가하는 것으로 알려졌다. 따라서 TV 시청과 PC 사용 시간을 2시간 이내로 제한한다.

셋째, 외식을 줄인다

외식을 하면 열량은 물론 나트륨 섭취량도 늘어난다. 집에서 해 먹는 음식의 평균 나트륨 함량이 열량 1000kcal당 2.7g인 데 비해 외식은 3.1g인 것으로 조사됐다.

넷째, 가끔은 펀(fun) 다이어트를 허용한다

어쩌다가 햄버거 하나 먹으면서 행복해하는 아이의 즐거움마저 뺏으면 오히려 역효과가 난다.

다섯째, 튀기거나 볶은 음식은 피하고 굽거나 찐 음식을 선택한다

요리법만 바꿔도 한 끼당 100kcal를 줄일 수 있다.

5 탄 음식 경계경보

🍵 탄 음식은 독이다

　음식을 태워 먹지 말라거나 탄 음식을 먹지 말라는 이야기는 숱하게 들어 봤을 것이다. 이유는 탄 음식에 발암물질이 들어 있기 때문이다. TV나 신문 등 여러 대중매체를 통해 많은 엄마들이 이런 상관성을 인지하고 있지만 암이라는 질환의 특성 때문인지 아이의 건강과는 다소 거리가 있는 것처럼 느낀다. 하지만 어른에게 나쁜 것이 아이에게 좋을 리 없다.

　아이가 탄 음식을 자주 많이 먹으면 어떻게 될까? 쉽게 예상할 수 있듯 수십 년 후 암에 걸릴 확률이 높아진다. 음식이 탈 때 건강에 해로운 화학적인 변화가 일어나기 때문인데, 특히 고기나 생선 등 단백질이 풍부한 식품이 타면 단백질이 변성돼 당장 영양가가 떨어질 뿐 아니라 소화에도 지장을 준다. 그리고 이를 장기간 섭취할 경우 나중에는 암까지 유발하는 것이다.

　음식을 300℃도 이상 고온에서 가열하면 음식 속의 지방과 탄수화물, 단백질 등이 탄화되면서 다양한 화학물질이 생성된다. 이 중 하나가 PAH다환

방향족 탄화수소이다. PAH는 주로 고기를 굽는 과정에서 고기의 지방이 변성돼 생긴다. 특히 고기가 타거나 검게 그을린 부분에서 검출되는데, 고기를 불판에 구울 때보다 석쇠나 숯불에 직접 구울 때 최고 수백 배나 많이 생긴다.

PAH는 여러 개의 벤젠 고리 구조가 연속적으로 연결된 벌집 모양의 유해 물질로, 현재까지 200여 종이 알려져 있다. 미국 환경보호청은 이 중 16종을 건강에 유해한 물질로 판정했다. 특히 PAH 가운데 벤젠 고리 5개로 이뤄진 벤조피렌은 2006년 수입 올리브유에서 검출되어 크게 문제시됐던 물질이다. 세계보건기구 산하 국제암연구소는 벤조피렌을 사람에게 발암성이 있는 1그룹 발암물질로 분류했다.

🍵 벤조피렌, 식사법을 바꾸면 줄일 수 있다

주부 배종화 씨는 요즘 아이들 식사 준비를 위해 식용유를 쓸 때마다 뭔가 찜찜하다. "식용유에 벤조피렌이란 발암물질이 들어 있다고 해서 늘 불안해요. 안심하고 먹어도 되는지…."

배 씨에게 벤조피렌이란 낯선 단어가 처음 입력된 것은 2006년이다. 일부 올리브유에서 벤조피렌이 검출됐다는 소식을 들었지만 그때는 아직 '허용 기준'이 없는 상태라고 해서 크게 걱정하지는 않았다. 그러나 참기름, 옥수수기름 등의 벤조피렌 검출량이 '잠정 권장 허용 기준'을 초과했다는 보도를 접한 뒤 불안해졌다.

벤조피렌은 1등급 발암물질이다. 수십 년간 일정 농도 이상 섭취하면 암 특히 위암에 걸릴 수 있다. 또한 단기간에 많이 먹으면 적혈구가 파괴돼 면역력이 떨어지는 것으로 알려져 있다.

벤조피렌은 지방이 풍부한 식품을 가열하는 과정에서 필연적으로 생긴다. 일부 가공식품, 담배 연기나 자동차 배기가스, 쓰레기 소각장 배출 물질 등에도 들어 있다. 벤조피렌은 발생 지역 주변의 채소나 과일, 곡류 등을 오염시키기도 한다. 고속도로 주변에서 재배한 콩으로 만든 콩기름이 차량 통행이 적은 곳에서 재배한 콩으로 만든 콩기름보다 벤조피렌 검출량이 2~3배 높다는 연구 결과도 있다.

그렇다면 아이의 벤조피렌 섭취를 최소화할 방법은 없을까? 벤조피렌으로부터 아이를 격리시키는 것이 최선이다. 하지만 벤조피렌 역시 우리가 화식火食을 포기하지 않는 이상 식탁에서 완전히 추방하기는 힘들다. 또 대기오염이 없는 청정 지역으로 이사를 가서 그 지역에서 나는 신선한 식재료만 먹고 산다는 것도 현실적으로 어렵다. 따라서 차선책으로 벤조피렌을 가장 적게 섭취하는 요령을 익혀 실천해야 한다.

첫째, 고기를 불에 직접 구워 먹는 횟수를 줄인다

삼겹살, 숯불구이, 바비큐, 스테이크 등 고기의 지방 성분과 불꽃이 직접 접촉할 때 벤조피렌이 가장 많이 생긴다. 따라서 가족이 모처럼 숯불구이를 즐긴다면 되도록 불꽃이 고기에 직접 닿지 않도록 하고, 고기가 탈 때까지 굽지 않는다. 숯불로 고기를 구울 때는 연기를 마시지 않도록 한다. 굳이 구이 요리를 먹으려면 석쇠보다 두꺼운 불판이나 프라이팬에 굽는 것이 좋다. 숯불 대신 프라이팬에 구우면 벤조피렌 생성량이 100분의 1로 감소한다. 가열, 조리 시간을 최대한 단축시키는 것도 방법이다.

고기가 불에 타서 검게 그을린 부위는 '벤조피렌 덩어리' 라고 보면 된다. 따라서 탄 부위는 반드시 잘라내고 먹는다. 불판을 미리 뜨겁게 가열한 뒤 고기를 올려 굽는 것도 벤조피렌 섭취를 줄이는 방법이다. 고기를 구워 먹을 때는 비타민 C가 풍부한 채소와 과일을 곁들이는 것도 잊지 말자. 발암물질이 체내 세포를 산화시킨다면 항산화 물질인 비타민 C는 세포가 산화되는 것을 막아준다.

둘째, 기름에 튀기거나 볶은 음식을 최대한 적게 섭취한다

고온으로 튀기거나 볶을 때에도 벤조피렌이 생길 수 있다. 따라서 되도록이면 삶거나 찌는 방법을 이용한다. 삶거나 찐 음식에서는 벤조피렌은 물론 아크릴아미드_{감자튀김 등 튀김 식품에서 나오는 발암 가능 물질}도 거의 검출되지 않는다. 우리 전통 음식인 설렁탕, 삼계탕 등에는 벤조피렌이 거의 없다.

셋째, 훈연 식품도 벤조피렌 오염 가능성이 있으니 주의하자

훈제 소시지나 칠면조 등도 벤조피렌에 오염됐을 가능성이 있으므로 되도록 멀리 한다.

넷째, 열을 가하지 않는 방법으로 제조한 식용유를 선택한다

가열 공정 없이 압력을 가해 짜서 얻은 식용유에는 벤조피렌이 거의 없다. 콩기름, 엑스트라 버진 올리브유_{최고급 올리브유} 등에서는 벤조피렌이 검출되지 않는다. 이와는 달리 깨나 들깨를 볶아 식용유를 만들면 벤조피렌이 생길 수 있다. 참기름이나 들기름에서 가끔 벤조피렌이 검출되는 것은 이 때문이다. 정제 올리브유인 '포마스'와 옥수수기름도 가열 과정을 거치기 때문에 벤조피렌이 검출된다.

다섯째, 부모가 금연한다

담배 한 개비를 피울 때 나오는 벤조피렌 양은 식용유를 사용해 5분간 튀김을 했을 때와 거의 같다. 자신뿐만 아니라 아이를 위해서라도 금연하도록 한다.

삶거나 찌는 조리법이 좋다

벤조피렌이 극소량 검출됐다고 해서 지나치게 걱정할 필요는 없다. 식용유에는 벤조피렌 기준치가 정해져 있으므로 이 기준치를 넘지 않는 한 안전하다.

PAH 외에 HAA, HCA도 주의해야 한다. HAA와 HCA는 쇠고기와 닭고기, 생선 등 단백질이 풍부한 식품에 열을 가할 때 아미노산이 변성되어 생성되는 물질로, 이 역시 암을 일으킬 수 있다. PAH, HAA, HCA는 하나의 유해 물질이 아니라 여러 가지 유해 물질을 총괄하는 용어이다.

우리가 육식을 포기하지 않는 이상 PAH, HAA, HCA 등을 전혀 먹지 않고 살 수는 없다. 하지만 먹더라도 그 양을 최소화해야 한다. 가장 효과적인 방법은 타거나 검게 그을린 부위를 떼어내고 먹는 것이다. 태운 정도가 심할수록 PAH, HAA, HCA가 더 많이 생성된다. 스테이크를 주문할 때 '웰던' 보다 '미디엄' 이 건강에 이롭다고 보는 것은 이 때문이다.

고기를 미리 절여놓는 것도 훌륭한 대안이다. 마늘, 올리브유, 레몬 주스,

소금, 설탕, 식초, 감귤 주스 등에 절였다가 조리하면 HCA 발생량이 92~99%나 감소한다는 미국 국립암연구소의 연구 결과도 있다. 절이는 시간은 생선은 15분, 껍질을 제거한 닭고기는 30분, 쇠고기와 돼지고기는 1시간이면 적당하다.

서양 조리법에 비해 우리의 전통 조리법이 PAH, HAA, HCA를 덜 생성한다. 고기를 굽거나 튀기는 서양 요리보다 삶거나 찌는 우리 방식이 발암물질 생성을 확실히 줄여준다. 쇠고기를 구웠을 때는 벤조피렌이 0.25ppb, 삶았을 때는 0.02ppb 검출됐다는 국내 학자의 연구 결과가 이를 뒷받침한다.

자색고구마두부피자 | 봄나물불고기미니햄버거

허브솔트감자오븐구이 | 사과키위주스

너트치킨핑거 | 토마토소스스파게티

단호박해산물그라탱 | 연근피클

해바라기씨고구마맛탕 | 표고버섯간장떡볶이

흰살생선탕수육 | 현미누룽지과자

제철과일빙수 | 지장면

멸치크로켓 | 두부아몬드쿠키

검은콩찐빵 | 수제바나나딸기잼

블루베리핫케이크 | 딸기아이스바

PART 7

패스트푸드 NO!
엄마 손으로 만드는
홈메이드 푸드

• 200cc는 종이컵으로 1컵 가득 담은 정도의 분량입니다. • 100g은 손으로 집었을 때 한 줌 정도의 양입니다.
• 오븐은 컨벡션 오븐을 이용했습니다. 컨벡션 오븐이 아닌 경우에는 180℃에서 20분 정도 예열한 다음 5~10분 정도 더 구우세요.

몸에 좋고 색도 예쁜
자색고구마두부피자

재료
2인분

자색고구마 1개, 두부 1/4모, 피망 1개, 양파 1/2개, 생모차렐라 치즈 1봉지, 베이컨 2장, 토마토소스 1/2컵(319p 참조) **피자 도(2장 분량)** 강력분 120g, 설탕 1작은술, 이스트 1작은술, 소금 1/2작은술, 포도씨유 2작은술, 미지근한 물 75cc

피자 도 만들기

1 강력분을 채 친 다음 설탕, 이스트, 소금을 넣고 살살 섞어요.
2 1에 포도씨유, 물 50cc를 넣어 섞어요. 반죽이 어느 정도 됐으면 다시 물 25cc를 넣고 치대요. 세게 치대야 반죽이 쫄깃해져서 맛있어요.
3 반죽이 차지면 둥글게 만든 후 랩을 씌워 따뜻한 곳에 50분간 두어요.
4 1.5배 정도 부푼 반죽을 손으로 톡톡 두드려 가스를 뺀 후 다시 둥글게 말아 랩을 씌워 10분간 두어요.
5 반죽을 도마에 놓고 밀대로 얇게 밀어 동그랗게 도를 만들어요.
6 오븐 팬에 기름종이를 깔고 도를 올린 후 포크로 반죽 표면을 골고루 찔러주세요.
7 10분간 실온에 두어 발효시켜요.

만들기

1 자색고구마는 삶아서 껍질을 벗겨 포크로 으깨거나 손으로 뜯어요.
2 두부는 칼등으로 으깨 물기를 짠 후 툭툭 뜯어요.
3 피망과 양파는 가늘게 채 썰고 생모차렐라 치즈도 가늘게 썰어요.
4 베이컨은 2cm 길이로 잘라요.
5 발효시킨 피자 도 위에 피자 소스를 발라 230℃ 오븐에서 5분간 구워요.
6 **5** 위에 손질해둔 재료를 모두 얹고 마지막으로 생모차렐라 치즈를 올려 230℃ 오븐에서 10~15분간 구워요.

TIP 피자 도를 만들기 번거로우면 토르티야를 이용해도 돼요. 1장으로 만들면 바삭바삭하고 2장 겹쳐서 만들면 촉촉하고 부드러워요.

농약과 첨가제 제로! 유기농 밀가루

시판하는 흰 밀가루는 밀의 겨와 씨눈 등이 제거되어 영양이 거의 없는 데다 가공 과정에서 보존료, 밀가루 개량제 등 첨가물이 들어갑니다. 아이 간식을 만들 때는 되도록 유기농 밀가루를 사용하세요. 유기농 통밀가루는 유기농 밀을 통째로 빻아 만들기 때문에 비타민이나 미네랄이 풍부합니다. 유기농 밀가루는 보존료가 들어 있지 않으므로 밀폐 용기에 넣어 보관해야 합니다.

향긋한 봄 향기를 더한
봄나물불고기미니햄버거

재료 · 4~5개 분량

모닝 롤빵 4~5개, 양념한 불고기 200g, 봄나물(참나물, 돌나물 등 섞어서) 100~150g, 양파 1/2개, 마요네즈 · 머스터드소스 적당량

불고기 양념 간장 2큰술, 다진 마늘 1작은술, 유기농 설탕 1작은술, 참기름 1작은술, 매실액 1작은술, 청주 1작은술, 깨소금 1큰술, 후춧가루 약간

만들기

1 불고기는 고루 섞은 양념에 재워 냉장고에 30분간 두어요.
2 모닝 롤빵은 반으로 가르고 봄나물은 모두 씻어 물기를 빼요.
3 양파는 가늘게 채 썬 뒤 찬물에 담가 아린 맛을 빼요.
4 양념한 불고기를 동글납작하게 빚어서 팬에 노릇하게 구워요.
5 자른 빵의 단면에 마요네즈를 바르고 봄나물, 양파, 불고기를 올린 뒤 머스터드소스를 뿌려 접시에 담아내요.

피크닉 샌드위치엔 수분기가 적은 빵을!

나들이 도시락 메뉴로 햄버거나 샌드위치를 준비한다면 견과류를 넣은 빵이나 호밀빵 등 수분기가 적은 빵을 이용하세요. 견과류가 들어간 빵이나 호밀빵, 흑미빵은 쉽게 눅눅해지지 않아 도시락용으로 적당하고 건강에도 좋습니다. 견과류는 두뇌 발달에 좋고 호밀빵은 변비 예방에 효과가 있어요.

튀기지 않아 건강에 좋은
허브솔트감자오븐구이

재료 · 2인분

감자 2개, 포도씨유 3큰술, 허브 솔트 1큰술
허브 솔트 천일염 1컵, 통후추 간 것 1/2작은술, 허브(바질, 타임, 오레가노, 샐로즈메리, 파슬리 가루 등 섞어서) 1~2큰술

허브 솔트 만들기
1 천일염을 곱게 빻아 달군 팬에 볶다가 식혀요.
2 1에 통후추 간 것과 허브를 섞어서 밀폐 용기에 담아 보관해요.

만들기
1 감자는 얇게 썰어요.
2 썬 감자를 기름종이 위에 올려 포도씨유를 뿌리고 180℃ 오븐에서 20분간 노릇하게 구워요.
3 구운 감자 위에 허브 솔트를 살짝 뿌려 담아내요.

TIP 오븐이 없으면 프라이팬에 1cm 정도 깊이가 되도록 기름을 붓고 튀기세요. 튀긴 후에는 키친타월에 올려 기름을 빼세요.

자연에서 얻은 소금, 천일염
천일염은 바닷물을 염전으로 끌어들여 바람과 햇빛으로 수분을 증발시켜 만든 소금입니다. 일반 소금에 비해 나트륨 함량(80% 정도)이 낮고 몸에 좋은 미네랄이 풍부하지요. 천일염은 바닷물로 만든 것이기 때문에 간수를 빼고 사용해야 하는데, 오븐에 1~2시간 정도 두 번 구우면 간수가 빠져나갑니다. 간수를 뺀 제품도 있는데, 그냥 써도 되고 프라이팬에 볶아 써도 돼요. 볶으면 단 향이 나고 감칠맛이 더해져요.

탄산음료 대신 새콤달콤 시원한
사과키위주스

재료 · 2인분

사과 1/2개, 키위 2개, 두유 180g, 시럽 1큰술, 얼음 1/2컵

만들기

1 사과는 껍질째 큼직하게 썰고 키위는 껍질을 벗겨 큼직하게 썰어요.
2 믹서에 모든 재료를 넣고 곱게 갈아요.

얼린 토마토로 만드는 토마토셰이크

여름에는 토마토로 시원한 셰이크를 만들어도 좋아요. 얼린 토마토의 껍질을 벗기고 꿀을 넣어 갈면 간단하게 만들 수 있습니다. 토마토는 꼭지 반대쪽에 칼로 십자를 내서 얼려두면 사용하기 편리해요. 필요할 때 꺼내 흐르는 물에서 손으로 살살 비비면 껍질이 쉽게 벗겨져요. 토마토뿐만 아니라 바나나, 딸기, 파인애플, 키위, 수박 등도 차가운 셰이크로 만들어 먹기 좋아요. 블루베리나 청포도는 알알이 씻어 얼려 먹으면 얼음 사탕같이 맛있어요.

깨끗한 기름으로 튀겨 더 맛있는
너트치킨핑거

재료 · 2인분

닭 안심 300g 2조각, 견과류 1/4컵, 빵가루 1/4컵, 밀가루 1/2컵, 기름 적당량
닭고기 양념 청주 1큰술, 허브 솔트 적당량(315p 참조)
튀김옷 튀김 가루 1컵, 물 1컵, 달걀흰자 1개
허니머스터드 소스 마요네즈 3큰술, 머스터드소스 2큰술, 레몬즙 1큰술, 꿀 2큰술, 파슬리 가루 약간, 소금·후춧가루 약간

만들기

1 닭 안심은 길쭉하게 잘라 닭고기 양념에 1시간 정도 재워요.
2 튀김 가루와 물, 달걀흰자를 섞어 튀김옷을 만들어요.
3 견과류와 빵가루를 고루 섞어요.
4 닭 안심에 밀가루를 묻히고 2와 3을 차례로 입혀 노릇해질 때까지 기름에 튀긴 뒤 여분의 기름기를 제거해요. 손등으로 만져보아 미지근할 때까지 식힌 뒤 한 번 더 튀기면 좀 더 바삭해져요.
5 허니머스터드 소스를 만들어 곁들여내요.

TIP 깊은 프라이팬에 5cm 정도 기름을 붓고 튀기면 기름을 많이 사용하지 않아도 돼요.

튀김 요리엔 포도씨유가 좋아요

포도씨유는 포도 씨 기름을 추출해 만든 식용유로 발열점이 250℃로 높아 튀김용으로 좋습니다. 느끼하지 않아 재료 고유의 맛을 살려주는 데다 카테킨과 비타민 E 등 항산화 성분이 들어 있어 지방의 산패 속도를 늦춰주지요. 반면 엑스트라 버진 올리브유는 발열점이 낮아(180~200℃) 튀김이나 부침에 사용하면 음식이 쉽게 타버립니다.
튀김용 포도씨유, 카놀라유
부침용, 볶음용 포도씨유, 카놀라유, 올리브유(퓨어 올리브유)
샐러드용 올리브유(엑스트라 버진 올리브유)

싱싱함이 살아 있는
토마토소스스파게티

재료 2인분: 파스타 면 200g, 소금 약간, 가지 1개, 양파 1/4개, 마늘 2톨, 새우 5개, 올리브유 2큰술, 토마토소스 1 1/2~2컵, 바질 2잎, 소금·후춧가루 약간 **토마토소스(4컵)** 토마토 4개, 토마토 홀 1통, 토마토 페이스트 4큰술, 올리브유 1큰술, 다진 마늘 2큰술, 양파 1개, 파슬리 가루·바질·소금·후춧가루 약간

토마토소스 만들기

1 토마토는 꼭지 반대 부분에 십자로 칼집을 내 끓는 물에 30초 정도 데친 뒤 찬물에 담가 껍질을 벗겨요.
2 데친 토마토는 씨를 빼고 칼로 듬성듬성 썰어요.
3 양파는 다지고 토마토 홀은 꺼내서 듬성듬성 썰어요.
4 바닥이 두꺼운 팬에 올리브유를 두르고 다진 마늘과 양파를 넣어 볶아요. 노릇해지면서 맛있게 익는 냄새가 나면 2의 토마토와 3의 토마토 홀을 넣고 끓이다가 토마토 페이스트를 넣고 계속 끓여요. 끓으면서 나무 주걱으로 계속 저어요.
5 충분히 끓여 깊은 맛이 나면 파슬리 가루와 바질을 넣고 소금, 후춧가루를 뿌린 뒤 불을 꺼요.

만들기

1 냄비에 물을 가득 붓고 끓이다가 소금을 넣고 파스타 면을 넣어 8~10분 정도 삶은 뒤 건져 체에 밭쳐요. 이때 면 끓인 물은 50cc 정도 남겨두어요.
2 물이 끓는 동안 가지는 한입 크기로 썰고 양파는 채 썰고 마늘은 편으로 썰어요. 새우는 껍질을 벗기고 이쑤시개를 이용해 내장을 제거해요.
3 팬에 올리브유를 둘러 살짝 달군 뒤 마늘을 넣어 노릇해질 때까지 볶아요.
4 3에 채 썬 양파를 넣고 볶다가 어느 정도 익으면 가지를 넣고 다시 익혀요. 마지막으로 새우를 넣고 살짝 익히다가 토마토소스를 붓고 끓여요.
5 4에 삶은 면을 넣고 면 끓인 물을 부은 뒤 소금, 후춧가루를 뿌려요. 그런 다음 바질을 넣어 휘저은 뒤 접시에 담아내요.

토마토소스는 밀봉해서 보관하세요

토마토소스는 한 번에 많이 만들어 밀봉하거나 얼려두면 오래 보관할 수 있습니다. 우선 냄비에 찬물을 조금 붓고 유리병을 거꾸로 세운 다음 센 불에서 끓여요. 물이 끓으면 수증기에 의해 유리병이 소독됩니다. 유리병을 식혀 토마토소스를 담은 뒤 비닐로 덮고 고무줄로 묶어 밀봉한 다음 뚜껑을 닫으세요. 이렇게 하면 10일 정도 냉장실에 두고 먹을 수 있어요. 더 오래 보관하려면 일회용 비닐봉지에 넣어 2cm 정도 두께로 편 다음 냉동실에 넣어 얼리세요. 얼린 토마토소스는 비닐을 제거한 뒤 깍둑썰기해서 밀폐 용기에 넣어두면 간편하게 쓸 수 있어요.

생치즈로 풍미를 살린
단호박해산물그라탱

재료 · 2인분

단호박 1/4개, 모시조개 1팩, 바지락 조갯살 100g, 생치즈 100g, 마늘 2톨, 올리브유 2큰술, 토마토소스(319p 참조) 1/2~1컵, 소금·후춧가루 약간

만들기

1 찜기를 불에 올려 김이 오르면 단호박을 넣고 쪄요. 다 익으면 꺼내어 한입 크기로 썰어요.
2 모시조개는 해감해 씻고 조갯살도 씻어서 물기를 빼 놓아요.
3 생치즈는 가늘게 썰고 마늘은 편으로 썰어요.
4 팬에 올리브유를 두르고 마늘을 노릇하게 굽다가 모시조개, 조갯살을 넣어 익혀요.
5 4에 토마토소스를 넣어 끓이다가 소금·후춧가루를 뿌리고 단호박을 넣어 섞은 뒤 그라탱 용기에 담아요. 그 위에 치즈를 뿌려 180℃ 오븐에서 10분간 구워요.

TIP 찜통이 없으면 팬에 물을 자작하게(1cm 정도) 붓고 단호박을 넣어 삶으세요. 골고루 익히려면 중간에 한 번 뒤집어주세요.

효모와 유산균이 살아 있는 생치즈

가공 치즈에는 안정제, 유화제, 색소, 보존제 등이 첨가되어 있어요. 아이에게 치즈 요리를 해줄 때는 가공 치즈 대신 생치즈를 이용해보세요. 생치즈는 효소와 유산균이 살아 있어 건강에 좋을 뿐만 아니라 맛도 부드럽고 깔끔해 아이들이 더욱 좋아합니다. 생치즈는 임실치즈(cheese.invil.org), 상하치즈(www.sanghacheese.co.kr), 올가(www.orga.co.kr) 등에서 구입할 수 있습니다.

직접 담가 아삭아삭한
연근피클

재료

연근 중간 것(15cm 정도) 2개, 물 3컵, 구운 소금 1큰술, 7% 현미식초 200cc, 설탕 200cc, 통후추 1큰술, 월계수 잎 1장

만들기

1 연근은 껍질을 벗겨 1cm 두께로 썰어요.
2 끓는 소금물(물 800cc에 소금 1큰술)에 연근을 살짝 데쳐 찬물에 식힌 뒤 체에 밭쳐 물기를 빼요.
3 냄비에 물 3컵과 소금, 식초, 설탕, 통후추, 월계수 잎을 넣고 3분 정도 팔팔 끓여요.
4 유리병에 연근을 담은 뒤 3을 붓고 뚜껑을 닫아요.
5 실온에서 반나절 정도 두었다가 냉장 보관해요.

TIP 같은 방법으로 오이, 무, 브로콜리 등으로 피클을 만들어도 맛있어요. 오이 피클을 만들 때 오이에 뜨거운 식초 물을 부으면 아삭아삭한 대신 색이 누렇게 돼요. 반면 식초 물을 식혀서 부으면 색은 예쁘지만 아삭함이 떨어져요.

허브의 각양각색 활용법

허브는 예로부터 서양에서 약재나 향신료로 사용했지요. 고기를 밑간할 때 허브를 넣으면 육질이 부드러워지고, 생선을 구울 때 뿌리면 비린 맛이 사라집니다. 포도씨유나 퓨어 올리브유에 허브를 넣어 볶음 요리에 쓰거나 수프, 소스 등을 만들 때 넣으면 음식의 풍미가 살아나요.

몸에 좋은 단맛
해바라기씨고구마맛탕

재료 · 2인분

고구마 200g, 자색고구마 100g, 포도씨유 적당량, 해바라기 씨 2큰술, 조청 100cc, 물 3큰술

만들기

1 고구마는 깨끗이 씻어 적당한 크기로 잘라요.
2 작은 냄비에 포도씨유를 고구마가 잠길 정도로 부어 기름이 끓으면 고구마를 넣고 튀겨요. 노릇하게 튀겨지면 꺼내서 망에 밭쳐 기름을 빼요.
3 해바라기 씨도 끓는 기름에 넣어 살짝 노릇하게 튀겨내요.
4 프라이팬에 조청, 물, 2의 끓인 기름 2큰술을 넣고 끓이다가 보글보글 끓으면 튀긴 고구마를 넣어요. 고구마를 뒤적인 뒤 꺼내어 접시에 담고 해바라기 씨를 뿌려요.

건강을 해치지 않는 단맛, 유기농 설탕과 아가베 시럽
음식을 만들 때 단맛을 낼 일이 적지 않지요. 몸에 해롭다고 하는 설탕 대신 조청이나 유기농 설탕, 아가베 시럽을 사용해보세요. 전통 방식으로 만든 조청은 조림이나 볶음 요리에 잘 어울려요. 유기농 설탕은 농약을 사용하지 않은 사탕수수에서 얻은 설탕이어서 좀 더 안심할 수 있지요.

식재료 고유의 맛을 살린
표고버섯간장떡볶이

재료 · 2인분

떡볶이떡 100~150g, 다진 쇠고기 70g, 어묵 1장, 애호박 1/4개, 당근 1/4개, 양파 1/4개, 양배추 1장, 대파 1/2줄기, 간장 1/2큰술, 설탕 1/2작은술, 참기름 약간
양념장 간장 1큰술, 물 1큰술, 다진 마늘 1/2작은술, 매실청 1/2작은술, 굴 소스 1/2작은술, 참기름 1작은술, 설탕 1/3작은술, 후춧가루 약간
마무리 재료 채 썬 깻잎 · 참기름 · 깨소금 약간

만들기

1 다진 쇠고기는 간장, 설탕, 참기름으로 밑간해요.
2 끓는 물에 떡과 어묵을 넣어요. 어묵은 30초 정도 데쳐 찬물에 한 번 헹구고, 떡은 익어서 떠오르면 건져내요.(떡과 어묵에 든 식품첨가물을 제거하는 과정입니다.)
3 분량의 재료를 섞어 양념장을 만들어요.
4 채소와 어묵을 떡과 비슷한 길이로 썰어요.
5 팬에 대파를 제외한 모든 재료와 양념장을 넣고 끓여요. 중간 중간 한 번씩 주걱으로 섞어주세요.
6 채소가 익으면 대파를 넣고 뒤적이다 채 썬 깻잎, 참기름, 깨소금을 넣어요.

간장을 살 때는 성분을 꼭 확인하세요

시판 양조간장에는 대부분 각종 식품첨가물이 들어 있으므로 구입할 때 성분과 함량 표시를 꼭 확인해야 합니다. 유기농 콩을 원료로 한 것인지, 대두 함량이 높은지(50% 이상), 식품첨가물 함량은 얼마나 되는지 등을 눈여겨봐야 합니다. 대형 할인마트에서 구입할 경우 성분이나 함량 표시가 없는 제품도 있으니 주의하세요.

담백하고 달콤한
흰살생선탕수육

재료 · 2인분

흰 살 생선(동태) 200g, 허브 솔트(315p 참고) · 후춧가루 약간씩, 청주 1큰술, 달걀 1개, 찹쌀가루 100cc, 포도씨유 적당량
오렌지탕수육 소스 오렌지 1개, 레몬 1개, 당근 20g, 양파 1/2개, 표고버섯 1개, 피망 1/2개, 오렌지 주스 1/4컵, 청주 1큰술, 유기농 설탕 3큰술, 식초 3큰술, 물녹말 2~3큰술, 소금 · 후춧가루 약간

만들기

1 흰 살 생선은 손가락 굵기로 썰어 허브 솔트, 후춧가루, 청주로 밑간해요.
2 달걀에 찹쌀가루를 풀어 생선을 넣고 버무린 다음 노릇해질 때까지 기름에 튀겨내요. 손등으로 만져보아 미지근할 때까지 식힌 뒤 한 번 더 튀기세요.
3 오렌지는 껍질을 벗겨내고 과육만 잘라요.
4 레몬은 반은 즙 내고 반은 반달 모양으로 잘라요.
5 당근, 양파, 표고버섯, 피망을 한입 크기로 썰어요.
6 소스 팬에 포도씨유를 두르고 5를 넣어 볶다가 4의 레몬즙과 오렌지 주스, 청주 1큰술을 부어 한소끔 끓여요.
7 6에 오렌지 과육, 레몬과 설탕, 식초, 소금, 후춧가루를 넣고 물녹말로 농도를 맞추세요.
8 그릇에 생선튀김을 담고 소스를 끼얹어요.

아이에게 생선 먹이는 법

비린내 때문에 생선을 싫어하는 아이가 많습니다. 하지만 생선은 불포화 지방이 많아 혈관 건강에 이롭고 단백질이 풍부하며 두뇌 발달에도 좋아 아이에게 꼭 필요한 식품입니다. 그러니 아이에게 생선을 먹이려면 무엇보다 비린내를 제거해야 합니다. 생선에 레몬즙을 뿌리거나 우유에 담갔다가 조리하면 비린내가 많이 사라집니다. 생선가스나 생선전 등 겉모양으로 생선임을 짐작할 수 없는 음식을 만들어주는 것도 좋은 방법입니다.

과자 생각 달래주는
현미누룽지과자

재료 · 2인분

현미밥 1공기, 땅콩 간 것 1큰술, 호두 간 것 1큰술, 올리브유 2큰술, 소금 약간

만들기

1 현미밥과 땅콩, 호두에 소금을 넣어 고루 섞어요.
2 팬에 올리브유를 살짝 두르고 1을 얇게 펴 올리세요. 밥이 잘 펴지지 않으면 손으로 둥글게 뭉친 후 손바닥으로 눌러 팬 위에 올리고 다시 한 번 눌러줘요.
3 현미누룽지가 익어 팬 바닥에서 살짝 뜰 때까지 약한 불에서 충분히 구운 뒤 뒤집어서 노릇하게 구워요.
4 식힌 뒤 밀폐 용기에 보관해요.

씨눈이 살아 있는 현미를 먹이세요
현미는 씨눈과 쌀겨가 고스란히 남아 있어 비타민과 칼슘, 인, 철분 등 미네랄, 식이섬유 등이 풍부합니다. 씨눈과 쌀겨를 그대로 먹게 되므로 유기농 현미를 먹는 것이 좋습니다. 현미에 찹쌀과 콩이나 수수, 차조 등 잡곡을 섞어 밥을 지으면 차지고 부드러워 아이들이 먹기에도 부담 없어요. 씨눈의 싹을 틔운 발아 현미도 까끌함이 덜하고 단맛이 살짝 돌아 아이들이 먹기 좋습니다. 현미를 쪄서 말린 후 곱게 빻아 현미 가루를 만들어보세요. 물에 걸쭉하게 타 먹으면 아침 식사 대용으로 괜찮고, 부침개나 쿠키를 만들면 아이 간식으로 좋아요.

직접 만든 팥조림으로 맛을 낸
제철과일빙수

재료 골드키위 1개, 물 1컵, 제철 과일 **팥조림** 팥 100g, 시럽 1큰술, 소금 약간 **설탕 시럽** 유기농 설탕 70g, 황설탕 20g, 물 100g

팥조림 만들기

1 팥은 깨끗이 씻어 팥 분량의 3~4배 정도 물을 붓고 5분 정도 끓여요. 팥은 단단해 쉽게 불지 않으므로 물에 불리는 것보다 물을 넉넉히 잡아 오래 삶는 것이 좋아요.

2 팥물을 따라 버려요.

3 물을 넉넉히 붓고 1시간 정도 더 삶은 뒤 손으로 눌러보아 잘 으깨지면 불을 꺼요.

4 이제 설탕 시럽을 만들 거예요. 냄비에 설탕과 물을 붓고 부글부글 끓이다가 분량이 반 정도 줄어들고 걸쭉해지면 불을 꺼요.

5 4의 설탕 시럽에 팥과 시럽, 소금을 넣어 섞어요.

만들기

1 키위와 물을 믹서에 넣고 함께 간 뒤 밀폐 용기에 담아 냉동실에 넣어두었다가 1시간마다 포크로 2~3번 정도 긁어요. 빙수 기계가 있을 경우에는 함께 얼려 빙수 기계에 넣고 갈면 돼요.

2 빙수 그릇에 1을 수북이 담고 팥조림을 얹은 후 제철 과일을 올려요. 떡도 함께 올리면 더욱 맛있어요.

TIP 팥을 삶을 때는 첫 물은 따라 버리고 다시 물을 넉넉히 잡아 푹 삶으세요. 이렇게 하면 쓴맛과 팥의 사포닌 성분이 제거됩니다. 사포닌 성분은 장운동에 좋지만 너무 많이 먹으면 배앓이를 할 수 있기 때문에 어느 정도 제거해주는 것이 좋습니다.

팥알이 송송 천연 팥조림

시중에서 사 먹는 팥빙수에 사용하는 팥조림은 대부분 통조림 제품입니다. 어김없이 식품첨가물이 함유되어 있지요. 따라서 식품첨가물을 덜 먹으려면 직접 만든 팥조림으로 팥빙수를 만드는 것이 좋습니다. 얼린 우유를 갈아 팥조림을 끼얹으면 간단하게 팥빙수가 완성돼요. 이때 색소가 들어 있는 시판 체리 시럽 대신 꿀이나 과일로 맛을 살리는 것이 좋습니다. 팥조림은 일주일 내로 먹을 양만 냉장 보관하고 나머지는 냉동 보관하세요.

MSG 걱정 없이 간편하게 만드는
자장면

재료 · 4인분

생면 400g, 쇠고기 100g, 소금 · 후춧가루 약간, 양파 1/2개, 감자 1개, 양배추 4장, 애호박 1/3개, 포도씨유 1~2큰술, 물 2컵, 녹말물 2큰술
춘장 소스 설탕 1큰술, 조청 1큰술, 청주 1작은술, 춘장 6큰술, 포도씨유 6큰술

만들기

1 쇠고기는 1.5cm 크기로 깍둑썰기 해 소금, 후춧가루로 밑간해요.
2 양파와 감자는 껍질을 벗겨 씻은 뒤 쇠고기와 같은 크기로 썰어요.
3 양배추도 같은 크기로 썰어 씻은 뒤 물기를 빼고 애호박도 씻어서 깍둑썰기 해요.
4 팬에 춘장 소스의 재료를 넣고 고루 저어가며 볶아요.
5 뜨겁게 달군 팬에 기름을 두르고 양파와 감자를 볶다가 단 냄새가 나면 쇠고기를 넣고 익혀요. 여기에 양배추, 애호박을 넣고 다시 볶아요.
6 재료가 골고루 익으면 4의 춘장 소스를 넣고 볶다가 물을 부어 푹 끓인 다음 소금, 후춧가루를 넣어요.
7 6에 녹말물을 넣고 젓다가 걸쭉해지면 불을 꺼요.
8 그릇에 삶은 생면을 담고 자장 소스를 끼얹어 내요.

각종 채소로 천연 단맛을 내세요

시중에서 판매하는 자장면에는 MSG, 쇼트닝 등이 다량 들어 있습니다. 아이가 자장면을 먹고 싶어 한다면 금세 한 그릇 주문해주는 대신 엄마가 정성껏 만들어주는 게 어떨까요? 집에서 자장면을 만들 때는 채소를 듬뿍 넣어 천연의 단맛을 살려주세요. 양파나 감자, 애호박, 양배추 등을 넣으면 재료 고유의 단맛이 우러납니다. 채소의 천연 단맛은 영양 면에서 뛰어나 건강에 이롭습니다.

칼슘이 듬뿍, 키가 쑥쑥
멸치크로켓

재료 · 2인분

고구마(중간 크기) 2개, 잔멸치 2큰술, 건포도 15g, 다진 땅콩 2큰술, 다진 생모차렐라 치즈 150g, 아가베 시럽 2큰술, 소금·후춧가루 약간, 포도씨유 적당량
튀김옷 밀가루 1/2컵, 달걀 1~2개, 빵가루 1컵

만들기

1 고구마는 껍질째 깨끗이 씻어 푹 찐 뒤 껍질을 벗기고 곱게 으깨어 식혀요.
2 1의 고구마에 잔멸치, 건포도, 다진 땅콩, 다진 생모차렐라 치즈, 아가베 시럽을 넣고 소금, 후춧가루로 간한 뒤 둥글 넓적하게 만들어요. 한입 크기로 만들어도 좋아요.
3 달걀은 곱게 풀어요.
4 2의 고구마 반죽에 밀가루, 달걀, 빵가루를 순서대로 묻혀 기름에 바삭하게 튀겨내요.

아이 간식으로 활용도 높은 '멸치크로켓 속'
멸치크로켓을 만들 때 속을 많이 만들어두면 여러 가지 간식으로 활용할 수 있어요. 속을 그대로 샐러드처럼 즐겨도 좋고 식빵에 스프레드로 발라 먹어도 맛있어요. 또 식빵에 멸치크로켓 속과 달걀, 채소 등을 함께 넣으면 간편하게 샌드위치를 만들 수 있어요.

바삭한 과자에 영양 듬뿍
두부아몬드쿠키

재료 · 20~23개 분량

두부 1/2모, 우리밀 밀가루 150g, 아몬드 가루 1큰술, 슬라이스 아몬드 1컵, 포도씨유 2큰술, 물 100cc

만들기

1 두부는 칼등으로 으깨어 물기를 꼭 짜요.
2 볼에 으깬 두부, 밀가루, 아몬드 가루, 슬라이스 아몬드, 포도씨유, 물을 넣고 고루 섞어요.
3 반죽을 랩으로 싸서 30분 정도 두었다가 밀대로 얇게 밀어요.
4 3의 반죽을 직사각형으로 자르거나 원형 틀이나 모양 틀로 찍어 180℃ 오븐에 넣고 10분 정도 구워요.

버터 대신 견과류로 고소한 맛을 살려요

아이들이 좋아하는 고소한 쿠키. 그러나 대다수의 쿠키 레시피를 보면 엄청난 양의 버터와 설탕이 들어간답니다. 특히 엄마라면 포화 지방 덩어리인 버터를 이렇게 많이 넣어도 될까 하는 걱정이 들게 마련이지요. 버터를 넣지 않고도 호두, 땅콩, 아몬드, 잣 등 견과류를 넣으면 쿠키의 고소한 맛을 충분히 살릴 수 있답니다. 여러 종류의 견과류를 부숴 준비하는 과정이 번거롭다면 시중에 나와 있는 견과류 믹스 제품을 이용해도 됩니다.

쫄깃하고 고소한
검은콩찐빵

재료 · 5~6개 분량

검은콩 1컵, 우리밀 밀가루 1컵, 베이킹파우더 1큰술, 달걀 3개, 설탕 4큰술, 우유 1/2컵, 포도씨유 3큰술
콩조림 물 1 1/2컵, 설탕 2큰술, 소금 약간

만들기

1 검은콩은 잘 씻은 뒤 조림 재료를 넣고 중불에서 20분 정도 끓이다가 약불로 줄여 30분간 조리세요.
2 조린 콩을 반만 믹서에 갈아 검은콩 퓌레를 만들어요.
3 밀가루와 베이킹파우더는 체에 두 번 내려요.
4 볼에 달걀을 잘 푼 뒤 설탕을 넣고 거품을 단단하게 올려요. 크림색이 될 때까지 거품을 올리세요.
5 3에 우유와 포도씨유 2큰술, 검은콩 퓌레를 넣어 반죽해요.
6 달걀 거품에 반죽을 넣고 가볍게 섞은 뒤 2의 나머지 조린 콩을 넣고 가볍게 섞어요.
7 용기에 포도씨유 1큰술을 바르고 반죽을 용기의 2/3 정도 되게 부어 김 오른 찜통에 15분 정도 쪄요.

아이가 싫어하는 콩, 음식에 숨기는 법

아이가 콩만 쏙쏙 골라낸다면 음식 속에 콩을 숨겨 먹여보세요. 검은콩은 삶아서 갈아 두유를 만들거나 가루를 내 우유나 물에 타 먹이면 좋습니다. 또 칼국수나 수제비, 전을 만들 때 반죽에 섞어도 효과적이에요. 두뇌 발달에 좋은 완두콩은 수프를 끓이거나 잘게 부숴 떡이나 빵, 과자 등을 만들 때 넣으면 아이가 잘 먹는답니다.

아이의 입맛을 사로잡는
수제바나나딸기잼

재료

바나나 5개, 딸기 10개, 유기농 설탕 100g, 레몬즙(레몬 1/2개 분량)

만들기

1 바나나는 껍질을 벗겨 작게 썰고, 딸기는 씻어서 물기를 제거하고 듬성듬성 썰어요.
2 팬에 1과 유기농 설탕을 넣고 중불에서 나무 주걱으로 저어가며 익혀요.
3 걸쭉해지면 레몬즙을 넣고 조린 뒤 불을 끄고 식히면 완성이에요.

TIP 캐릭터 커터로 모양을 낸 식빵에 발라주면 아이들이 잘 먹어요. 잼은 뜨거운 물에 소독한 병에 넣어 뚜껑을 덮어 보관하세요.

수제 잼, 다양하게 즐기세요

수제 잼은 재료를 달리해 다양하게 만들 수 있습니다. 무화과나 블루베리, 사과, 귤 등의 과일로 잼을 만들어두고 여러 가지 방법으로 즐겨보세요. 맛이 담백한 플레인 요구르트나 아이스크림에 얹으면 과일 맛이 가미되어 색다른 맛을 즐길 수 있습니다. 빙수에 곁들이거나 샐러드드레싱에 넣어 먹어도 좋아요.

갓 구워 따끈하고 맛있는
블루베리핫케이크

재료 · 5~6개 분량

핫케이크 가루 1컵, 달걀 1개, 우유 5큰술, 블루베리 1/4컵, 메이플 시럽 적당량

만들기

1 볼에 달걀을 푼 뒤 우유를 넣어 거품기로 고루 저어요.
2 1에 핫케이크 가루를 넣어 주걱으로 가볍게 섞은 뒤 블루베리를 넣어요.
3 팬을 달군 뒤 약한 불로 줄이고 핫케이크 반죽을 동그랗게 올려 구워요. 반죽 표면에 전체적으로 구멍이 생기면 뒤집어 노릇하게 구워요.
4 핫케이크를 접시에 담고 메이플 시럽을 뿌려요.

핫케이크와 찰떡궁합, 메이플 시럽

메이플 시럽은 단풍나무액으로 만든 갈색의 시럽으로 핫케이크에 뿌려 먹으면 맛있어요. 갓 구운 핫케이크의 고소한 맛과 메이플 시럽의 달콤한 맛이 잘 어울린답니다. 플레인 요구르트에 끼얹어 먹어도 좋고 각종 소스나 샐러드드레싱에 달콤한 맛을 내고 싶을 때 넣어도 좋아요. 쿠키를 만들 때 넣으면 쿠키가 향긋해져요.

딸기향 대신 딸기 100%로 만든
딸기아이스바

재료 · 4개 분량

딸기 10개, 레몬즙 2~3큰술, 아가베 시럽 1~2큰술

만들기

1 딸기는 꼭지를 떼고 깨끗이 씻어 나머지 재료와 함께 믹서에 갈아요.
2 1을 아이스 바에 부어 얼리면 완성이에요.

TIP 아이스 바가 없는 경우는 통에 넣어 얼리다가 2시간 후 포크로 긁고 다시 1시간 후 포크로 긁어 얼리면 셔벗이 됩니다.

아이스 바로 쉽게 만드는 천연 아이스크림

아이스 바 하나만 있으면 여름 내내 간편하게 천연 아이스크림을 만들어 먹을 수 있어요. 미리 만들어두었다가 아이가 찾을 때 쏙 빼서 주면 됩니다. 딸기아이스바를 만드는 법을 그대로 응용해 바나나, 키위, 파인애플, 블루베리, 복숭아 등의 아이스 바를 만들어보세요. 과일과 플레인 요구르트를 섞고 꿀이나 시럽을 넣어 만들어도 맛있어요.

유기농 식재료 구입할 수 있는 곳

유기농 식재료는 올가(www.orga.co.kr), 초록마을(www.hanifood.co.kr), 한살림(www.hansalim.or.kr), 아이쿱 생협(www.icoop.or.kr), 여성민우회 생협(www.minwoocoop.or.kr) 등에서 구입할 수 있습니다. 한살림과 아이쿱 생협, 여성민우회 생협은 가입비를 내고 조합원으로 등록해야 이용할 수 있습니다.

허브, 수입차, 향신료 같은 각종 서양 식재료는 대형 할인 마트와 백화점 수입 코너, 이태원에 있는 '해든하우스(02-2297-8618)', 타워팰리스 지하에 있는 스타슈퍼 등에서 구입할 수 있습니다.

유기농 밀가루나 설탕 등 홈베이킹 재료는 이지베이킹(www.ezbaking.com)과 전국 브레드가든 매장(www.breadgarden.co.kr)에서 구입할 수 있습니다. 싸고 신선한 과일과 채소는 가락시장, 중앙시장, 그리고 생선은 노량진수산시장에서 살 수 있습니다.

'PART 7 패스트푸드 NO! 엄마 손으로 만드는 홈메이드 푸드'의 요리를 제안하고 스타일링한 김윤정 님은 식품영양학을 전공하고 10여 년간 푸드 스타일리스트로 활동해왔습니다. 현재 푸드 스타일링 스튜디오 '그린테이블(www.gtable.net)'을 운영하며 각종 매체의 푸드 스타일링을 비롯, 레스토랑 컨설팅, 케이터링 서비스를 진행하고 있습니다. 초등학교에 다니는 아들을 둔 김윤정 님은 늘 바쁜 가운데서도 아이가 먹을 간식은 손수 만들어주는 자상한 엄마이기도 합니다.

아이의 완벽한 식생활

발행일 | 초판 1쇄 2010년 10월 19일

지은이 | 박태균

발행인 | 김상규
편집장 | 김미현
책임편집 | 손영선
편집 | 황재희, 김은정, 박미선
마케팅 | 공태훈, 신영병

진행 | 조영혜
디자인 | Design group All(02-776-9862)
요리와 스타일링 | 그린테이블 김윤정
요리 사진 | Studio707 류창현(02-3444-7095)
도판 일러스트 | 유혜리
교정 교열 | 한정아
출력 | 트리콤
인쇄 | 미래프린팅

발행처 | 중앙북스(주)
등록 | 2007년 2월 13일 제2-4561호
주소 | (100-732) 서울시 중구 순화동 2-6번지
전화 | 1588-0950
팩스 | (02)2000-6174
홈페이지 | www.joongangbooks.co.kr

ⓒ 박태균, 2010

ISBN 978-89-278-0089-7 13590

이 책은 중앙북스(주)가 저작권자와의 계약에 따라 발행한 것이므로, 이 책 내용의 전부 또는 일부를 이용하려면 반드시 중앙북스(주)의 서면 동의를 받아야 합니다.

※ 잘못된 책은 구입처에서 바꾸어드립니다.
※ 책 값은 뒤표지에 있습니다.

아이가 읽고 스스로 식습관이
바뀌는 동화책

여우 요리사는
불량 똥을 싫어해

예비 초등생,
초등 저학년을 위한
건강 음식 이야기

여우 요리사가 제대로 먹지 않아 불량 똥을 누는 아이들을 뽑아요.
아홉 명의 불량 똥 주인공은 편식대장인 핑크공주, 뛸 때마다 살이 출렁이는 뚱이,
성질 급한 땡이, 고기쟁이 어리, 늦잠꾸러기 자미, 새까만 꼬질이,
삐딱삐딱 삐딱이, 꼬맹이 꼬꼬마, 온 몸을 긁는 북북이에요.
이 친구들은 쿠킹버스에서 여우 요리사 아저씨와 함께
잘 먹고 잘 싸는 건강한 식습관을 배울 거예요.

글 김주현 | 그림 서영경

〈여우 요리사는 불량 똥을 싫어해〉 10월 말 출간 예정
※제목은 출판사의 사정에 따라 달라질 수 있습니다.
문의 02-2000-6401

Tel. 1588-0950 | Fax. 02- 2000-6174 | www.joongangbooks.co.kr

베를리너판 중앙일보 1년 됐습니다

나에게 꼭 맞는 정보로
중앙일보가 도와드립니다

'공부의 신' 저자 강성태씨

2010 공부의 신 프로젝트… 진짜 '공신' 강성태가 나섭니다

"저요, 진짜 열심히 공부할 거예요, 진짜 보란 듯이, 이 악물고 열심히 할 거예요." (드라마 '공부의 신'에서 주인공 길풀잎) 공부를 잘하고 싶은 학생들을 돕기 위해 중앙일보가 올해는 더 많은 교육 전문가들과 대학생 멘토들이 참여하는 '2010 공부의 신 프로젝트를 펼칩니다. 홈페이지 참조 www.mentokorea.co.kr

KBS 드라마 '공부의 신'(왼쪽 사진)은 중앙일보 미디어그룹 자회사 드라마하우스에서 만들었습니다. 베스트셀러 '공부의 신'도 자회사 M&B에서 만들었습니다. 그래서 '공부의 신' 저자 강성태씨도 중앙일보 '2010 공부의 신' 프로젝트에 동참합니다.

취업·창업·재취업… 10대 그룹 인사담당 임원들이 컨설팅합니다

서울시일자리플러스센터와 대한상공회의소, 노사공동재취업지원센터와 DBM코리아 (전직 지원 서비스업체)의 재취업 전문가들이 팔을 걷어붙였습니다. 중앙일보 취업 담당 기자 e-메일 khkim@joongang.co.kr이나 jong@joongang.co.kr로 신청해 주세요.

재테크… 국내 최고 전문가 24명이 상담합니다

부동산·보험·증권·금융 등 각 분야의 국내 최고 전문가 24명이 6개 팀을 이뤄 상담해 드립니다. 재산리모델링 센터(mindwash@joongang.co.kr, 02-751-5852~3)로 신청하면 됩니다. 자세한 내용은 매주 화요일자 경제섹션의 재산리모델링 상담면을 참고.

중앙일보 | 중앙일보를 구독하시려면 전화 02-751-5114 고객센터 1588-3600 온라인 www.joins.com 중앙일보에 광고를 내시려면 전화 02-751-5555